**权威·前沿·原创**

皮书系列为

“十二五”“十三五”“十四五”时期国家重点出版物出版专项规划项目

智库成果出版与传播平台

中国社会科学院创新工程学术出版资助项目

# 亚太地区发展报告（2021）

ANNUAL REPORT ON DEVELOPMENT OF ASIA-PACIFIC (2021)

## 新冠肺炎疫情与亚太地区形势变化

中国社会科学院亚太与全球战略研究院
主　编 / 叶海林

社会科学文献出版社
SOCIAL SCIENCES ACADEMIC PRESS (CHINA)

图书在版编目(CIP)数据

亚太地区发展报告.2021：新冠肺炎疫情与亚太地区形势变化/叶海林主编. --北京：社会科学文献出版社，2022.8

（亚太蓝皮书）

ISBN 978-7-5201-9801-1

Ⅰ.①亚… Ⅱ.①叶… Ⅲ.①经济发展-研究报告-亚太地区-2021 ②政治-研究报告-亚太地区-2021 Ⅳ.①F114.46 ②D730.0

中国版本图书馆CIP数据核字（2022）第103299号

亚太蓝皮书

亚太地区发展报告（2021）

——新冠肺炎疫情与亚太地区形势变化

主　　编／叶海林

出 版 人／王利民
责任编辑／王晓卿
责任印制／王京美

出　　版／社会科学文献出版社·当代世界出版分社（010）59367004
　　　　　地址：北京市北三环中路甲29号院华龙大厦　邮编：100029
　　　　　网址：www.ssap.com.cn
发　　行／社会科学文献出版社（010）59367028
印　　装／三河市东方印刷有限公司

规　　格／开 本：787mm×1092mm 1/16
　　　　　印 张：18.25　字 数：271千字
版　　次／2022年8月第1版　2022年8月第1次印刷
书　　号／ISBN 978-7-5201-9801-1
定　　价／168.00元

读者服务电话：4008918866

# 主编简介

**叶海林** 中国社会科学院亚太与全球战略研究院副院长、研究员。1992～1997年就读于北京大学国际政治系，获法学学士学位；1997～2000年就读于北京大学国际关系学院，获法学硕士学位。2000～2003年在中央国家机关工作，2003～2005年在中国驻外使馆工作。2006年调入中国社会科学院亚洲与太平洋研究所，历任亚太政治研究室副主任，《南亚研究》编辑部主任、副主编。2019年至今任中国社会科学院亚太与全球战略研究院副院长。

代表作主要有：《理解巴基斯坦——纯洁的国度》（专著，香港城市大学出版社，2008），《当代中印关系研究：理论创新与战略选择》（专著，社会科学文献出版社，2018），《空间战争》（译著，国际文化出版公司，2008）。

# 摘　要

2020 年初突袭而至并在全球范围内蔓延的新冠肺炎疫情已成为近年来对全球政治、经济、安全、社会甚至文化等领域造成最大冲击的公共卫生安全危机。疫情迅猛的蔓延势头、广泛的扩散途径和数倍于传统流行病的致病致死率不仅对人类生命健康造成重大威胁，还对各国、各地区的公共卫生应急机制和疾控体系带来前所未有的严峻挑战。在亚太地区，尽管多数东亚国家在疫情应对方面表现突出，但由于受到全球疫情形势长期严峻的影响，亚太地区仍将长期面临疫情防控的巨大压力。

在此背景下，2020 年，亚太地区局势复杂多变，地缘格局继续深入调整，大国博弈引发地区秩序变动，地区事务安全化趋势明显；区域内国家间关系日益受中美关系走向的制约，区域内国家对外政策差异化和区域事务碎片化加剧。地区经济发展受到中美博弈长期因素和新冠肺炎疫情短期因素共同影响，区域内经济体的表现差异巨大；区域合作与成员经济自立诉求交替作用，区域产业价值链重构进程加快。地区合作曲折发展，区域经济一体化取得重要成就；新冠肺炎疫情对非传统安全合作提出新要求。伴随着国际格局演变的价值观冲突和意识形态矛盾波及亚太地区以多样性和包容性著称的文明对话与共存，不同国家、文明之间的价值观、意识形态对立加剧，对国际舆论话语权的争夺进入新阶段。

与此同时，地区热点问题层出不穷，阿富汗问题、朝鲜半岛问题持续牵动地区整体局势的敏感神经；日本、印度、澳大利亚等地区大国的对外行为的影响力在日益复杂的地区环境中愈发凸显；国家间传统安全矛盾开始凸

显，非传统安全议题泛化；国家间矛盾和国内矛盾对区域安全态势的冲击不断加剧，地区安全机制面临更大压力。可以预见，在亚太地区格局震荡调整中及在后疫情时代，中国的地位将持续上升，影响力逐渐增强，中国将成为维护地区稳定和促进地区恢复发展的主要贡献者。

**关键词：** 新冠肺炎疫情　中美博弈　亚太格局　区域发展与合作

# 序　言

2020年，亚太地区局势复杂多变，地缘格局继续深入调整，大国竞争激化，大国博弈引发地区秩序变动，原有的地区体系呈现弱稳定状态。新冠肺炎疫情使亚太地区的大国竞争影响和区域合作诉求之间的张力进一步加大，地区事务安全化色彩增强。中美是亚太地区的两个主要行为体，双边关系的矛盾性日渐凸显，亚太区域内主要行为体的对外策略选择越来越强烈地受到中美互动的影响，中美关系对亚太区域基本格局的塑造作用不断强化。亚太地区区域治理体系被严重削弱，地区安全机制的效用下降，地区事务安全化趋向明显。

伴随亚太地区地缘格局演变，亚太地区经济格局也开始深入调整。新冠肺炎疫情冲击全球范围内的供给链，亚太地区各国的经济纷纷面临严峻下行压力，地区经济发展不平衡趋势加剧，价值链重组加速，同时，区域合作取得阶段性进展，区域合作和经济自立现象并行。

不仅如此，新冠肺炎疫情还使亚太地区原本一直存在的意识形态多元化格局进一步碎片化，价值观分歧和意识形态矛盾加剧，文明对话难度增加。2003年，亚太地区应对“非典”疫情时所表现出来的积极合作精神，在2020年的新冠肺炎疫情期间并未充分展现。相反，自身抗疫不力的美国在疫情溯源、疫情责任以及抗疫作用方面进行的政治化操弄不但导致中美对立加剧，也对亚太地区的公共卫生合作造成严重干扰，使地区成员之间的协作明显受阻。亚太地区公共事务合作难度显著增加。

虽然面临上述多重挑战，但2020年的亚太地区仍维持了区域安全态势的基本稳定，地区经济合作和地区文明对话也在曲折中前行。其中，中国发挥了独特而具有决定性的作用。中国的抗疫表现和贡献得到国际社会特别是亚太地区国家的普遍认可，中国的全球和地区影响力进一步提升。周边国家对于中国未来扮演好积极的地区大国这一角色的期待提高，美国的影响力则呈现下降态势。不过，随着拜登上台，美国对特朗普时代的“美国优先”政策进行大幅调整：重新强调联盟体系的作用，试图强化“美日印澳四边机制”，联合盟友对中国进行全方位围堵。亚太地区成员的外交路线选择越来越受到中美大国竞争等因素的制约，地区合作机制的协调能力遭遇冲击，地区行为体“选边站队”的现象不断出现，个别国家的投机行为增加，地区事务面临的不稳定因素日渐增多。

当前，新冠肺炎疫情仍在持续，亚太地区格局日渐复杂化。新冠肺炎疫情下的亚太地区格局演变是《亚太地区发展报告（2021）》关注的重点。本书主要由四个部分组成，分别是总报告、分报告、地区外交和地区热点。其中，总报告从整体上对亚太地区局势进行分析和展望；分报告主要聚焦新冠肺炎疫情的影响；地区外交关注区域大国的外交路径选择和表现；地区热点对朝鲜半岛局势、阿富汗局势等区域热点问题进行讨论。本书是中国社会科学院亚太与全球战略研究院的一项集体成果，主要作者均来自中国社会科学院亚太与全球战略研究院。在此，作为主编，我谨向各位作者的辛勤努力表示感谢，并向一贯大力支持亚太蓝皮书出版工作的社会科学文献出版社及各位编辑致敬，感谢他们的敬业精神和巨大付出。最后，当然更要感谢广大读者多年来对亚太蓝皮书编写与出版工作的督促、激励和批评。中国社会科学院亚太与全球战略研究院将一如既往地重视亚太蓝皮书的编写工作，向读者奉献我们在亚太地区事务方面的最新研究成果。

叶海林

2021年8月

# 目录

## Ⅰ 总报告

B.1 2020年亚太地区形势分析与展望 …………… 叶海林 高 程 / 001
一 2020 年亚太地区形势 ………………………………………… / 002
二 后疫情时代亚太地区局势展望 ………………………………… / 020
三 结语 ……………………………………………………………… / 030

## Ⅱ 分报告

B.2 后疫情时代的大国关系与印亚太地区格局
…………………………………………………… 孙西辉 刘雨桐 / 033
B.3 后疫情时代的亚太经济复苏与产业链重构……………… 张中元 / 056
B.4 后疫情时代的 RCEP 与亚太区域合作 ……………… 李天国 / 086
B.5 美国对华竞争与新冠肺炎疫情对亚太安全的影响与应对
…………………………………………………… 曹筱阳 张 洁 / 098

## Ⅲ 地区外交


B.6 新冠肺炎疫情与亚太话语权博弈 …… 岳圣淞 / 112

B.7 印度莫迪政府对外战略调整与未来趋势 …… 吴兆礼 / 130

B.8 日本菅义伟政权的外交战略转向及中日关系的新挑战 …… 李成日 / 146

B.9 中澳经贸合作的艰难推进与面临的问题 …… 屈彩云 / 158

B.10 后疫情时代的印度尼西亚务实外交 …… 许利平 / 175


## Ⅳ 地区热点


B.11 新冠肺炎疫情、中美博弈与亚太地区格局的演进 …… 高 程 叶海林 / 188

B.12 阿富汗人内部谈判的进展与困境 …… 田光强 / 207

B.13 拜登政府的对朝政策及美朝关系的发展 …… 王俊生 张黎明 / 223

B.14 CPTPP 建设前景与中日韩合作 …… 刘均胜 / 236


## Ⅴ 附 录


B.15 2020年亚太地区大事记 …… / 250

B.16 后 记 …… 叶海林 / 258

Abstract …… / 259

Contents …… / 261


皮书数据库阅读使用指南

# 总报告

General Report

## B.1 2020年亚太地区形势分析与展望

叶海林　高 程*

摘　要：2020年，亚太地区局势因大国竞争加剧呈现多领域安全化特征，地区经济受新冠肺炎疫情影响，国家间不平衡进一步拉大，价值观与意识形态的对立日益紧张，区域合作虽取得突破但治理机制仍显脆弱和不足。面对美国在中国周边地区的施压和印度在边界地区的挑衅，中国做出灵活有效应对，稳定、拓展了与其他亚太国家之间的双边关系，并依托"一带一路"倡议和有关机制增强了自身在周边地区的塑造能力。中国在疫情期间的出色表现显示出制度优势，履行了大国责任，展现了世界担当，提升并改善了中国在国际社会中的地位和形象，敢于为国际社会不公平发声的正义之举也是中国

* 叶海林，中国社会科学院亚太与全球战略研究院副院长、研究员，主要研究方向为周边外交、战略学；高程，中国社会科学院亚太与全球战略研究院研究员，主要研究方向为中国周边战略、亚太地区大国博弈。

争取国际话语权的新尝试。随着拜登上台执政，美国对亚太地区的经略手段将更加集中在多边、规则、价值观、盟友等维度。中美之间的博弈焦点将随之发生变化，亚太地区内部张力加大，区域合作将面临新的变数，中国所取得的周边外交成果也将面临考验。

关键词： 亚太地区 亚太热点问题 中国外交

## 一 2020年亚太地区形势

亚太地区主要包括东南亚、东北亚、南亚、南太平洋四个次区域。基于中国视角，亚太地区相对于其他区域，具有以下特殊性：一是中国自身为区域内大国，自身行为是该地区形势的主要影响因素之一；二是超级大国美国亦被区域内多数成员视为区域内国家，亚太地区为中美互动的主要地带；三是亚太地区中的次区域大多为中国周边地区，为中国快速发展的主要地缘依托带；四是亚太地区的发展中国家众多，是共建“一带一路”伙伴集中的区域之一。亚太地区既涉及中国的大国战略，也关系中国经略周边和对发展中国家外交的成效，是中国总体稳定、均衡发展的大国外交，按照“亲诚惠容”理念和“与邻为善、以邻为伴”方针深化同周边国家关系以及秉持正确义利观和“真实亲诚”理念加强同发展中国家关系的外交思想的实践地和检验场。本报告在突出中国主动性因素的基础上，既关注中美大国互动对该地区形势及走向的影响，也关注区域内生性力量对该地区格局的塑造作用。根据区域局势发展演变的实际情况，本部分对2020年亚太地区形势的分析主要从以下三个方面展开：政治安全、经济、价值观和意识形态。

### （一）亚太地区政治安全格局深刻演变，大国博弈因素与区域自主诉求交互作用

进入2020年，亚太地区政治安全格局受新冠肺炎疫情、大国博弈影响，

在区域合作走向等多重因素的作用下呈现一系列新的变化，结构状态、主要行为体动力态势和制度有效性都呈现新的特点。结构、行为体、制度三个层面彼此分立而又相互联动，任何一个层面的变化都会影响到其他层面。本部分从这三个层面研判2020年亚太地区政治安全局势：结构层面主要分析亚太地区整体格局的变化，行为体层面关注对地区格局产生较大影响的主要行为体的策略选择，制度层面则聚焦重要区域机制的构建与制度安排。

1. 结构层面：地缘结构安全要素主导色彩加强，区域事务逐渐安全化

影响亚太地区政治安全结构层面的因素主要具有以下三组互动关系：中美大国间的互动、中美与域内其他主要国家的互动和域内其他主要国家之间的互动。在这些互动关系的作用下，亚太地区结构层面的政治安全格局、形势变化主要体现在以下四个维度上。

（1）中美、中印、印巴等的传统地缘博弈激化。2020年，美国发布了题为《美国对中国的战略行动方针》的战略报告，指出中国在经济、价值观、国家安全等领域对美国构成了挑战，中美之间的竞争进一步加剧。[①] 在地区层面，主要体现为中美在南海、台海的博弈进一步激化。其中，在南海方向，2020年7月美国国务院发布涉南海声明，标志着美国彻底推翻了长久以来对于南海争端不表达立场的做法。2020年，美国以所谓航行自由的名义进入南海地区的次数和强度有所增加和提升，并数次对中国进行冒险性的抵边侦察，蓄意制造摩擦。美国还就南海问题制裁中国有关官员和企业。美国在南海问题上对中国的极限施压操作，标志着美国开始有意识地利用海上优势力量在南海与中国展开进一步博弈，并以立法形式合法化其对“南海争端”的介入。在台海方向，2020年，美国政府共对台进行六次军售，金额大幅增加，装备质量和进攻性装备占比均明显上升。特朗普政府成为对台军售规模最大的单届美国政府。中美在南海和台海进行军事和安全博弈的演变趋向，加剧了亚太地区安全局势的对抗性和危险性。

---

① “United States Strategic Approach to the People’s Republic of China,” https：//www.whitehouse.gov/articles/united－states－strategic－approach－to－the－peoples－republic－of－china/，访问时间：2020年12月11日。

南亚次区域的安全矛盾也呈激化态势，中印军队在6月15日于加勒万河谷发生肢体冲突之后，双方进行八轮军长级会谈，但仍未能实现边境地区结束对峙的目标。印度和巴基斯坦沿控制线交火的情况时有发生，印军对巴方的越线侦察次数明显增加，2020年，巴军一共击落了16架印军越线侦察的无人机。

（2）经济事务安全化。亚太地区地缘安全矛盾的加深波及经济领域，使大量原本隶属于区域经济合作方面的问题，被赋予国家主权与安全的含义，经济议题安全化凸显，且日渐泛化。经济事务安全化表现在以下两个方面。一是新冠肺炎疫情导致经济安全化议题地位上升，美国、日本试图进行产业链重组，寻求重新构建本国国内完备的制造业和工业体系。二是在投资领域，部分国家提高投资审查标准。印度、美国、澳大利亚开始调整国家外资安全审查制度，加强对外国投资者的国家安全审查。以印度为例，在中印边界发生冲突的背景下，印度以所谓国家安全为由，对多项涉及中国公司的投资提案进行评估。此类举措本质上是以外资审查为政策工具，限制亚太地区内有关国家进行正常的经济活动。

（3）网络等新空间事务安全化。以维护国家安全为由展开的网络空间准入和规则之争是2020年亚太区域安全议题扩大化的主要表现之一。一方面，以危害国家安全为由，美国等西方国家进一步限制中国通信运营商和网络设备制造商的正常经济活动，例如，美国商务部在5月和8月先后两次对华为进行限制，企图切断华为公司获得芯片的商业渠道[①]；另一方面，上述国家对中国互联网内容提供商进行大规模制裁，其中，美国政府在没有确凿证据的情况下，以威胁美国国家安全、外交政策和经济为由，由总统签署法令要求字节跳动公司剥离 TikTok 在美国的业务。[②] 此外，2020年，中国遭受的境外网络攻击次数持续增加，仅2020年上半年，境外约1.8万个IP地址对中国约3.59万个网站植入后门，较2019年上半年激增36.9%，此外，

---

① https：//www. commerce. gov，访问时间：2020年12月21日。

② https：//www. whitehouse. gov/presidential - actions/executive - order - addressing - threat - posed - tiktok/，访问时间：2020年12月21日。

中国受计算机恶意程序攻击的 IP 有 57.4% 来自美国。[①] 美国滥用国家安全借口打压中国企业，将国家安全议题引入信息技术合作领域，并试图拉拢、胁迫亚太地区其他成员加入对华信息技术脱钩行列，造成亚太地区安全议题进一步泛化，扩展了亚太地区地缘政治博弈的维度。

（4）区域安全事务焦虑加剧。疫情发生以来，在亚太地区的合作议题中，安全议题数量明显增加。政策界、学术界对于亚太地区冲突风险可能性的讨论呈明显上升趋势。2020 年慕尼黑安全会议直接聚焦全球军控议题，并对亚太地区特别是南亚地区聚积起中国、美国、巴基斯坦、印度等国影响力而可能出现的冲突表示担忧。[②] 政治界对于中美之间在亚太地区爆发冲突的担忧仍然在持续，在 2019 年“香格里拉对话”期间，新加坡总理李显龙在主旨发言中指出，新加坡与其他国家一样，对中美关系日趋紧张表示担忧。[③]

2. 行为体层面：大国博弈加剧，“选边站队”行为增加

亚太区域内行为体的外交策略选择受到中美博弈的强烈影响，中俄之间的协作进一步增强，印度、澳大利亚“选边站队”现象增加，东盟国家整体上持观望态度。

（1）中美博弈向多领域扩展。大国作为区域内主要行为体，是行为体层面引发区域格局变化的主要变量。从博弈周期来看，亚太地区的博弈既涉及中美之间长期博弈，也包含由突发性因素引发的中印、中澳短期博弈。中美作为亚太地区两个重要的国家，在多领域的全面竞合关系和对抗性日渐凸显，例如，在南海问题上，中美之间“擦枪走火”的风险不断增加。2020 年 7 月 17 日，美国两艘航母再次侵扰中国南海海域，并在此举行该月内的

---

① 《2020 年上半年我国互联网网络安全检测数据分析报告》，国家互联网应急中心网站，https：//www.cert.org.cn/publish/main/upload/File/2020Report（2）.pdf，访问时间：2020 年 12 月 21 日。

② “Munich Security Report 2020，” https：//securityconference.org/en/publications/munich－security－report－2020/，访问时间：2020 年 12 月 21 日。

③ “Shangri-la Dialogue 2019，” https：//www.iiss.org/events/shangri－la－dialogue/shangri－la－dialogue－2019，访问时间：2020 年 12 月 21 日。

第二次军事演习；7 月 25 日，中国海军在雷州半岛举行为期 9 天的军事演习，以彰显维护国家主权安全的决心和能力。

（2）中俄协作进一步增强。中俄在国际格局演变趋势的认识和研判方面具有广泛共识，均强调维护二战后国际体系的重要性。中国和俄罗斯被美国视为战略竞争对手，迫使中俄通过不断强化彼此间的协作共同应对美国及其盟友的压力。在涉及重大国际事务以及两国核心利益关切、应对公共卫生危机、改善舆论环境等方面，中俄同心协力，守望相助。在军事合作领域，中国积极参加“高加索—2020”战略演习，中俄双方签署了《关于延长 2009 年 10 月 13 日〈中华人民共和国政府与俄罗斯联邦政府关于相互通报发射弹道导弹和航天运载火箭的协定〉有效期的议定书》。两国之间的一系列军事合作增进了中俄在军事领域的战略互信与战略协作[①]；在非传统安全领域，面对西方国家将网络议题政治安全化的态势，俄罗斯对中国提出的《全球数据安全倡议》做出积极回应。上述协作体现出同为地区内新兴大国的中国和俄罗斯为应对主导国施加的结构性压力而进行更加紧密的合作。

（3）印度、澳大利亚“选边站队”现象增加。2020 年，随着中美之间的分歧越来越大，亚太地区结构性矛盾进一步加剧，刺激了地区内其他国家“选边站队”的心态。作为南太平洋地区的主要行为体，澳大利亚在 2020 年进一步强化与美国的同盟关系，同时为了维护在南太平洋地区的主导地位，其在涉华议题上扮演了先锋角色。除了在 5G 及应对新冠肺炎疫情等方面紧跟美国步伐外，澳大利亚与美国加强在军事领域的合作。美国和澳大利亚在 2020 年 7 月举行了外长、防长“2 +2”磋商，承诺两国在亚太地区加强军事合作。作为南亚地区主要大国的印度，基于对中国战略竞争的考虑，对美国采取机会主义的外交策略。趁中美在南海、台海地区博弈之际，印度政府不断派出部队在中印实控线寻衅滋事，引发了两国数十年来最严重的边界冲突，造成人员伤亡事件；在呼应美国“印太”战略方面，美印 2020 年防长、外长

① 《中俄关于相互通报发射弹道导弹和航天运载火箭的协定顺利实现延期》，中华人民共和国中央人民政府网，http：//www. gov. cn/xinwen/2020 –12/15/content_ 5569604. htm，访问时间：2020 年 12 月 21 日。

“2 +2” 会议的主题设定为区域安全合作、防务信息共享、军队间交流和军火贸易四个方面，较2019年应对地区和全球威胁、打击恐怖主义、灾害救援和海上安全的主题有了相当大程度的拓展。

（4）东盟整体上对中美博弈持观望态度。中美博弈进入深水区之后，东盟对中美在亚太地区博弈程度的增强表示担忧和焦虑，但自身又难以发挥协调作用，且不希望成为大国竞争的牺牲品。东盟保持适度谨慎，尽量在中美之间保持中立，成为合乎逻辑的策略选择，例如，在南海问题上，东南亚相关国家并未追随美国的脚步，而是选择观望，东盟地区论坛仅仅表达了和平解决南海问题的愿望；在疫情应对方面，东南亚国家也并没有跟随美国的舆论节奏，而是选择与中国合作。① 就具体国家而言，最能体现东盟观望态度的是美国在亚太地区的盟友菲律宾。菲律宾总统杜特尔特在发表的第五次国情咨文中指出，菲律宾一贯奉行独立自主外交政策，不会在中美之间“选边站队”。菲律宾既反对美国重返菲律宾军事基地，也不谋求同中国在南海对抗。②

3. 制度层面：全球治理体系被严重削弱，地区安全治理机制效用下降

2020年，美国退出多个国际机制，在为维持全球治理体系正常运转提供公共产品方面的意愿下降，投入减少。美国从非中性制度的维护者向规则的破坏者转变。与此同时，其他国家在能力、意愿及地区接受程度等方面难以迅速填补相应空白，全球治理体系被严重削弱。在亚太地区主要表现为传统、非传统安全领域的治理机制效用明显减弱，甚至在一些领域失去了基本的运转能力。

（1）在亚太地区传统安全领域，美国由维护者逐渐变为破坏者，导致亚太地区传统安全领域治理机制的作用下降。第一，地区安全治理机制运

① “Chairman's Statement of the 27th ASEAN Regional Forum Ha Noi, 12 September 2020,” https://asean.org/storage/2020/09/Final-27th-ARF-Chairman-Statement_as-of-13-September-2020-clean.pdf，访问时间：2020年12月16日。

② “5th of the Nation Address of Rodrigo Roa Duterte President of the Philippines to the Congress of the Philippines,” https://www.rappler.com/nation/full-text-duterte-sona-speech-2020，访问时间：2020年12月21日。

转失调。2020 年，由于缺乏有效的管控机制，南亚地区传统安全矛盾特别是中印边境摩擦并没有得到有效缓解，印巴在克什米尔地区的冲突进一步加剧；在阿富汗问题上，美国与塔利班在多哈签署和平协议，进一步表明美国正在逐渐丧失维护地区政治安全秩序的耐心。在南海地区，西方国家频频以航行自由为由闯入南海地区，蓄意挑衅、搅动地区局势，而地区相关安全机制没有起到应有的管控作用。第二，在军备领域，美国近年来退出《中导条约》《开放天空条约》，成为地区裁军进程面临的阻力；澳大利亚于 2020 年 7 月宣布总额为 2700 亿美元的十年国防计划，并决定采购远程导弹。这些行为对地区内其他国家的针对性非常明显，加剧了地区军备竞赛的紧张气氛。

（2）在亚太地区非传统安全领域，原有的区域治理机制未能发挥应有的作用而新治理机制尚未健全。2020 年，新冠肺炎疫情成为全球最大"黑天鹅"事件，在对世界卫生体系造成严重冲击的同时也对整个亚太地区的公共卫生领域造成冲击。在这场公共卫生安全危机之中，美国无意扮演公共卫生安全产品提供者的角色，东盟由于自身能力不足同样不能承担起相应责任，甚至缺乏应对疫情的能力。尽管中国为该地区提供大量医疗物资并与东盟国家建立"中国—东盟关于新冠肺炎问题特别外长会""东盟与中日韩（10 +3）抗击新冠肺炎疫情领导人特别会议"等疫情联防联控机制，然而如何将维护地区公共安全卫生常态化、机制化，如何将相关机制与现有"一带一路"倡议有机对接，仍有广阔的探索空间。区域内部分成员对深化同中国的卫生合作，特别是在接受中国关于共建卫生命运共同体的呼吁方面仍存在较大疑虑。此外，在应对气候变化等非传统安全领域，一些发达国家由于不作为、少作为，甚至被取消在该议题上的发言权。

上文对结构、行为体、制度三个层面的分析系统梳理了 2020 年亚太地区政治安全结构的具体变化，揭示了 2020 年亚太地区政治安全格局变动的深层次原因。面对亚太地区政治安全格局的进一步演变，现有地区机制大都陷入停摆状态，旧有区域主导国职责缺失，域内其他主要经济体目前不能完全扮演主导者角色。在政治安全格局演化过程中，各国出于对地区格局前景的不同研判，选择不同的对外政策。

### （二）亚太地区经济发展不平衡加剧，价值链重组加速，区域合作取得阶段性进展

2020年，新冠肺炎疫情冲击全球范围内的供给链，各国经济发展面临严峻的下行压力。从国际货币基金组织（IMF）于2020年公布的实际国内生产总值增长率来看，全球实际国内生产总值增长率为-4.4%，七国集团为-5.9%，欧元区为-8.3%，北美地区为-4.9%，而亚太地区为-2.3%。[①] 整体来看，亚太地区经济发展形势虽然相对较好，但经济不平衡发展态势加剧，且区域合作和经济自立现象并行。本部分仍从结构、行为体和制度三个层面分析2020年亚太地区的经济发展态势。

1. 结构层面：亚太地区经济发展不平衡加剧，地区产业供给链重构加快

2020年，亚太地区经济发展整体呈现空间与时间不平衡加剧的态势，在新冠肺炎疫情冲击下，既有地区产业供给链重构进程提速。

从空间来看，东北亚地区经济发展态势明显优于东南亚、南亚和南太平洋地区，受新冠肺炎疫情的影响最小。

在经济创新方面，东北亚地区也有亮眼表现。根据世界知识产权组织发布的《2020年全球创新指数》报告，新加坡的全球创新指数综合排名为第8位，亚太地区内入围综合排名前30的国家主要是韩国（10，括号中数字为排名，下同）、中国（14）、日本（16）、澳大利亚（23）和新西兰（26）。因而，从各次区域内主要经济体的综合排名来看，东北亚地区主要经济体的全球创新指数的平均综合排名高于南太平洋、东南亚和南亚地区（见表1）。

① IMF, *Real GDP Growth*, *2020*, https://www.imf.org/external/datamapper/NGDP_RPCH@WEO/OEMDC/ADVEC/WEOWORLD/EAQ/SEQ/SAQ/AZQ/MAE/AS5/AUS/CHN/IND/IDN/JPN/KOR/SGP/USA/VNM，访问时间：2020年12月17日。

**表 1　亚太地区主要经济体全球创新指数（GII）排名**

| 国家 | 综合 | 制度 | 人力资本和研究 | 基础设施 | 市场专业化 | 商业专业化 | 知识和基础产出 | 创造性产出 |
|---|---|---|---|---|---|---|---|---|
| 美国 | 3 | 9 | 12 | 24 | 2 | 5 | 3 | 11 |
| 新加坡 | 8 | 1 | 8 | 13 | 4 | 6 | 14 | 18 |
| 韩国 | 10 | 29 | 1 | 14 | 11 | 7 | 11 | 14 |
| 中国 | 14 | 62 | 21 | 36 | 19 | 15 | 7 | 12 |
| 日本 | 16 | 8 | 24 | 8 | 9 | 10 | 13 | 24 |
| 澳大利亚 | 23 | 10 | 9 | 22 | 7 | 26 | 40 | 23 |
| 新西兰 | 26 | 4 | 18 | 15 | 10 | 32 | 39 | 33 |
| 马来西亚 | 33 | 40 | 29 | 48 | 20 | 31 | 38 | 35 |
| 越南 | 42 | 83 | 79 | 73 | 34 | 39 | 37 | 38 |
| 泰国 | 44 | 65 | 67 | 67 | 22 | 36 | 44 | 52 |
| 俄罗斯 | 47 | 71 | 30 | 60 | 55 | 42 | 50 | 60 |
| 印度 | 48 | 61 | 60 | 75 | 31 | 55 | 27 | 64 |
| 菲律宾 | 50 | 91 | 86 | 63 | 86 | 29 | 26 | 57 |
| 印尼 | 85 | 111 | 92 | 80 | 62 | 114 | 71 | 83 |

资料来源：WIPO，*Global Innovation Index*，*2020*，https：//www. wipo. int/edocs/pubdocs/en/wipo_ pub_ gii_ 2020. pdf，访问时间：2020 年 12 月 18 日。

从时间上看，亚太地区经济发展不平衡加剧主要体现为中国和亚太地区其他主要经济体在新冠肺炎疫情不同阶段的经济增长存在差异。2020 年初新冠肺炎疫情突袭而至，在中国国内采取抗疫措施阻止疫情传播之际，相较于区域内其他主要经济体，中国经济增长率一度呈现明显下滑趋势。2020 年第一季度，中国国内生产总值为 20. 65 万亿元，同比下降 6. 8%。[①] 随着

① 《统筹疫情防控和经济社会发展成效显著　3 月份主要经济指标降幅明显收窄》，中华人民共和国中央人民政府网，http：//www. gov. cn/xinwen/2020 - 04/17/content_ 5503429. htm，访问时间：2020 年 12 月 17 日。

国内疫情形势好转、制造业逐渐恢复、对内对外经济和社会生活相对有序开展，中国经济增长率逐渐由负转正，[①] 经济形势整体明显好于域内其他主要经济体。

亚太地区主要经济体间地缘政治和经济博弈态势加剧及新冠肺炎疫情的发生加快了亚太地区产业供给链的重构进程。2020 年之前，区域内主要经济体的经济实力已发生变化，特别是在经济民族主义兴起的背景下，亚太地区已出现产业供给链重塑的趋势。

首先，亚太地区内主要经济体间的地缘政治、经济博弈态势并未因新冠肺炎疫情的发生而有所缓和。疫情之下，美国政府继续扩大对华出口限制领域，加大投资审核力度，中国的对外贸易伙伴关系排序也因此发生变化。根据中国海关总署公布的 2020 年 1 ~ 10 月的进出口贸易相关数据，东盟首次成为中国第一大进出口贸易伙伴。[②] 为应对美国在战略性技术产业方面对中国的封锁，中国在积极推动以国内技术自主研发进行替代的同时，也寻求和其他主要技术国家开展合作。

日本和韩国的经贸争端在这一时期并未取得实质性进展。尽管日本已于 2019 年底同意部分放松对韩国三种半导体原材料的出口管制，但并未就韩国要求日本在 2020 年 5 月 31 日前对韩国出口恢复原状这一诉求做出回应。为应对来自日本的半导体原材料封锁，韩国在推动进行国内自主研发的同时，也选择从中国等国家和地区进口相关产品进行替代。

其次，基于产业供给链安全考虑，亚太地区内主要经济体纷纷出台政策，试图推动部分重要产业供给链的本土化和多元化。新冠肺炎疫情全球蔓

① 《前三季度经济增长由负转正》，中华人民共和国国家统计局网站，http：//www. stats. gov. cn/tjsj/zxfb/202010/t20201019_ 1794596. html，访问时间：2020 年 12 月 18 日。

② 《（2）2020 年 10 月进出口商品国别（地区）总值表（美元值）》，中华人民共和国海关总署网站，http：//www. customs. gov. cn/customs/302249/zfxxgk/2799825/302274/302277/302276/3395832/index. html，访问时间：2020 年 12 月 18 日。

延，美国和日本官方鼓励本国企业将部分涉及国家安全的产业供给链迁回国内。[①] 2020 年 7 月，为了推动产业供给链的多元化进程，日本经济产业省向印度提出强化供应链韧性的倡议。此后不久，日本、印度和澳大利亚以保证本国供给链安全为由，发表了关于"供应链弹性倡议"的联合声明。[②] 在中印边界摩擦一度升级的冲击下，印度总理莫迪表示全球供给链不应仅基于成本，也需要兼顾信任和可靠性，并鼓吹印度是全球投资者最佳选项之一。[③] 整体来看，在这一时期，亚太地区产业供给链重构进程的提速，既受亚太地区主要经济体发展水平变化的影响，也是亚太地区主要经济体出于保障自身供给链安全考虑主动为之的结果。

2. 行为体层面：地区内主要经济体发展路径选择非常不同，表现差异巨大

新冠肺炎疫情发生后，由于缺乏地区性的公共卫生安全合作机制，亚太地区主要经济体为确保国内经济和社会生活的有序开展，选择以开放和封闭两种发展路径应对，经济表现也因此出现显著差异。中国和印度是开放发展和封闭发展两种路径的主要代表。随着国内疫情形势好转，中国继续积极实践开放性发展的路径。2020 年 1 ~ 10 月，中国企业在 57 个共建"一带一路"国家开展非金融类直接投资，金额为 983. 4 亿元，占同期总额的比重为

---

① Kenneth Rapoza, "Kudlow: 'Pay the Moving Costs' of American Companies Leaving China," Forbes, https: //www. forbes. com/sites/kenrapoza/2020/04/10/kudlow - pay - the - moving - costs - of - american - companies - leaving - china/, 访问时间：2020 年 12 月 16 日。Naomi Tajitsu, Makiko Yamazaki, Ritsuko Shimizu, "ANALYSIS - Japan Wants Manufacturing back from China, but Breaking up Supply Chains Is Hard to Do," Nasdaq, https: //www. nasdaq. com/articles/analysis - japan - wants - manufacturing - back - from - china - but - breaking - up - supply - chains - is - hard, 访问时间：2020 年 12 月 17 日。

② Department of Foreign Affairs and Trade, "Australia-India-Japan Economic Ministers' Joint Statement on Supply Chain," https: //www. dfat. gov. au/news/media - release/australia - india - japan - economic - ministers - joint - statement - supply - chain, 访问时间：2020 年 12 月 18 日。

③ "If You Want Returns with Reliability, India Is Best Place to Invest: PM Modi Woos Global Investors," The Economic Times, https: //economictimes. indiatimes. com/news/economy/policy/if - you - want - returns - with - reliability - india - is - best - place - to - invest - pm - modi - woos - global - investors/videoshow/79066017. cms, 访问时间：2020 年 12 月 18 日。

16.3%，同比增长24.8%，投资主要流向新加坡、印尼、老挝、越南、柬埔寨、马来西亚和泰国等。就对外工程承包来看，中国企业和61个共建"一带一路"国家新签项目合同3838份，合同额总计6447.2亿元，截至2020年10月，已完成营业额4233.1亿元。[①] 除继续积极推动和周边国家之间的经贸往来外，中国也提出了共建"健康丝绸之路"的构想。此外，疫情期间，在美国不断"退群"、地区内其他主要经济体"各扫门前雪"的形势下，中国积极推动"区域全面经济伙伴关系协定"签署，对地区开发性发展路径的存续有所助力。

不同于中国，在这一时期，印度选择封闭发展的路径。印度在参与区域经济合作方面态度消极，并未参与"区域全面经济伙伴关系协定"的正式签订。《2020年全球经贸摩擦指数》报告显示，2020年1~10月，印度有8个月的全球经贸摩擦指数大于100，且在2020年10月调查的20个国家（地区）中，印度是全球经贸摩擦指数最高的国家（地区）。[②] 疫情期间，尽管印度国内经济发展面临巨大下行压力，但印度政府仍选择在经济领域对中国强硬施压。自2020年第二季度起，印度密集出台一系列针对中国直接投资和证券投资的限制政策。2020年6月29日，继印度电子信息技术部宣布禁止微博、抖音等59款中国应用程序后，印度电力部于7月出台规定，要求印度企业从中国进口电力设备及相关部件时，须获得印度政府许可。此外，印度交通运输部部长表示，印度将推出相关政策不再允许中国参与印度道路建设项目。

由于对疫情防控模式和经济开放度的选择不同，亚太地区内主要经济体的经济增长表现形成鲜明对比。从国际货币基金组织公布的2020年实际国内生产总值增长率来看，在疫情期间，中国和越南经济仍维持正增长，增长

---

① 《2020年1-10月我对"一带一路"沿线国家投资合作情况》，中华人民共和国商务部网站，http://www.mofcom.gov.cn/article/tongjiziliao/dgzz/202011/20201103018498.shtml，访问时间：2020年12月19日。

② 《2020年全球经贸摩擦指数》，http://www.risk-info.com/thread-4921-1-1.html，访问时间：2020年12月18日。

率分别为1.9%和1.6%；实际国内生产总值增长率在-2.3%~0这一区间浮动的主要经济体有印尼和韩国，增长率分别为-1.5%和-1.9%；东南亚地区、澳大利亚和美国的增长率分别为-3.3%、-4.2%和-4.3%；日本的增长率为-5.3%；主要经济体中，印度的增长率垫底，为-10.3%。[①] 值得注意的是，印度不仅是疫情发生后经济受影响严重的主要地区经济体之一，而且从2017~2019年印度的实际国内生产总值增长率来看，印度经济增长率在疫情前已呈现较明显的阶段性下滑趋势。

3. 制度层面：区域一体化和双边经贸合作取得阶段性成就，但仍存在隐忧

2020年11月，"区域全面经济伙伴关系协定"正式签订，成员国包括中国、东盟十国、日本、韩国、澳大利亚和新西兰，覆盖东北亚、东南亚和南太平洋地区，标志着全球最大的自贸区建立，这是亚太区域一体化取得的阶段性突破和重要成就，本报告下一部分将详细评述相关内容。

在新冠肺炎疫情蔓延的背景下，中国与共建"一带一路"国家间的经贸合作仍取得较好成绩。2020年前三季度，中国与共建"一带一路"国家进出口总额为9600多亿美元，同比增速比中国贸易整体增速高0.8个百分点。截至2020年12月，中国政府已先后与138个国家、近31个国际组织签署201份共建"一带一路"合作文件。[②] 在"一带一路"倡议框架下，中国与部分重点共建国家间的经贸合作实现了进一步推进。在"3+5+X"框架下，随着2020年3月澜湄合作专项基金缅甸项目合作协议签约仪式的举行，中国据此向缅甸22个惠民项目提供670余万美元的澜湄合作专项基金，推动缅甸农业、教育和信息技术等领域发展。[③] 在中巴经济走廊框架下，已完成的项目不仅推动巴基斯坦经济社会发展，也在一定程度上促进了地区互联

---

① IMF, *Real GDP Growth*, *2020*, https://www.imf.org/external/datamapper/NGDP_RPCH@WEO/OEMDC/ADVEC/WEOWORLD/EAQ/SEQ/SAQ/AZQ/MAE/AS5/AUS/CHN/IND/IDN/JPN/KOR/SGP/USA/VNM，访问时间：2020年12月17日。

② 《新华国际时评："一带一路"合作驭风前行》，中国一带一路网，https://www.yidaiyilu.gov.cn/ghsl/gnzjgd/158897.htm，访问时间：2020年12月21日。

③ 《中国提供澜湄合作专项基金助力缅甸发展惠民项目》，新华网，http://www.xinhuanet.com/world/2020-03/24/c_1125757157.htm，访问时间：2020年12月19日。

互通项目的建设和共同繁荣。截至2020年11月，中巴之间已建成的项目不仅改善了巴基斯坦交通基础设施和电力供应情况，每年还为巴基斯坦国民生产总值的增长贡献1~2个百分点。瓜达尔港在2020年上半年向阿富汗完成货物转运约2万吨，提供了上千个就业岗位。① 新冠肺炎疫情的大流行凸显了地区性公共卫生治理合作机制的重要性，因而中国基于“一带一路”倡议打造“健康丝绸之路”的提议也得到了共建国家的积极响应。②

不过在取得阶段性重大成就的同时，区域多边一体化的推进仍存在隐忧。“一带一路”倡议的高质量发展仍面临诸多挑战。后疫情时代，由于全球经济低速增长，共建“一带一路”国家面临的债务风险可能大幅增加，影响相关国家对“一带一路”的认知和参与的积极性。为应对非传统安全问题和地缘政治经济博弈带来的潜在挑战，产业供给链呈现围绕最终消费市场布局的特点，与此同时，以美国为代表的部分经济体，出于“国家安全”考虑加快推动产业供给链的重塑进程，会对中国和共建“一带一路”国家的经贸合作产生影响。此外，区域内其他主要经济体构建的地区机制化安排的推进，在一定程度上也会稀释“一带一路”的影响。除美国特朗普政府力推的“印太”战略外，就地缘范围而言，日本主导的“亚非增长走廊”、印度提出的“南北运输走廊”与“一带一路”倡议有所重合，且与美国、日本和印度主导的机制化安排相比，“一带一路”的机制化建设仍处于相对早期阶段。

“区域全面经济伙伴关系协定”的深入推进也面临内部和外部的双重挑战。就潜在内部挑战来看，为兼顾成员国之间不同发展阶段的现实利益诉求，“区域全面经济伙伴关系协定”的门槛相对较低，协定内容并未涵盖较高标准的多边经贸发展诉求。与此同时，南亚地区的主要经济体印度，并未正式签署这一协定，也在一定程度上对地区经济一体化的有效和深度推进带来不确定性。就外部挑战而言，尽管美国总统拜登尚未明示美国是否会尽快

① 《外交部就中巴经济走廊建设成果等答问》，中华人民共和国中央人民政府网，http://www.gov.cn/xinwen/2020-11/04/content_5557416.htm，访问时间：2020年12月19日。

② 《“打造健康丝绸之路正当其时”》，人民网，http://world.people.com.cn/n1/2020/0427/c1002-31688854.html，访问时间：2020年12月19日。

重启“跨太平洋伙伴关系协定”（TPP），但鉴于中美关系的定性，这并不会因美国政府换届而发生实质性变化，且民主党政府对美国盟友和多边领导力格外重视，因而“区域全面经济伙伴关系协定”的推进也面临美国阶段性政策调整带来的潜在对冲风险。

## （三）亚太地区价值观和意识形态分歧加剧，文明对话难度提升

亚太地区文明多样性与大国博弈加剧导致出现亚太地区意识形态领域之争，而新冠肺炎疫情进一步强化了地区层面的价值观分歧。与2003年全球应对“非典”（重症急性呼吸综合征）疫情时所表现出来的积极合作相比①，应对此次疫情的国际合作举步维艰，凸显国际合作中领导力的缺失与国际合作机制的失灵。美国自身抗疫不力，将责任推卸给他国，从制度和意识形态方面抹黑中国抗疫进程，加剧了西方及亚太地区部分国家民间社会对亚裔特别是华裔的歧视，同时也使亚太地区进行文明对话的难度提升。

1. 全球疫情彰显出中西方社会的认知差异和舆情对立

2020年初，新冠肺炎疫情突袭而至，并在全球蔓延。以美国为首的西方国家罔顾科学界的共识和世界卫生组织的权威评价，无视中国积极分享抗疫经验，对中国搞“污名化”，而且借机抹黑和攻击中国的治理体制，试图通过将疫情政治化，把本国抗疫不力的责任对外转嫁，这加大了中西方意识形态领域的摩擦。② 与此同时，在不负责任的西方媒体和政客的歪曲与煽动

---

① “Institute of Medicine (US) Forum on Microbial Threats,” in Knobler S., Mahmoud A., Lemon S. et al., eds., *Learning from SARS: Preparing for the Next Disease Outbreak: Workshop Summary* (Washington D. C.: National Academies Press, 2004).

② “Remarks by President Trump, Vice President Pence, and Members of the Coronavirus Task Force in Press Briefing,” https://www.whitehouse.gov/briefings-statements/remarks-president-trump-vice-president-pence-members-coronavirus-task-force-press-briefing-5/，访问时间：2020年12月12日。“Remarks by President Trump in Press Briefing,” https://www.whitehouse.gov/briefings-statements/remarks-president-trump-press-briefing-072120/，访问时间：2020年12月12日。“A Conversation with the United States National Security Advisor,” https://www.heritage.org/defense/event/conversation-the-united-states-national-security-advisor，访问时间：2020年12月12日。

下，这些国家民间社会对亚裔的歧视情绪上升，亚裔受到人身攻击的事件屡有发生，这也加剧了美国社会内部的矛盾和分歧。①

全球疫情体现出中国与西方多国较大的舆情对立，其中，一部分原因是国家之间在地缘政治和经济结构方面存在矛盾，以及西方政客为了转嫁责任将疫情政治化；另一部分原因是这些国家的社会层面对中国快速发展的复杂心态正在发酵与升级。最积极跟随美国制衡中国的是加拿大、澳大利亚这样与中国并无结构性矛盾或传统安全矛盾甚至在经济上有诸多共同利益的国家，而不是日本、菲律宾、越南甚至印度。

新冠肺炎疫情中折射出的中西方社会认知差异，使彼此隔阂越发凸显，双方呈渐行渐远之势。在中西方社会面对公共安全问题时，在个人主义自由放任和集体主义自律责任的对撞过程中，尽管中国的抗疫模式在人道主义和效率方面展现出明显的优势，但中国抗疫成功的模式，不但不为西方社会所接受，而且其间对比落差所导致的社会心理失衡使“中国威胁论”在西方世界更具舆论市场。与此同时，美国在国内物资短缺时，不立足于制造生产，而是对外抢夺和以“甩锅”的方式在中国寻求“赔偿”，这引起中国社会的警觉。

2. 在国际政治话语权博弈中，西方话语霸权被削弱

在2020年的国际话语权博弈中，随着对国际话语权的重视及互动方式的转变，中国开始打破西方国家在涉华问题上对国际舆论话语权的垄断，不但以实际行动有力回击了来自西方国家的抹黑和无理指责，而且通过社交媒体等多种途径主动揭示美国和部分西方国家在话语传播中的“双标”本质。

中国成功应对疫情并驰援世界的实际行动树立了良好的形象。中国在初步控制住疫情之后就向国际社会发布了《抗击新冠肺炎疫情的中国

① “Coronavirus Affects Bottom Line for Businesses in U. S. Chinatowns,” https://www. npr. org/2020/02/11/804750392/coronavirus - affects - bottom - line - for - businesses - in - u - s - chinatowns，访问时间：2020年12月20日。Natalie Escobar, “When Xenophobia Spreads like a Virus,” https://www. npr. org/2020/03/02/811363404/when - xenophobia - spreads - like - a - virus，访问时间：2020年12月20日。

行动》白皮书，实事求是地对外宣传中国抗疫的经验，展现了中国在全球和地区治理领域的责任担当及愿景，用事实回应谎言，赢得了国际社会多数国家的尊重，为扭转疫情初期不利的国际舆论环境奠定了基础。

与此同时，中国与西方国家在话语权方面的博弈形式也开始出现新的变化。由于西方国家长期主导国际传统主流媒体和社交平台，国际舆论的话语权长期被其把持，以往在面对来自西方的舆论抹黑与无端指责时，中国通常不得不采取被动的回应方式。在2020年的国际话语权博弈中，中国开始逐渐变被动为主动。面对澳大利亚政客多次对中国的抹黑和挑衅，2020年11月30日，中国外交部发言人赵立坚在社交平台上发布了一张澳大利亚士兵残害阿富汗平民的讽刺漫画①，并谴责这一明显违背国际法和人道主义的罪恶行径。漫画一经发出，澳大利亚总理莫里森无理地要求中国政府道歉，而西方主流媒体纷纷跟进，为澳大利亚“站台”。② 中国外交部发言人和该漫画作者随后对此做出有力回击，称澳大利亚政府更应为其军人在阿富汗所犯下的罪行感到羞愧并向世界道歉。③ 澳大利亚等西方国家长期以所谓人权问题向中国施压，此次中国的反击以西方道德标准之矛戳破其盾，揭穿了其典型的“双重标准”，取得了良好的宣传效果。与此同时，国际社会多数国家，特别是阿富汗政府和民众对中国此举深表赞赏，这也树立了中国敢于针对国际社会不公平现象发声的正义形象，在此次与西方国家的话语权博弈中，中国取得主动权。

3. 美国的亚太盟国对华消极态度上升，东盟国家民众更多肯定中国在抗疫中的表现

在疫情期间，中国与周边地区积极展开合作，共同应对疫情，因此在多

---

① https://twitter.com/zlj517/status/1333214766806888448，访问时间：2020年12月20日。

② Kirsty Needham, “Australia Demands Apology from China after Fake Image Posted on Social Media,” https://www.reuters.com/article/us-australia-china-idUSKBN28A07Y，访问时间：2020年12月20日。

③《2020年11月30日外交部发言人华春莹主持例行记者会》，中华人民共和国外交部网站，https://www.mfa.gov.cn/web/fyrbt_673021/t1836634.shtml，访问时间：2020年12月21日。

数国家民间社会缓解了舆论压力，提升了国际形象。印尼外交政策学会发布的调查报告显示，东盟民众对“当前中国与东盟关系是否有利于双方”的态度更多倾向于中立，多数国家民众认为应加深中国与东盟的合作，对中国支持东盟应对疫情的举措怀有信心。在处理中美关系问题上，东盟国家希望用自身主导的区域多边机制缓解不断紧张的中美关系，不希望在中美之间“选边站队”。东盟民间社会对中国应对疫情的举措总体持肯定态度，尤其关注后疫情时代本国经济复苏问题和中国在区域供给链中扮演的角色，对于推进亚太区域经济合作有明显的意愿。[①]

在多数周边国家对华舆情改善的同时，仍有部分周边国家民间社会对中国在疫情中的表现及中国与本国的关系持消极态度，这种现象主要集中在美国的亚太盟国。皮尤研究中心的民调报告显示，韩国、日本和澳大利亚对华消极态度在2020年达到历史最高点。韩国、日本、澳大利亚受访者明确表示更加喜欢美国，尽管认为美国在疫情应对方面表现拙劣。[②] 一方面，这些国家的民众因受西方及其国内媒体和政客的误导，无法对中国在全球抗疫中的贡献有充分的了解和进行客观评价；另一方面，他们虽然不满美国对内对外处理新冠肺炎疫情的所作所为，但仍对美国扮演世界领导者的角色抱有希望。

印度民间社会对中国的负面情绪在2020年也明显上升，原因主要基于中印两国的结构性矛盾。相比疫情控制问题，印度民众更关注中印边境摩擦问题。《今日印度》的民调报告显示，48%的印度受访者认为在应对疫情方面本国政府与他国表现相差不多，甚至有43%的受访者认为本国政府比其

① Foreign Policy Community of Indonesia, “ASEAN-China Survey 2020 Data Table,” 访问时间：2020年12月20日。

② 数据参见 Laura Silver, Kat Devlin, Christine Huang, “Unfavorable Views of China Reach Historic Highs in Many Countries,” https://www.pewresearch.org/global/2020/10/06/unfavorable-views-of-china-reach-historic-highs-in-many-countries/，访问时间：2020年12月21日。Laura Silver, Kat Devlin, Christine Huang, “Negative Views of Both U.S. and China Abound across Advanced Economies amid COVID-19,” https://www.pewresearch.org/fact-tank/2020/10/06/negative-views-of-both-us-and-china-amid-covid-19/，访问时间：2020年12月21日。

他国家做得更好。这说明印度民间社会并不过分担心疫情问题。印度社会更加关注与中国在边境地区的摩擦问题。受国内极端民族主义思潮和不实舆论的诱导，印度民间社会普遍对中国持抵触情绪的情况明显增多。

## 二　后疫情时代亚太地区局势展望

总体来看，2020 年，亚太地区国际关系及主要外交热点议题均不同程度地受到中美关系走势的影响，中国在经济、公共卫生、文化等方面的地区影响力进一步提升；周边国家对于中国未来扮演好积极的地区大国这一角色的期待值增加；美国的影响力呈现下降态势，但需要注意，这种态势并非由于美国自身实力下降，而是由于特朗普政府“美国优先”原则下单边主义的战略失当。美国拜登政府上台之后在多边机制、价值观输出及强化同盟体系等领域将重塑美国在亚太地区的领导力，亚太区域合作领域将面临新变数。鉴于亚太区域治理体系的缺失，未来中国在非传统安全和地区治理领域具有较大的作为空间。

### （一）美国将调整外交策略，重回多边和机制化方式，造成亚太地区格局内部张力加大

2020 年 12 月 14 日，美国选举人团投票结果公布，正式确认拜登当选美国总统。拜登在竞选中多次批评特朗普的外交政策，认为“美国优先”原则非但没有使美国再次伟大，反而削弱了美国的全球领导力。根据拜登在总统竞选中发表的言论及民主党建制派的传统外交偏好，国际社会普遍认为，拜登上台后，将对美国外交政策做出重大调整，重拾美国传统外交工具，重视多边主义与规则制定，强调盟友的价值和意识形态的作用。美国的亚太战略目标不会发生重大变化，美国仍将继续推进“印太”战略，但工具和手段的改变将给亚太地区秩序带来重要变数，区域态势可能会随之发生新变化。

拜登修正美国外交政策的努力有助于美国在一定程度上恢复在亚太地区

的领导力，这将对亚太地区秩序的演进产生重大影响。虽然美国可用于亚太地区的外交资源，如军事存在水平和经济干预能力难以在短期内发生重大变化，但美国外交手段的调整会使原本对美国领导力失望的国家重新燃起希望。在多边机制方面，拜登认为，特朗普任期内一系列“退群”行为严重削弱了美国在多边机制中的领导力，将主导地位拱手让与他国，从根本上损害了美国在全球的主导地位。因此，拜登公开表示，在其上任的第一天，美国就将重新加入特朗普选择退出的有关气候问题的《巴黎协定》，并召集世界主要碳排放国举行峰会，重回多边主义。在规则制定方面，拜登强调美国应该是世界规则的制定者，特朗普前期的“退群”举措降低了美国对世界规则的掌控能力，提升了中国的影响力。2020 年 11 月 17 日，拜登在特拉华州威尔明顿的演讲中提到，中国及 RCEP 是地区合作规则的游戏制定者，美国需要与其他民主国家结盟，才能制定有关未来经济发展的规则。① 拜登对多边主义、世界规则的重视要远超特朗普，上台以后显著加强对民主党建制派长期遵循的政策工具的使用，这给亚太地区因美国缺位而造成的阶段性多边机制自主性增强带来新的挑战。

与此同时，拜登上台之后更加注重调动盟友的积极性和发挥意识形态工具的价值，以抑制中国在各个领域不断增强的影响力，并提升美国在全球、地区层面基于联盟体系和价值观的号召力。重视盟友的作用是民主党始终强调的外交策略，也是拜登一贯的对外战略主张。2013 年，作为奥巴马的副手，拜登在一次演讲中提到，美国可以通过联盟、机制和伙伴关系路径将从印度到美洲的亚太国家联系在一起。② 鉴于中国在现有国际体系内的地位和

① Joseph R. Biden, Jr., “Why America Must Lead Again: Rescuing U. S. Foreign Policy after Trump,” Foreign Affairs, https://www.foreignaffairs.com/articles/united-states/2020-01-23/why-america-must-lead-again，访问时间：2020 年 12 月 16 日。

② “Remarks by Vice President Joe Biden on Asia-Pacific Policy,” The White House, https://obamawhitehouse.archives.gov/the-press-office/2013/07/19/remarks-vice-president-joe-biden-asia-pacific-policy?utm_source=npr_newsletter&utm_medium=email&utm_content=20201123&utm_term=4979799&utm_campaign=money&utm_id=46817385&orgid=554，访问时间：2020 年 12 月 16 日。

作用不断提升，民主党认为，独立应对中国“挑战”的难度较大，联合地区盟友成为最佳选择。因此，拜登在多个竞选场合反复强调就任总统后的几个星期内将构建同盟统一战线以作为开展工作的优先事项。[①]

拜登上台后，意识形态将成为美国巩固在亚太地区领导力的有力工具。拜登明确表示，任职第一年内将举办一次“全球民主峰会”，把全世界的“民主国家”聚集在一起以巩固美国的民主制度。[②] 未来，美国将深化与重点伙伴国家的关系，在地区推进“普世价值观”。[③] 美国盟友积极性的提升和意识形态在对外战略中作用的强化将增加中国在传统安全领域面临的压力，也将激化亚太地区内的价值观对立和摩擦。

美国外交策略的调整将给亚太地区局势带来新的变数。菲律宾、越南等可能改变对美国的谨慎态度。特朗普时期，亚太地区美国的盟友、伙伴国家对美国的地区政策失望，导致美国在亚太地区的影响力下降。但这种现象在很大程度上是特朗普执政方式和政策导致的结果而并非源自美国自身绝对实力的下降。当美国重回传统路径时，亚太地区部分国家可能再度密切与美国的关系，以对冲中国增强的影响力，或者利用美国的介入造势，增加与中国博弈时的筹码，寻求机遇，以获得更多回馈。菲律宾、新加坡等部分东南亚国家希望美国总统大选之后的美国政府可以强化对亚太地区事务的参与，发挥在亚太地区的领导力。[④] 美国外交策略的调整使亚太地区内部的张力扩大，影响中国周边外交策略的效能。

---

① Thomas L. Friedman, “Biden Made Sure ‘Trump Is Not Going to Be President for Four More Years’,” New York Times, https: //www. nytimes. com/2020/12/02/opinion/biden – interview – mcconnell – china – iran. html，访问时间：2020 年 12 月 16 日。

② Joseph R. Biden, Jr. , “Why America Must Lead Again: Rescuing U. S. Foreign Policy after Trump,” Foreign Affairs, https: //www. foreignaffairs. com/articles/united – states/2020 – 01 – 23/why – america – must – lead – again，访问时间：2020 年 12 月 16 日。

③ “Candidates Answer CFR’s Questions, Joe Biden,” Council on Foreign Relations, https: //www. cfr. org/article/joe – biden，访问时间：2020 年 12 月 16 日。

④ Prime Minister’s Office Singapore , “Congratulatory Letters from PM Lee Hsien Loong to US President-Elect Joe Biden and Vice President-Elect Kamala Harris,” https: //www. pmo. gov. sg/Newsroom/Congratulatory – Letters – from – Prime – Minister – Lee – Hsien – Loong – to – US – President – Elect – Joe – Biden，访问时间：2020 年 12 月 16 日。

美国“重回”多边主义使中国在亚太地区构建的多边机制面临竞争、制衡与对冲，不可避免地影响“一带一路”建设和 RCEP 的深入推进。大国领导力的基础是实力，但获得领导力不能仅依靠静态的实力展示，还需要通过对实力的综合运用，承担必要的责任，并提供有吸引力的公共产品。应对美国重塑亚太地区领导力的策略调整，中国既不能盲目增加投入，与美国展开公共产品提供方面的竞争，也不能降低对区域合作机制的支持水平，中国需要直面美国的全方位、多领域、体系化竞争，对外交策略做出相应调整。

### （二）中国对周边的影响力将不断加强，依托亚太与“印太”的合作空间将继续扩展

中国在疫情期间的突出表现增强了中国对周边的影响力并加快了亚太地区格局重构的历史进程。疫情期间，亚太国家面临的首要问题是化解公共卫生危机及复苏本国经济。原有的区域多边机制，包括东盟在内，都未能在应对此次危机时发挥应有的作用，2003 年之后建立的亚太地区公共卫生预警和合作框架也流于形式，区域多边治理体系存在较大改善空间。与之存在反差的是，中国通过分享经验、提供物资、派遣医疗专家，帮助区域内国家建立或改善了防疫体系，发挥了关键作用。除此之外，疫情使亚太地区国家经济遭受重创，中国作为 2020 年唯一一个实现经济正增长的大型经济体，扮演了亚太经济稳定之锚的角色，为地区经济的恢复和价值链的维持做出了决定性贡献。疫情导致亚太地区公共产品短缺、制度与架构失灵，客观上为中国发挥负责任大国作用创造了条件。中国将在完善地区非传统安全领域的区域治理体系方面发挥更大作用。

中国在疫情期间为亚太地区其他国家提供了必要的公共产品，凸显了大国担当。中国向亚太地区其他国家及国际组织及时分享有效的防疫信息，国家卫生健康委汇编诊疗和防控方案并将其翻译成 3 个语种，分享给全球 180 多个国家、10 多个国际组织和地区组织参照使用，并与世界卫生组织联合举办“防治新冠肺炎中国经验国际通报会”，向国际社会分享中国抗疫的成

功经验。在物资援助方面，2020 年 5 月 18 日，习近平主席在第 73 届世界卫生大会上宣布两年内提供 20 亿美元国际援助，与联合国合作在华设立全球人道主义应急仓库和枢纽。[①] 在疫苗领域，习近平主席宣布中国研发的疫苗将作为公共产品；2020 年 10 月 8 日，中国同全球疫苗免疫联盟签署协议，正式加入“新冠肺炎疫苗实施计划”，履行自身承诺，推动疫苗成为全球公共产品。[②] 2020 年 12 月 7 日，印尼政府宣布收到中国提供的首批疫苗，为印尼国内抗击疫情提供了有力的支持。[③] 进入 2021 年，周边国家疫情形势依旧不容乐观，中国在疫情期间的表现证明了中国作为防疫公共产品提供者的可信度与贡献能力，为探索区域治理合作的中国路径奠定了基础。

另外，中国经济在疫情期间强有力的表现凸显了中国经济的韧性，对未来亚太地区经济复苏意义重大。国际货币基金组织公布的数据显示，中国经济经历疫情冲击后，在政府引导下逐步恢复，中国成为 2020 年全球唯一实现经济正增长的大型经济体，增长率约为 1.9%；相比而言，周边其他国家经济发展举步维艰，大部分国家的经济呈负增长，为西方长期追捧的印度的经济的萎缩最为明显，增长率在 -10% 以下。[④] 中国经济的快速恢复推动中国在周边国家经济复苏中发挥更加重要的作用，而在美国持续强力打压和新冠肺炎疫情冲击之下的中国的经济韧性也将增强周边国家对中国经济发展前景的信心。在双循环理念下，中国将为周边国家经济复苏提供不可或缺的投资、市场和消费能力。资金、贸易和市场在亚太地区的流动也将推动地区内

---

① 《〈抗击新冠肺炎疫情的中国行动〉白皮书（全文）》，中华人民共和国国务院新闻办公室网站，http://www.scio.gov.cn/zfbps/32832/Document/1681801/1681801.htm，访问时间：2020 年 12 月 17 日。

② 《外交部就加入“新冠肺炎疫苗实施计划”答记者问》，中华人民共和国中央人民政府网，http://www.gov.cn/xinwen/2020-10/09/content_5549856.htm，访问时间：2020 年 12 月 17 日。

③ “Indonesia Receives first COVID Vaccine from China's Sinovac,” https://www.reuters.com/article/us-health-coronavirus-indonesia-vaccine-idUSKBN28G0KJ，访问时间：2020 年 12 月 17 日。

④ IMF, *Real GDP Growth, 2020*, https://www.imf.org/external/datamapper/NGDP_RPCH@WEO/AUS/CHN/IND/THA/KHM/MYS/IDN/JPN/KOR/MMR/LAO/VNM，访问时间：2020 年 12 月 17 日。

产业价值链重构，对落实“区域全面经济伙伴关系协定”大有裨益。于中国而言，鉴于中美面临在诸多领域加速脱钩的可能风险，主动加强与周边国家的合作关系有利于减少中国对美国市场和经济体系的依赖，凭借在地区的资金和消费市场份额塑造有利于中国的产业价值链，通过高水平开放实现中国经济高质量发展。

中国影响力的增强突出表现在“一带一路”“澜湄合作”等地区多边、小多边合作机制的稳步推进上。中国倡导的区域机制、合作领域不断完善、拓展，中国在价值链重构进程中扮演越来越重要的角色。中国商务部在2020年9月7日发布了《中国“一带一路”贸易投资发展报告2020》，突出了合作的成效，总结了合作的新变化、新方向。在高质量发展理念引领下，共建“一带一路”国家在吸引外资、贸易合作等领域取得历史性突破。2020年8月24日，澜沧江—湄公河合作第三次领导人会议通过视频方式举行，发表《万象宣言》。相关各方欢迎中方在澜湄合作专项基金框架下设立“澜湄公共卫生专项资金”，支持未来六国的公共卫生合作项目。[①] 疫情之下，中国主导的区域合作机制逆风起飞，其抢眼的表现凸显了中国区域合作倡议的韧性和吸引力，将增强周边国家对中国倡导的多边机制的信心，助力地区秩序朝着更加有利于中国的方向演进。

在军事和安全领域，中国海上力量投送能力的增强使中国依托亚太地区应对美国“印太”战略的回旋空间得以扩展。客观地说，中国与亚太地区其他国家的竞争和摩擦在本质上是地缘格局的结构性因素使然，而非中国外交政策改变与调整的结果。中国通过单方面释放善意改变双边关系走向和整体地缘格局态势的可能性不大，大国间关系是一个互动与建构的过程，中国在此过程中既需要表现出足够的诚意和善意，也需要展示实力和决心。2020年，中国在东海、南海等多个区域进行例行海上军事演习和训练，并进行东风系列导弹的跨战区射击演练。2020年1月6日，中国与巴

---

① 《澜沧江—湄公河合作第三次领导人会议万象宣言——“加强伙伴关系，实现共同繁荣”》，澜沧江—湄公河合作网站，http：//www. lmcchina. org/n3/2020/0907/c416398 - 9757691. html，访问时间：2020年12月17日。

基斯坦在巴基斯坦港口城市卡拉奇举行了“海洋卫士—2020”中巴海上联合演习。[①] 上述军事活动展示了中国的国防力量水平和捍卫国家利益的决心和能力，并对美国借助“印太”战略试图营造的对华包夹态势以及区域内大国的投机行为做出了有效的应对和制衡。保持对等制衡的策略选项，有助于扭转一段时间以来中国应对美国战略围堵和区域内大国对华敲诈策略的被动态势，使中国未来应对美国“印太”战略的制衡选项有所增加，战略空间有所扩大，战略可信度有所提升。不仅如此，中国还可以通过建设性、创造性地推动阿富汗问题的和平解决，增加对美国的博弈筹码，对冲美国“印太”战略，从而营造更加有利于中国发展的周边环境。

综合而言，“区域全面经济伙伴关系协定”签署之后的新一轮经济重组、中国在疫苗研发等领域的领先地位及军事能力的提升预示着未来中国对周边的影响力将进一步增强。这种能力上的增强和表现上的活跃，在提高中国国际地位的同时，也会使中国面临周边国家越来越多的期待和世界大国越来越强的制衡。地区事务框架内的大国博弈将更加明朗，区域风险管控难度将进一步提升。

### （三）亚太经济合作将受到阶段性考验，区域合作进程的域内外干扰因素将增加

RCEP 的正式签署标志着亚太地区经济合作取得突破性进展，更进一步表明，在该地区的合作中，美国的参与并不是必要的前提和基础。然而，RCEP 目前虽然已经达成，但未来将面临内、外不同维度的干扰和挑战。

首先，虽然相关国家签署了 RCEP，但在程序上还需要国内批准，仍存在较大的不确定性。尽管基于参与国家发展阶段的差异，RCEP 在具体条款的设定上保持了较大的灵活性和制度空间，但最终能否获得参与国国

① 《中巴海上联演首次命名“海洋卫士”，两军将形成三大联演品牌》，中华人民共和国国防部网站，http://www.mod.gov.cn/action/2020-01/06/content_4858057.htm。

内批准仍存在变数。根据中国商务部的信息，中方已经启动了 RCEP 的国内批准审核程序，并于2021 年4 月正式完成核准程序。但其他国家并没有给出国内批准的具体时间表，而该协定的最终运转需要至少 3 个非东盟国家和 6 个东盟国家的参与。回顾 RCEP 谈判进程，印度因对市场开放条款的担忧而最终决定退出，日本在谈判进程中也一度犹豫不决。考虑到西方国家的影响，特别是拜登政府将 RCEP 的签订视为中国经济外交的胜利，其上台之后的美国政府极有可能聚合盟友打造地区贸易机制。受此影响，追随美国的澳大利亚、新西兰等最终能否通过国内审核存在极大的不确定性。澳大利亚此前出台的《外交法案》赋予联邦政府权力，审查并否决不符合所谓澳大利亚“国家利益”的合作协定。在新西兰，RCEP 完成国内最终审核还需要经过国家利益分析、内阁审核、提交议会审议及最终的批准等四个步骤。①

其次，RCEP 的签订能否给各国带来切实的经济效益增量，将影响未来亚太地区经济合作推进的动力。RCEP 构建的初衷是弥合亚太地区碎片化的经济合作规则、机制，构建一个相对统一的市场准入体系。从目前公布的文本来看，RCEP 取消的关税比一般意义上的自贸协定要少，而机制上的灵活性给予一些国家关税方面的空间，这可能不利于实现最终零关税的目标。此外，在新冠肺炎疫情影响下，各国贸易数据表现疲软，经济复苏状况也将影响 RCEP 产生的经济收益。RCEP 能够给成员国带来经济实效将成为未来亚太经济合作的风向标。如果成员国不能由此获得增量收益，那么 RCEP 或将成为又一个形同虚设的合作机制，难以发挥实质效力，对正在谈判中的中日韩自贸区的构建也会产生不利影响。

最后，拜登上台之后对多边主义的回归，可能重启在亚太地区构建高门槛经济合作机制的进程，对冲 RCEP。在美国民主党建制派看来，正是因为

① Ministry of Foreign Affairs and Trade, “Next Steps and Timeline,” https://www.mfat.govt.nz/en/trade/free-trade-agreements/free-trade-agreements-concluded-but-not-in-force/regional-comprehensive-economic-partnership-rcep/next-steps-and-timeline/，访问时间：2020 年12 月10 日。

特朗普政府放弃了TPP这一机制平台，才给了中国主导地区经济合作的空间，TPP虽然并不完美，但背后的理念符合美国的利益。[①] 日本倡导的CPTPP一直对美国的回归持积极、开放的态度，尽管美国目前并未参与实质谈判，但鉴于拜登在选举中对盟友的态度，其执政之后很可能在亚太地区构建一个类似TPP的针对中国的具有高门槛的区域合作机制。美国的地区多边方案除了可能在涵盖范围上与RCEP有重合之处之外，还有可能将印度纳入其中。在“印太”战略框架下，印度加入美国提出的新区域合作方案并非不可能。届时，亚太地区将形成多边机制和制度的竞争，而RCEP的效益和作用不可避免地将受到冲击。

虽然存在上述几个方面的风险，但无论是中国“一带一路”的建设，还是RCEP的签署，对于中国对冲美国产业“脱钩”中国的进程，以及东亚产业价值链的重塑都提供了更多空间。如今美国试图限制中国高新技术发展，对中国实行“规锁”，甚至想将中国甩出现有经济体系，但相关举措难以撼动中国经济在亚太地区不可或缺和不可替代的地位。此外，以“一带一路”为依托的地区双边、小多边机制在疫情冲击下继续平稳推进，显示出中国倡导的地区合作机制的韧性。美国亚太地区经济政策及疫情的冲击推动新一轮国际资本在地区内的流动，这将带动东亚产业价值链朝着更加独立、健康和合理的方向调整。

### （四）亚太地区观念分歧将加剧，不同发展道路和治理模式及话语权博弈进入新阶段

新冠肺炎疫情在全球蔓延之后，美国政府为了掩饰在应对疫情方面的拙劣表现，将责任推卸给中国，并利用国际话语权攻击和抹黑中国的政治制度和治理体系。与此同时，中国不但通过成功控制疫情并驰援世界的实际行动在亚太周边地区树立了良好的国家形象，而且在争取国际话语权方面占据主

① “Candidates Answer CFR’s Questions, Joe Biden,” Council on Foreign Relations, https: // www. cfr. org/article/joe - biden，访问时间：2020年12月16日。

动。基于这一变化趋势，未来大国国际话语权竞争也将出现新的格局。

拜登政府上台之后将更加重视价值观领域美国的全球领导地位，希望通过拉拢具有共同价值理念的国家联合制衡中国。拜登提出，美国将重新重视与澳大利亚、日本和韩国的盟友关系，深化和印度、印尼的伙伴关系，在亚太这个决定美国未来的地区推进共同价值观。与此同时，随着“东升西降”趋势的加速演化，中国等新兴国家对自身发展道路和治理模式的自信心也不断提升。中国提出秉持“人类命运共同体”的理念，提倡国家之间兼容并蓄、共同发展，这与美国将所谓西方价值观强加于人和助推政治集团生态的行为没有观念上的交集。因此，亚太地区未来在价值观领域的分歧将出现上升趋势。

除了在话语权领域的技术性博弈外，未来，中美两国之间的观念分歧也将实质性转向发展道路、治理模式等议题。在全球抗疫期间，美国非但不为世界提供公共治理产品，反而采取“以邻为壑”政策和以各种形式转嫁责任。相反，中国在国内疫情稳定之后，通过支援世界攻克新冠肺炎疫情彰显了大国责任，不但向国际组织和100多个国家提供资金、医疗资源和疫苗等各种形式的援助，还凭借强大的制造能力，向周边国家和世界其他国家提供抗疫物资。基于对中美应对公共治理危机的横向比较，中西方治理模式之间的碰撞成为世界其他国家特别是中国周边国家的关注点：中国应对公共危机的治理模式以人为本，有效控制住了国内疫情，并向世界提供帮助；美国基于个人主义和资本导向的西方发展模式在集体灾难面前表现出管理和组织无力，不但本国防疫抗疫过程中问题频发，而且面临各种人道主义危机；与此同时，美国全球领导者角色的缺位也让世界更多国家特别是中国周边国家对西方发展道路和主导世界的状况产生认知松动。这是中国在公共治理领域为周边地区做出贡献的机遇。

如今，中美两国经贸往来密切，经济相互依赖关系难以切断，尽管两国存在政治制度和意识形态差异，但不同于当年美苏各自主导两大意识形态阵营和相应的两大军事同盟体系，重点也不再是军事对抗和以核威慑为基础的军备竞赛。中美不可能回到美苏当年的传统“冷战”状态。但不容忽视的是，在疫情防控常态化或后疫情时代，中美之间出现发展道路和治理模式的分歧，主要体现在未来产业半脱钩状态下中美两国在发展模式和文明治理方面的示范效应，这更多体现在两国在发展和治理领域对非西方体系的国家的吸引力上。中国要立足国内，重点提高治理模式的公平水平与效率，完善发展模式，展示治理模式的吸引力；对外突出展示应对非传统公共安全的治理模式的优势，立足吸引和团结多数国家，特别是中国周边国家，给予这些国家更多的关注，特别是可以与亚太周边国家之间寻求发展模式的交集；在全球疫情对人类的生命和社会经济的冲击下，在地区非传统安全治理和经济领域做出更大的贡献。

## 三　结语

总体而言，2020 年，亚太地区局势复杂多变，地缘格局继续深入调整，大国竞争激化，大国博弈引发地区秩序变动，原有的地区体系呈现弱稳定状态，地区事务安全化趋势明显；区域内国家间关系日益受中美关系走向的制约，区域内国家对外政策差异化和区域事务碎片化加剧。地区经济发展受到中美博弈长期因素和新冠肺炎疫情短期因素的共同作用，区域内经济体的表现差异巨大；区域合作与成员经济自立诉求交替作用，区域产业价值链重构进程加快。地区合作曲折发展，区域经济一体化取得重要成就；新冠肺炎疫情对非传统安全合作提出新要求。伴随着国际格局演变的价值观冲突和意识形态矛盾波及以多样性和包容性著称进行文明对话与共存的亚太地区；不同国家、文明之间价值观、意识形态对立加剧，国际舆论话语权的争夺进入新阶段。地区热点问题层出不穷，国家间的传统安全矛盾开始凸显，非传统安全议题泛化；国家间矛盾和国内矛盾对区域安全态势的冲击不断增加，地区安全机制面临更大压力。在亚太地区格局的震荡调整过程中，中国的地位明显上升，影响力开始增强，成为维护地区稳定和促进地区经济发展的主要贡献者。

自美国将中国视为主要战略竞争对手之后，战略重心不断向中国周边转移，中美安全关系恶化，亚太地区格局泛安全化趋势日渐明显，地区冲突风

险增加、烈度增强，中国周边地区安全风险增加导致原有的多边安全治理和风险管控机制更加难以发挥主导作用，在中美博弈进入深水区后，以东盟为核心的地区多边安全机制能力不足的缺点进一步暴露，无法对地区形势的变化做出有效反应。双边机制成为大国博弈管控的主要路径。

首先，亚太地区的冲突风险将持续增加。拜登上台之后，美国对盟友、伙伴关系的重视可能为中国台湾地区内部分离势力及印度国内对华强硬势力背书，进而诱导中国台湾地区和印度在相关问题上贸然采取更加激烈的举措。在朝鲜半岛问题上，拜登多次批评特朗普在朝鲜半岛问题上的做法，他认为，特朗普寻求与朝鲜和解的做法是不成功的，而且产生了适得其反的效果。拜登倡议通过寻求地区盟友的支持推动实现朝鲜半岛无核化的最终目标。[①] 以盟友为基础的协商不可避免地会触动朝鲜被包围的危机感，极有可能引发双方的新一轮对抗。中印关系持续紧张，边界冲突难以化解，从而造成双方冲突常态化。

其次，现有机制无法解决大国之间的博弈和结构性矛盾，未来管控效能将进一步萎缩。一方面，当前亚太地区的安全博弈大都集中在大国之间，博弈内容往往具有结构性特征；另一方面，地区相关机制更多的是对话协商平台，且基本都由小国或行为体在表面上主导，难以在解决实质性问题时发挥主导作用，例如，在南海议题上，中美之间的博弈具有典型的结构性特征，而且已经成为该议题的主要方面。有关这一议题，传统多边机制主要是香格里拉对话和东盟地区论坛。但上述两个机制更多的是对话协商平台，而并非解决问题的最终路径。受疫情影响，2020 年香格里拉对话取消，东盟地区论坛以线上形式召开，虽然在主席词中倡议和平解决南海地区争议，但并未提及美国在此过程中的危险举动，凸显了有限的管控能力。[②] 未来，随着拜

① "President-Elect Biden on Foreign Policy," Council on Foreign Relations, https://www.cfr.org/election2020/candidate-tracker，访问时间：2020 年 12 月 16 日。

② "Chairman's Statement of the 27th ASEAN Regional Forum Ha Noi, 12 September 2020," https://asean.org/storage/2020/09/Final-27th-ARF-Chairman-Statement_as-of-13-September-2020-clean.pdf，访问时间：2020 年 12 月 16 日。

登政府外交政策的调整，香格里拉对话等西方主导的机制将更加偏向美国，无法真正发挥增强战略互信的作用，在美国重塑亚太地区领导力的外交策略调整背景下，东盟内部的分歧也将加大，协调一致的能力会随之下降，主导地位很难继续维持。

再次，博弈方更多选择双边路径而非多边路径，亚太地区在安全维度方面具有碎片化的特征，机制化程度有限。地区安全格局大致由美国盟友、伙伴关系、独立自主国家等构成，地区国家之间的地缘关系错综复杂，各方利益的协调难度较大，多边路径的作用空间有限，例如，在阿富汗问题上，阿富汗国内和解的阶段性进展主要是美国与塔利班举行了双边会谈，并在多哈签署了和平协议。周边相关国家提出的多边解决路径均未能成为解决阿富汗问题的最终选择，如俄罗斯主导的“莫斯科进程”终止、中美阿巴对话进程已经中断、中国—阿富汗—巴基斯坦三方外长对话机制虽有建设性但具体成果缺乏。至于中印之间的边界争端以及印巴之间的控制线冲突，参与方都明确拒绝国际调停和多边机制介入，只接受双边对话的协调方式。双边路径更加受欢迎，体现了亚太地区安全格局的碎片化和地区稳定的脆弱性的特征，双边路径发挥的作用越强，地区多边路径面临的压力就越大。多边机制的能动性下降，地区国家在安全领域的黏合性也就随之下降。在这一趋势下，大国博弈成为地区安全事务的主导因素，并将进一步强化。

亚太地区冲突风险的增加对本就发育不良的多边机制产生新的挑战，但同时也蕴含着有所作为的空间。当前地区争端的协调以双边机制为主，并不意味着中国不应该或者没有办法推动多边机制建立与完善。现有多边路径管控能力的有限并不是发展方向的错误，而是受制于机制本身发育的不足。中国未来通过多边机制在参与区域安全治理方面仍存在较大空间，例如，在南海问题上，除了积极、灵活应对个别国家的单方面挑衅之外，中国也将继续积极推动与东南亚相关国家进行南海行为准则磋商，为地区风险管控提供更多选择，贡献中国方案。

# 分 报 告

Specific Reports

## B.2

# 后疫情时代的大国关系与印亚太地区格局*

孙西辉　刘雨桐**

摘　要：2020年突发的新冠肺炎疫情对各国民众的生命与健康及国际关系产生了巨大而深远的影响。由于大国的实力变化及大国间的战略关系有自身的发展规律，新冠肺炎疫情对大国关系和国际格局的影响总体上是间接的和非决定性的。在大国关系方面，新冠肺炎疫情对各领域的大国间的具体关系产生了直接或间接影响，但是对大国间的战略关系只能发挥“催化剂”或“助推器”作用，不会从根本上改变既有的大国间的战略关系。在大国间实力分布方面，新冠肺炎疫情可以通过

* 本报告为中国社会科学院马克思主义理论学科建设与理论研究工程重大项目“百年未有之大变局中的东升西降与西方战略焦虑及对华战略研究”（项目编号：2020mgczdxxx）的阶段性成果。

** 孙西辉，博士，中国社会科学院亚太与全球战略研究院副研究员、中国社会科学院大学国际关系学院副教授，主要研究方向为美国的亚太战略、中国周边国家对外政策、中国外交、中美关系、中印关系、国际关系理论等；刘雨桐，中国社会科学院大学国际关系学院学生。

影响经济活动妨碍大国经济增长和实力增强，但是对大国间的军事实力分布的影响几乎微乎其微。基于这一理论认知，印亚太地区的国际格局在经济实力和军事实力方面呈现多层状况，在大国关系方面呈现中美“两强战略博弈”状况。

关键词： 新冠肺炎疫情 大国关系 印亚太地区 国际格局

近年来，世界面临百年未有之大变局，而新冠肺炎疫情在全球肆虐成为2020年对国际关系冲击最大的一个非常规因素。新冠肺炎疫情对各国人民的生命和健康构成重大威胁，严重影响国际领域的大国关系，甚至对国际格局产生一定的影响。在中美战略竞争加剧的背景下，新冠肺炎疫情使印亚太地区的大国关系更加复杂，使地区国际格局的走向平添几分不确定性。因此，探讨新冠肺炎疫情、大国关系与国际格局的关联性，厘清新冠肺炎疫情对大国关系和国际格局的作用机理，进而分析后疫情时代印亚太地区的大国关系与地区格局及其走向，对于理性认识国际形势和合理布局中国外交具有重要的现实意义。

## 一 新冠肺炎疫情、大国关系与国际格局的关联

新冠肺炎疫情是2020年以来最重大的突发国际事件和公共卫生危机，对各国内部和国家间关系产生深远的影响，也对大国关系和国际格局产生不同程度的影响。然而，新冠肺炎疫情是国际体系变化中的一个偶然因素，厘清三者的关联对于正确理解新冠肺炎疫情对大国关系和国际格局的影响至关重要。

### （一）国际体系中的国际格局与国际秩序

在国际关系理论领域，以肯尼思·华尔兹（Kenneth N. Waltz）为代表

的结构现实主义者从整体视角看待国际政治问题，强调体系方法与理论，提出国际政治体系（international-political system）及其结构等概念，后来，其他学者在此基础上逐渐区分和界定了国际体系（international system）、国际格局（international configuration）和国际秩序（international order）等概念。

第一，国际体系及其构成要素。体系或国际体系并非由华尔兹最早提出，但是他对这一概念的发展具有重要的奠基作用。华尔兹认为，体系是一组互动的单元（unit）。它有两个层次的内容：一是体系层次上的结构，这是使单元构成一个体系的关键；二是互动的单元。① 在华尔兹看来，只有借助体系理论才能正确理解国际政治，还需要将国际政治体系与经济、社会等领域的其他国际体系区分开来。② 尽管华尔兹并未明确界定国际政治体系，但是这为学术界提供了很好的研究基础。有学者总结为，国际体系指以国家为主要行为体组成的无政府社会，包含国家行为体、国际格局和国际规范三类要素。③

第二，国际格局及其构成要素。国际格局是具有鲜明中国特色的国际政治词语，如单极格局、两极格局、多极格局、“一超多强”格局等，但是西方学者几乎不用这种表述。在西方国际关系理论中，与国际格局的含义接近的是国际结构（international structure）或国际体系结构（structure of international system）。华尔兹根据界定国内政治结构的三个原则考察了国际政治结构的界定方式，认为系统的排列原则、单元的功能和单元间能力的分配中的任何一个因素发生变化都会引起结构变化。④ 基于这种理论范式，国际格局可被视为国际体系的结构形式，由大国间的实

① Kenneth N. Waltz, *The Theory of International Politics* (California: Addison-Wesley Publishing Company, 1979), p. 40.

② Kenneth N. Waltz, *The Theory of International Politics* (California: Addison-Wesley Publishing Company, 1979), p. 79.

③ 阎学通、何颖：《国际关系分析（第三版）》，北京大学出版社，2017，第 36 页。

④ Kenneth N. Waltz, *The Theory of International Politics* (California: Addison-Wesley Publishing Company, 1979), pp. 88 – 101.

力分配和战略关系构成，前者指大国间的相对实力差别，后者指大国间的敌友关系。[①]

第三，国际秩序及其构成要素。在国内外学术界，国际秩序都是一个常用概念，然而，学术界对国际秩序的理解和界定存在较大差异。根据阎学通教授的研究，一些中国学者混淆了国际秩序与国际格局，还有学者不区分国际秩序、国际格局和国际体系，中外学者在国际秩序的构成要素方面也存在分歧。[②] 他认为，国际秩序是国际体系的性质，指国际体系中各行为体依据国际规范采取非暴力方式处理冲突的和平状态，包含国际主导价值观（international dominant value）、国际规范（international norm）和国际制度安排（international arrangement）三类要素。[③]

## （二）国际体系中的大国

大国历来是国际关系领域最重要的行为体和研究对象，但学术界并未清晰地界定大国，也没有在理论上充分说明为何大国在国际关系中至关重要。结构现实主义从国际关系理论的角度明确了大国在国际体系中的重要性，也为学术界对大国进行相关研究奠定了基础。

第一，大国及其衡量方法。大国在国际关系中具有重要性，但学术界未给出界定大国的清晰的衡量标准。笔者在前人研究的基础上探讨过划分国家大小（强弱）的原则和标准，认为划分国家大小（强弱）需要遵循三个原则，即主观标准与客观标准相结合的原则、摒弃国家划分中“二分法”的原则、绝对标准与相对标准相结合的原则；划分国家大小（强弱）的标准为“三维度—六指标”，即基础维度及人口和面积指标、实力维度及经济和军事指标、认知维度及自我感知和国际认同指标，并尽可能细化和量化各维度的相关指标。具体的计算方法是：先通过基础维度和实力维度对某一国家进行定位，如果同时符合两个维度中的四项指标，则说明该国是典型的某类

① 阎学通、何颖：《国际关系分析（第三版）》，北京大学出版社，2017，第51页。

② 阎学通：《无序体系中的国际秩序》，《国际政治科学》2016年第1期。

③ 阎学通、何颖：《国际关系分析（第三版）》，北京大学出版社，2017，第42~43页。

国家，如果符合其中的两项或三项指标，则说明该国是非典型的某类国家；无论是典型的某类国家还是非典型的某类国家，我们都应该结合认知维度加以确认。此外，确定国家大小还需要考虑与之对应的其他国家，即考虑相对性。①

第二，大国在国际格局中的作用。如上所述，国际格局基本上指国际体系的结构，而华尔兹认为国际体系的结构取决于排列原则、单元的功能和单元间能力的分配三个要素。关于排列原则，华尔兹认为国际体系是分权的和无政府的，各组成部分具有平等的关系。② 鉴于国际社会的无政府状态是西方现实主义理论一致认可的假定前提，且国际体系的无政府特性在可预见的未来也看不到变化的可能性，因而这一排列原则可被视为一个常量。关于单元的功能，“国家作为国际政治系统单元，并不因履行的职能而有所区别。无政府状态要求体系中各单位之间具有协调关系，这意味着它们具有一致性。无政府状态要求系统单元间具有一种同等关系，这意味着它们具有同一性”③。也就是说，“对于无政府状态的国际体系来说，由于由相似的单元构成，单元的功能这一标准不具有意义”④。关于单元间能力的分配，“在无政府秩序下，单元主要依据其完成类似任务的能力大小来加以区分……国家根据权力大小占据不同的位置”⑤。因此，“无论在无政府体系还是在等级制体系中，单元间能力分配的变化就是体系的变化”⑥。此外，华尔兹还指出，“国家不是，也从来不是唯一的国际行为体。但是结构是根据系统的主要行

---

① 孙西辉、金灿荣：《小国的“大国平衡外交”机理与马来西亚的中美“平衡外交”》，《当代亚太》2017 年第 2 期。

② Kenneth N. Waltz, *The Theory of International Politics* (California: Addison-Wesley Publishing Company, 1979), pp. 88 – 89.

③ Kenneth N. Waltz, *The Theory of International Politics* (California: Addison-Wesley Publishing Company, 1979), p. 93.

④ Kenneth N. Waltz, *The Theory of International Politics* (California: Addison-Wesley Publishing Company, 1979), p. 101.

⑤ Kenneth N. Waltz, *The Theory of International Politics* (California: Addison-Wesley Publishing Company, 1979), p. 93.

⑥ Kenneth N. Waltz, *The Theory of International Politics* (California: Addison-Wesley Publishing Company, 1979), p. 101.

为体定义的，而非由活跃于其中的所有行为体加以定义的”[①]。“只有非国家行为体发展到足以与大国相匹敌或超越大国时，而非仅仅相当于一些小国的时候，我们才需要一种否认国家中心作用的理论。”[②] 因此，国际体系中最主要的行为体是大国，大国能力的变化影响国际体系结构。与之类似，阎学通教授也认为，大国的实力及大国间的关系决定国际格局。可见，大国对国际格局的形成与演变具有决定性作用。

第三，大国在国际秩序中的作用。在国际秩序的三类构成要素中，国际主导价值观指被绝大多数国际成员接受且能够指导国际规范制定方向的价值观，国际规范指各国在长期交往与互动中形成并对多数国家的行为具有不同约束力的习惯、规则和法律等的统称，国际制度安排指约束国家遵守国际规范的组织机构及其权力分配。[③] 从表面上看，国际秩序的三类要素并未提及大国，但是这并不意味着大国对于国际秩序不重要。一方面，无论是国际主导价值观还是国际规范，它们的形成和推广都离不开大国的支持和推动，其主导地位也需要大国维护。另一方面，从历史和现实角度看，所有重要国际制度安排都必须得到大国的支持，大多数国际制度安排由大国直接推动建立。因此，大国对国际秩序的形成、维护与发展具有不可替代的作用。

### （三）新冠肺炎疫情对大国关系与国际格局的影响机理

新冠肺炎疫情的危害是严重而深远的，但它对大国关系和国际格局的影响总体上是偶发的和间接的。讨论这一话题，需要明确新冠肺炎疫情的危害及其传播路径，进而讨论它对大国关系和国际格局的影响机理。

第一，新冠肺炎疫情的危害与影响扩散方式。大规模的国际流行性疫病并不罕见，但是新冠肺炎疫情的规模与影响史无前例，造成严重且多方面的

---

① Kenneth N. Waltz, *The Theory of International Politics* (California: Addison-Wesley Publishing Company, 1979), p. 93.

② Kenneth N. Waltz, *The Theory of International Politics* (California: Addison-Wesley Publishing Company, 1979), p. 95.

③ 阎学通、何颖：《国际关系分析（第三版）》，北京大学出版社，2017，第43页。

危害，主要体现为威胁民众的生命与健康，妨碍各国交流与交往，阻滞各国的经济活动等。在威胁民众的生命与健康方面，根据世界卫生组织的统计数据，截至2021年4月，全球新冠肺炎确诊病例累计约为1.39亿人，死亡病例累计约为300万人；累计感染病例超过1000万人的国家有3个，超过100万人的国家有21个；累计死亡病例超过50万人的国家有1个，超过10万人的国家有6个。[①] 在妨碍各国交流与交往方面，由于新冠肺炎的高传染性以及人们对该新型冠状病毒的了解及防控手段有限，绝大多数国家于2020年初暂停了国际航班并限制外国人入境。在阻滞各国的经济活动方面，各国因新冠肺炎疫情被迫停止或限制国内及国际交流与交往，这必然导致许多国内和国际经济活动停摆。

第二，新冠肺炎疫情对大国关系的影响机理。大国关系是一个宽泛的概念，涵盖大国间的各种关系，可以是经济与贸易、政治与外交、文化与社会、军事与安全等各领域的具体关系，也可以是涉及彼此敌友状况和战略性目标的战略关系。在大国间的具体关系方面，新冠肺炎疫情通过妨碍各国间的人员和物资的交往和运输对大国间的经济关系和社会关系产生直接影响。在大国间的战略关系方面，新冠肺炎疫情通过影响彼此的理解与情感对大国间的战略认知和定位产生间接影响，而大国间的具体关系也会在一定程度上影响战略关系。

第三，新冠肺炎疫情对国际格局的影响机理。根据上文对国际格局的解释，大国间的实力分布和战略关系是构成要素，新冠肺炎疫情对国际格局的影响机理需要从这两个方面进行分析。在大国间的实力分布方面，新冠肺炎疫情通过妨碍各国间的经济关系和经济活动影响经济发展状况，进而造成实力对比发生变化。在大国间的战略关系方面，新冠肺炎疫情不仅通过影响彼此的感情影响大国间的战略认知与定位，而且可能因现实或潜在的实力变化强化这种战略认知与定位。

---

① World Health Organization，“WHO Coronavirus Disease（COVID－19）Dashboard：Situation by Country，Territory & Area，” April 17，2021，https：//covid19. who. int/table.

## 二　后疫情时代的中国周边大国关系

由于地理的邻近性和中国的持续快速发展，中国与绝大多数周边国家保持密切的经贸往来、人文交流以及政治与军事交流，这涉及中国周边大国。不过，由于大国具有不同于中小国家的国际抱负和国家利益优先排序，它们与中国的关系自然比中小国家与中国的关系更加复杂。新冠肺炎疫情是大国关系的影响因素之一，而非决定性因素。它不会从根本上改变既有的大国关系，尤其是大国间的战略关系，但是会发挥“催化剂”作用，增加中国与周边大国关系的复杂程度。

### （一）新冠肺炎疫情背景下的中美关系

美国并非地理意义上的中国邻国，但是由于美国的实力和影响力遍布全球，在中国周边拥有多处军事基地和强大的影响力，因此可以算作中国的一个特殊“周边国家”①。中美不仅是世界上较大的两个经济体，而且分别是最大的发展中国家和发达国家，两国在新冠肺炎疫情突发之前长期保持密切的经贸联系、人文交流及政治与军事互动。尽管特朗普政府将中国视为战略竞争对手，通过加征进口关税、舆论抹黑、政治攻击和军事施压等方式对中国进行遏制和打压，但是中美经贸关系并未像某些美国政客期待的那样“脱钩”，反而更加紧密：2020 年，中美贸易额为 40992 亿元，中国对美国的进出口额比上一年分别增长 10.1% 和 8.4%。② 在新冠肺炎疫情背景下，中美关系面临新一轮冲击，既包括疫情本身的直接影响，也包括美国政客将疫情政治化对中美关系的影响。

2020 年是新冠肺炎疫情肆虐的一年，也是美国的大选年，特朗普政府

---

① 朴键一：《中国周边安全环境与朝鲜半岛问题》，中央民族大学出版社，2013，第 8 ~ 9 页。

② 国家统计局编《中华人民共和国 2020 年国民经济和社会发展统计公报》，https://tjj.hubei.gov.cn/tjsj/sjkscx/tjnj/gsztj/hss/202201/P020220125614278681210.pdf，第 15 页。

对中国的抹黑和攻击更加频繁，这使因特朗普的对华政策本已十分紧张的中美关系雪上加霜。在应对新冠肺炎疫情问题上，特朗普政府采取忽视的态度，放任民众出行和聚集，导致美国国内疫情失控，于是特朗普政府开始不断抹黑和攻击中国，无视中国向国际社会及时通报疫情的事实，否定中国抗疫成效，使中美政治关系和两国民众之间矛盾和对立情绪急剧上升。在人员往来方面，美国是新冠肺炎疫情暴发后第一个从中国撤侨和关闭在华领事馆的国家,[①] 率先宣布限制来自中国的航班入境,[②] 这导致中美之间的人员往来与货物运输受到极大影响。在经济和贸易领域，一方面，新冠肺炎疫情对经济活动的阻碍以及特朗普政府的抗疫不力，导致美国经济下滑，失业率大幅上升；另一方面，尽管中美仍保持规模可观的双边贸易量，但是由于新冠肺炎疫情，两国货物贸易受到影响，未能完全实现中美第一阶段经贸协议的预期目标。在政治和外交领域，由于美国总统大选以及美国对中国的无端攻击和指责，两国在政治和外交领域的矛盾不断激化。

在中美战略关系方面，特朗普政府明确将中国视为战略竞争对手，在各领域采取一系列施压措施，使中美战略关系由战略竞合关系转变为战略竞争关系。新冠肺炎疫情没有改变这一战略关系的走向，中美战略竞争关系因疫情背景下各领域的具体关系日趋紧张而进一步强化。拜登上台后，新冠肺炎疫情依然持续，美国表示将在应对全球气候变化等领域加强与中国的合作，并表示避免与中国发生战争，但是拜登政府延续了对华强硬的立场和态势，谋求联合其他西方国家集体对华施压，中美战略竞争关系并未改变。

### （二）新冠肺炎疫情背景下的中日关系

日本是中国的近邻，两国存在悠久的交往历史和密切的经贸关系与人文

---

① 《驻马里大使：当初武汉封城美国第一个撤侨，如今“甩锅”称中国没通报疫情》，北京晚报网站，2020 年 4 月 9 日，https：//www. takefoto. cn/viewnews – 2109336. html。

② U. S. Homeland Security, “DHS Issues Restrictions on Inbound Flights with Individuals Who Have Been in China,” February 2, 2020, https: //www. dhs. gov/news/2020/02/02/dhs – issues – supplemental – instructions – inbound – flights – individuals – who – have – been – china.

交流，但因历史问题和领土主权争端存在难以化解的矛盾。突如其来的新冠肺炎疫情在整体上为两国加强社会联系和相互支援提供了一个机会，在一定程度上强化中日具体领域的双边关系，但是并未对中日战略关系产生显著影响。

2020 年新冠肺炎疫情突袭而至，中日之间进行了密切的抗疫合作。根据《日本外交白皮书》的统计数据，日本在中国疫情发生后共向中国运送了大约 9 万副手套、4.1 万个护目镜、4 万套防护服和 2000 件消毒产品。[①] 在日本的新冠肺炎疫情逐渐严重之后，中国积极向日本捐赠新冠病毒核酸检测试剂盒、口罩、防护服等物资。此外，中方还积极推动中日双方在疫情数据信息共享、出入境人员配合管理、区域产业链稳定供给等方面进行积极合作，两国领导下的亚太地区抗疫模式为全球疫情防控提供了可以借鉴的经验。在经贸领域，尽管中日经济都受到新冠肺炎的影响，但两国的经贸额仍小幅增加：2020 年，中日贸易额为 21973 亿元，中国对日本的进出口额较上一年分别增长 2.1% 和 0.1% 。[②] 在政治和外交领域，尽管日本与美国具有同盟关系，但是特朗普政府的"美国优先"政策理念和经济民族主义对外政策给日本带来极大冲击，日本为对冲来自美国的压力或应对美国在东亚投入不足可能导致的风险，并与中国一起推动中日韩自贸区谈判及签署"区域全面经济伙伴关系协定"（RCEP）。

在中日战略关系方面，安倍政府以建设强大日本和发挥国际领导作用为根本目标，以价值观外交、经济外交、解禁集体自卫权、修改宪法、历史修正主义等方式为主要手段，以谋求突破战后体制、实现"正常国家"、重振日本经济、抗衡中国等具体目标为重要突破。同时，随着中国持续快速发展，中国对日本的地缘经济吸引力和地缘政治压力越来越大，日本实际上希望利用日美同盟抗衡中国的影响力，同时通过中日经济合作促进日本的经济发展。因此，中日战略关系处于战略竞争与合作的状态。菅义伟政府大致延

① Ministry of Foreign Affairs of Japan, "Diplomatic Bluebook 2020," 2020, p. 44.

② 国家统计局编《中华人民共和国 2020 年国民经济和社会发展统计公报》，https://tjj.hubei.gov.cn/tjsj/sjkscx/tjnj/gsztj/hss/202201/P020220125614278681210.pdf，第 15 页。

续了安倍政府的内外政策，特朗普下台使美国带来的不确定性大大降低，拜登政府大力拉拢盟友进一步刺激日本联美抗华的意愿，导致当前中日战略竞合关系中的竞争性有上升的趋势。

## （三）新冠肺炎疫情背景下的中印关系

中印同为发展中国家，都有艰巨的发展任务，在一些国际事务上有相似的立场和诉求。但是，作为快速发展的新兴大国，中印常被国际社会作为比较的对象，中国在经济与社会发展方面有目共睹的成就使印度对中国有一种“酸葡萄”心理。同时，中印之间存在漫长的边界线和复杂的边境和划界争端，这被印度视为中印关系中最重要的问题，有时甚至以此为中印关系的全部内容。在新冠肺炎疫情的背景下，尤其是加勒万河谷地区冲突之后，印度将该事件的影响扩展到政治、经济和军事领域，使中印关系跌入一个新“冰点”。

在中印具体关系方面，新冠肺炎疫情的影响并不大。随着印度新冠肺炎疫情的快速恶化，越来越多的国家从印度撤侨并限制印度人入境，中印人文交流和社会交往暂停。在边境争端领域，加勒万河谷地区冲突是2020年中印关系的一个焦点和转折点。5月6日，印度部队于加勒万河谷地区越线进入中国境内，6月15日晚，印军违背中印军长级会谈共识再次越过实控线破坏中方设施，并对上前交涉的中国边防官兵进行暴力攻击，导致双方发生激烈肢体冲突，造成人员死亡。① 为此，中印之间进行了多轮外长和军长会谈，2020年双方共进行了8轮军长级会谈，直至2021年2月10日，两国军队才达成脱离接触的共识。② 在军事领域，印度在加勒万河谷地区冲突之后加强了在边境地区的行动。6月19日，莫迪在

---

① 《驻印度大使孙卫东接受印度报业托拉斯专访谈中印加勒万河谷事件》，中华人民共和国驻印度共和国大使馆网站，2020年12月20日，http：//in. china - embassy. org/chn/sgxw/t1792379. htm。

② 《中印两军开始同步组织脱离接触》，新华网，2021年2月10日，http：//www. xinhuanet. com/world/2021 -02/10/c_ 1127091511. htm。

约20个党派参加的“中印边界问题全国党派大会”上表示，“指挥官将不再受到限制使用武器的约束，并将有充分的权力利用所掌握的一切资源应对‘非常情况’”[①]。6月20日，拉达克地区的列城上空出现大批印度空军的“阿帕奇”武装直升机和升级版米格-29战斗机；印度空军司令巴达乌利亚（K. S. Bhadauria）连续前往列城（Leh）和斯利那加（Srinagar）的空军基地视察。在经贸领域，印度先是删除中国手机应用程序，然后暂停中国商品通关，抵制中国产品，禁用中国手机软件，禁止中国公司参与印度道路建设，禁止华为参与印度5G网络建设，限制进口来自中国的电力设备，2020年，中印贸易额为6058亿元，中国对印度的进出口额比上一年分别增长16.7%和-10.5%。[②] 在政治领域，印度政界人士多次就中国内政发表不当言论。

在中印战略关系方面，印度一直梦想且自信地认为它一定会成为一个世界性大国，但在与中国的对比中它总是处于落后状态，导致印度在对华认知方面存在严重的矛盾心理。一方面，印度认为中国在南亚地区的力量存在是对其进行战略包围，希望摆脱对中国产品的依赖，但本国无替代能力；另一方面，印度想要通过加强与美国、日本等国家的合作增强抗衡中国的能力，但大国心态使其不愿完全倒向美国。因此，尽管中国并未将印度视为战略竞争对手，但是印度已然将中国视为战略竞争对手，中印在具体领域的合作关系在很大程度上受战略竞争关系的影响。

### （四）新冠肺炎疫情背景下的中俄关系

俄罗斯是中国周边一个非常重要的邻国和大国，中俄两国在冷战后保持密切的联系，政治、经济和军事交流与合作不断加强。面对西方的战略打压

---

① Rahul Singh, “No Restrictions on Using Firearms: India Gives Soldiers Freedom along LAC in Extraordinary Times,” Hindustan Times, June 20, 2020, http://www.hindustantimes.com/india-news/no-restrictions-on-firearms-india-gives-soldiers-freedom-along-lac-in-extraordinary-times/story-pCcFAcSAkMRschq50Tom1L.html。

② 国家统计局编《中华人民共和国2020年国民经济和社会发展统计公报》，https://tjj.hubei.gov.cn/tjsj/sjkscx/tjnj/gsztj/hss/202201/P020220125614278681210.pdf，第15页。

和中俄共同的利益，两国不断深化双边战略关系，从建设性伙伴关系发展到战略协作伙伴关系，再发展到全面战略协作伙伴关系、新时代中俄全面战略协作伙伴关系。目前，中俄保持各领域的良好互动与合作。

2020 年，抗疫合作成为新时代中俄友好关系中的“增色剂”。双方基于彼此之间的疫情高峰时差和各自的优势能力，为彼此“雪中送炭”。在中国的疫情高峰阶段，俄罗斯不仅在抗疫物资方面对中国给予援助，而且在外交话语领域给予中国强有力的支持。2020 年 2 月 12 日，俄罗斯外交部发言人扎哈罗娃在记者会上抨击西方媒体对中国疫情的虚假报道，指责其以此为破坏中国形象的手段。同时，俄罗斯媒体积极肯定中国的抗疫成效和对外抗疫援助，有助于各国民众正确、客观地理解中国。[①] 中国在率先走出疫情危机、实现经济社会生活正常化后，也积极开展对俄罗斯的抗疫援助，充分缓解了俄罗斯所面临的抗疫物资供给不足和经验匮乏的难题。自 2020 年 4 月 2 日起，中国对俄罗斯进行多轮涉及物资、人员和医疗专家的援助。对此，俄罗斯给予中国高度评价，4 月 28 日，俄罗斯外交部部长拉夫罗夫对中俄两国在抗击疫情方面的协作给出“最高的评价”，表示两国通过多种形式互相援助，共同遏制疫情；俄罗斯总统普京在 11 月 17 日的金砖国家领导人会晤上表示，中国向全世界展示新冠病毒是可以被战胜的，是其他国家可以效仿的榜样。[②] 中俄在新冠肺炎疫情期间的合作互助使两国在抗疫方面取得进展，两国关系进一步升温。在经贸领域，面对新冠肺炎疫情的冲击，2020 年，中俄贸易额达到 7466 亿元，中国对俄罗斯的进出口额比上一年分别增长 -6.1% 和 2.1%。[③]

中俄作为全面战略协作伙伴，不仅在抗击新冠肺炎疫情方面相互帮助，

---

① 蔡运喆：《疫情叙事博弈中的中俄协作》，《俄罗斯学刊》2020 年第 5 期。

② 《中国援助俄罗斯多批防疫物资　俄方给予高度评价》，中国新闻网，2020 年 7 月 22 日，http://www.chinanews.com/gj/2020/07-22/9245099.shtml。《普京称赞中国抗疫为他国树立榜样》，北京日报客户端，2020 年 11 月 19 日，http://ie.bjd.com.cn/5b165687a010550e5ddc0e6a/contentApp/5baee86de4b034f7951ef687/AP5fb54d04e4b0c34aa381967e?isshare=1。

③ 国家统计局编《中华人民共和国 2020 年国民经济和社会发展统计公报》，https://tjj.hubei.gov.cn/tjsj/sjkscx/tjnj/gsztj/hss/202201/P020220125614278681210.pdf，第 15 页。

而且在重大问题上相互支持，积极维护世界的和平与稳定。傅莹指出：高水平、强有力的中俄关系不仅符合双方利益，也是维护国际战略平衡和世界和平与稳定的重要保障。[①] 美国将中国和俄罗斯同时视为战略竞争对手，并在欧洲、中东和印亚太方向分别与中国和俄罗斯展开激烈的战略博弈，美国的一些战略家和政客希望通过拉拢俄罗斯或挑拨中俄关系的方式破坏中俄的战略协作关系，但是中俄两国不为所动。2020 年 6 月，美国邀请俄罗斯参加 G7 峰会，对此，梅德韦杰夫表示，“没有中国的参与，就不可能实现具有全球意义的重要事业”。[②]

## 三　后疫情时代的印亚太地区格局

印亚太地区是中国周边的核心区域，也是中国对外关系最重要的活动场所。正确认识印亚太地区的国际格局现状，分析新冠肺炎疫情对它的影响及可能的走向，有助于我国更加合理地协调大国关系与进行对外战略布局。

### （一）印亚太地区格局的既有状况

当前，印亚太地区聚集了全球实力较强、影响力较大的几个大国，地区热点问题众多，大国之间的战略竞争与合作交织，结构性矛盾复杂多样，地区格局在不同领域呈现不同的形态。基于上文对国际格局的解释，印亚太地区的国际格局的状况可以从域内大国的经济实力、军事实力和战略关系三个方面考察。

首先，经济实力视角下的地区格局。经济实力是一国综合实力的基础，也是一国硬实力的重要组成部分。尽管以国内生产总值（GDP）为衡量一国经济实力的标准存在不足之处，但这是目前最常用的方法和最具代表性的指标。为了方便下文讨论新冠肺炎疫情对地区格局的影响，此处以疫情发生前

---

① 傅莹：《把握变局、做好自己，迎接新的全球时代》，《世界知识》2019 年第 19 期。

② 《俄罗斯称 G7 扩大方案不具代表性：全球事务离不开中国参与》，参考消息网，2020 年 6 月 3 日，http://www.cankaoxiaoxi.com/world/20200603/2412103.shtml。

的数据为依据。根据世界银行的数据，2019 年，印亚太地区 GDP 超过 1 万亿美元的国家分别是美国（21.433 万亿美元）、中国（14.28 万亿美元）、日本（5.082 万亿美元）、印度（2.869 万亿美元）、俄罗斯（1.7 万亿美元）、韩国（1.647 万亿美元）、澳大利亚（1.397 万亿美元）和印度尼西亚（1.119 万亿美元）。① 根据"三维度—六指标"的标准，GDP 超过 2 万亿美元的国家为经济实力指标上的大国，那么印亚太地区的经济大国分别是美国、中国、日本和印度，它们是经济实力方面该地区国际格局的主要构成力量。就此而言，一方面，在这四个经济大国中，美国与中国的经济实力位于第一梯队，日本位于第二梯队，印度位于第三梯队；另一方面，俄罗斯、韩国、澳大利亚和印度尼西亚虽然在经济指标上属于中等强国，但是它们具有成为地区大国的潜质。经济实力视角下的印亚太地区多层格局如图 1 所示。

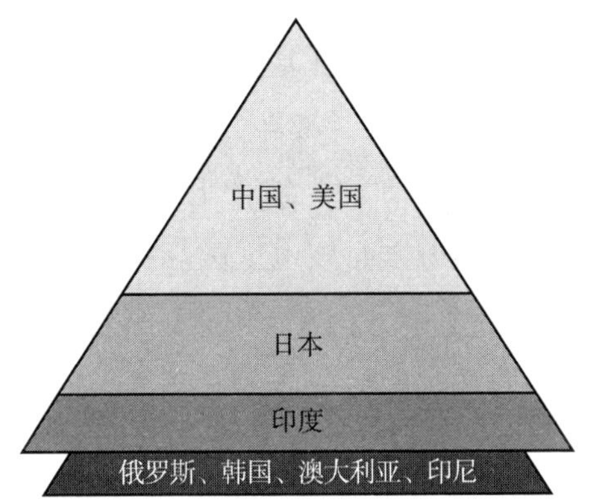


**图 1　经济实力视角下的多层格局**

资料来源：笔者自制。

其次，军事实力视角下的地区格局。军事实力是一国综合实力的核心，也是一国硬实力的核心。目前，衡量军事实力的标准并不统一，常用

① The World Bank, "GDP of the United States, China, Japan, India, Russia, South Korea, Australia and Indonesia (1960 - 2019, Current US $)," https://data.worldbank.org/indicator/NY.GDP.MKTP.CD?locations=CN-JP-US-KR-AU-RU-ID-IN&view=chart.

的指标之一是国防开支。本报告以军事开支与战斗能力为衡量标准。根据斯德哥尔摩国际和平研究所（SIPRI）的数据，2019 年，印亚太地区军事开支超过 100 亿美元的国家为：美国（7317 亿美元）、中国（2611 亿美元）、印度（711 亿美元）、俄罗斯（651 亿美元）、日本（476 亿美元）、韩国（439 亿美元）、澳大利亚（259 亿美元）、新加坡（112 亿美元）和巴基斯坦（103 亿美元）。[①] 根据“三维度—六指标”的标准，军事开支超过 200 亿美元的国家为军事实力指标上的大国，那么印亚太地区的军事大国分别是美国、中国、印度、俄罗斯、日本、韩国和澳大利亚。按照全球火力网的数据，印亚太地区主要国家在全球范围的战斗能力排序为：美国排第 1 位（战斗力指数为 0.0718）、俄罗斯排第 2 位（战斗力指数为 0.0791）、中国排第 3 位（战斗力指数为 0.0854）、印度排第 4 位（战斗力指数为 0.1207）、日本排第 5 位（战斗力指数为 0.1599）、韩国排第 6 位（战斗力指数为 0.1612）、巴基斯坦排第 10 位（战斗力指数为 0.2073）、印度尼西亚排第 16 位（战斗力指数为 0.2684）和澳大利亚排第 19 位（战斗力指数为 0.3378）。[②] 综合上述两种指标，美国、俄罗斯、中国、印度和日本是军事实力方面该地区国际格局的主要构成力量。就此而言，一方面，在这五个军事大国中，美国、俄罗斯和中国处于第一梯队，印度和日本处于第二梯队；另一方面，韩国、巴基斯坦、印度尼西亚和澳大利亚具有成为军事大国的潜质。军事实力视角下的印亚太地区多层格局如图 2 所示。

再次，大国战略关系视角下的地区格局。大国间的战略关系也是构成国际格局的要素之一。在现实中，由于中国实力持续快速增强，印亚太地区大国间的实力对比自 21 世纪以来已经发生巨大变化，目前的发展趋势表明今后还将继续朝着有利于中国实力增强的方向发展。这种实力对比方面的变化尤其是实力地位的扭转及发展趋势，使大国在国际体系中的地位

---

① SIPRI Military Expenditure Database，“Military Expenditure by Country（1988 – 2019），” in constant（2018）US $ m.（PDF）.

② GFP，“2021 Military Strength Ranking，” https：//www.globalfirepower.com/countries – listing.php.

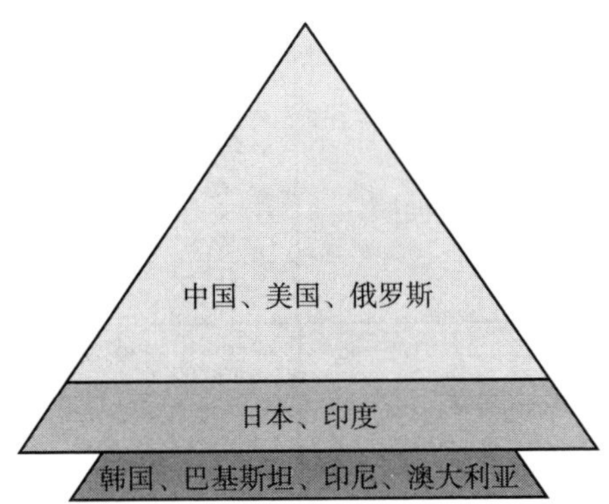


**图2　军事实力视角下的多层格局**

资料来源：笔者自制。

出现变动，进而使大国之间产生国际体系层面的“结构性矛盾”。[①] 简单来说，中美之间存在“双重结构性矛盾”，即中美在全球层面预期的“结构性矛盾”和在亚太地区现实的“结构性矛盾”；中日之间存在“复合结构性矛盾”，即中日在全球层面和亚太地区现实的“双重结构性矛盾”以及中美之间的“双重结构性矛盾”；中印之间存在“虚幻的结构性矛盾”，即中印在全球层面虚假的“结构性矛盾”和在南亚地区潜在的“结构性矛盾”；中俄之间在经济实力方面没有“结构性矛盾”，在军事实力方面存在潜在的“结构性矛盾”，但是这一矛盾在西方战略压力的背景下并不突出，中俄总体上保持高水平的战略协作关系。因此，在亚太地区呈现中美两个强国的实力与影响力远超其他国家的发展趋势，[②] 大国战略关系视角下的印亚太地区格局是以中美战略竞争为主轴的，其他大国或潜在大国根据自身面临的形势和任务从中选择不同的平衡程度定位的“两强战略博弈”格局（见图3）。

① 吕虹、孙西辉：《“结构性矛盾”与“特朗普主义”——特朗普政府“印太战略”的双重动因》，《世界经济与政治论坛》2018 年第 6 期。

② 孙西辉、吕虹：《亚太“双领导”与中美自贸区战略博弈》，《现代国际关系》2017 年第 3 期。

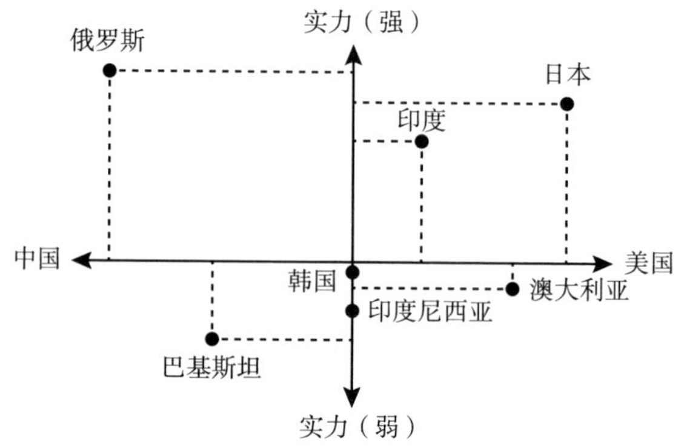


**图 3　大国战略关系视角下的中美“两强战略博弈”格局**

资料来源：笔者自制。

## （二）疫情对印亚太地区格局的影响

如前所述，新冠肺炎疫情直接或间接影响经济活动，进而对相关大国的经济实力产生一定的影响。尽管军事实力以经济实力为基础，但它并不完全取决于经济基础，科技、人才、制度等因素也对军事实力具有重要意义，而且军事实力的增长与衰落不是短时期内就能够体现出来的。就此而言，新冠肺炎疫情对大国的军事实力的影响仅限于对军人活动的影响，对真正的军事实力几乎没有影响。在大国战略关系方面，新冠肺炎疫情的影响在上文已有解释，此处不再赘述。本部分围绕新冠肺炎疫情对印亚太区域内的大国经济实力及区域经济环境的影响，讨论它对该地区国际格局的影响。

第一，新冠肺炎疫情对印亚太区域内大国经济的影响。面对新冠肺炎疫情的冲击，多数东亚国家采取较为严格的防控措施，应对疫情的效果非常明显，而美国和印度的疫情非常严重，在一段时间内甚至出现疫情失控的趋势。在新冠肺炎疫情的冲击下，印亚太地区主要国家的经济受到严重影响。中国可以说是世界上实施抗击新冠肺炎疫情措施最严格、效果最好的国家，但是疫情对经济的影响依然不可避免。2020 年第一季度，中国的 GDP 同比

下降6.8%，三次产业产值的降幅分别为3.2%、9.6%和5.2%。[①] 美国经济同样受到疫情严重影响，美国商务部经济分析局（BEA）估计，2020年第一季度年化GDP下降5%，第二季度年化GDP下降31.7%。[②] 日本经济也受到新冠肺炎疫情的影响，2020年第一季度GDP同比下降0.6%，第二季度GDP同比下降7.8%。[③] 根据俄罗斯联邦统计局的数据，由于封锁和保持社交距离等措施，2020年第二季度，俄罗斯GDP同比下降8.5%。[④] 2020年第二季度，印度GDP同比下降23.9%。[⑤]

第二，新冠肺炎疫情背景下大国经济实力对比的变动。在新冠肺炎疫情的冲击下，印亚太地区各国的经济都受到不同程度的影响，但是由于各国采取的应对疫情的措施和效果不尽相同，它们在2020年的经济发展状况有很大的差别。根据国际货币基金组织（IMF）的数据，美国、日本、印度、俄罗斯和中国2020年GDP分别同比增长-3.4%、-5.1%、-8%、-3%和2.3%。[⑥] 这表明中国是在2020年唯一实现经济正增长的大国，也意味着中国进一步缩小了与美国的经济实力差距并扩大了相对于其他大国的经济实力优势。从具体数据看，2020年，中国、美国、日本、印度和俄罗斯的GDP分别为14.723万亿美元、20.937万亿美元、5.049万亿美元、2.709万亿美

① 《统筹疫情防控和经济社会发展成效显著 3月份主要经济指标降幅明显收窄》，中华人民共和国国家统计局网站，2020年4月17日，http://www.stats.gov.cn/tjsj/zxfb/202004/t20200417_1739327.html。

② BEA, "Gross Domestic Product, 2nd Quarter 2020 (Second Estimate) Corporation Profits, 2nd Quarter 2020 (Preliminary Estimate)," https://www.bea.gov/news/2020/gross-domestic-product-2nd-quarter-2020-second-estimate-corporate-profits-2nd-quarter.

③ "Japan's GDP Shrinks by an Annualized 27.8% in Second Quarter of 2020," August 21, 2020, https://www.nippon.com/en/japan-data/h00796/#:~:text=Home.%20Japan%20Data.%20Japan%E2%80%99s%20GDP%20Shrinks%20by%20an, its%20largest%20postwar%20decrease.%20Read%20in%20other%20languages.

④ "Russian Economy down by 8.5% in Second Quarter," August 14, 2020, https://realnoevremya.com/articles/4687-russian-economy-down-by-85-in-second-quarter.

⑤ Aaron O'Neill, "Gross Domestic Product (GDP) Growth in India 2nd Quarter 2020," April 15, 2020, https://www.statista.com/statistics/276947/gross-domestic-product-gdp-growth-in-india-by-quarter/.

⑥ International Monetary Fund, "World Economic Outlook Update," January 2021, p.4.

元和 1.474 万亿美元。[①] 中美 2020 年 GDP 的差距为 6.214 万亿美元，而 2019 年两国 GDP 差距为 7.153 万亿美元。2020 年，中国与日本的 GDP 差距为 9.674 万亿美元，2019 年的差距为 9.198 万亿美元；2020 年，中国与印度的 GDP 差距为 12.014 万亿美元，2019 年的差距为 11.411 万亿美元；2020 年，中国与俄罗斯的 GDP 差距为 13.249 万亿美元，2019 年的差距为 12.58 万亿美元。由此可见，印亚太地区大国实力对比的上述变化趋势是客观存在的。

第三，新冠肺炎疫情对印亚太地区经济环境的影响。新冠病毒是人类知之甚少的一种新型病毒，新冠肺炎疫情是一场史无前例的突发公共卫生危机，给印亚太地区的经济环境带来重大挑战。一方面，新冠肺炎疫情仍在许多国家肆虐，这在很大程度上限制了域内各国的国内与国际经济活动，对以旅游服务业为主的相关产业和行业造成灾难性打击；另一方面，面对新冠肺炎疫情的冲击以及出于对大国竞争的考虑，美国和日本分别推出各自的产业转移和供应链重组计划，并极力拉拢部分印亚太国家加入其中，希望将一些事关公共卫生和关键领域的产业转移到本国或它们认可的国家，重组印亚太地区的产业供应链，从而达到促进对本国的投资和减少对中国产业的依赖等目标。市场规律支配下的国际产业转移是正常的经济现象，特定地区的供应链大多基于各国比较优势，在长期经济互动过程中自发形成，人为地干预或强制性重组必将面临各方面的阻力，也会恶化该地区的国际关系状况与经济发展环境。

### （三）印亚太地区格局的发展趋势

印亚太地区格局并非一成不变，但促使印亚太地区格局变动的核心要素是大国间的实力对比及战略关系的变化，而新冠肺炎疫情只是影响大国经济实力的因素之一，对大国的军事实力及大国间的战略关系的影响是间接的和微弱的。

---

① "GDP-Gross Domestic Product," Countryeconomy, https://countryeconomy.com/gdp.

第一，印亚太各大国经济实力的发展趋势。按照既有的发展程度和发展基础，印亚太各大国的经济发展速度存在明显的差异。中国和印度作为人口大国和新兴大国，具有很大的发展空间与潜力，正常情况下能够维持较高的经济增长速度，经济实力将较快增强。美国和日本是发达国家，通常只能维持中低经济增速，日本因重度老龄化问题尤其如此。俄罗斯资源丰富，但工业产业不够均衡，经济增长在很大程度上取决于能源和矿产等资源的国际价格，经济增长不稳定。就此而言，中国将继续快速缩小与美国的经济实力差距，并拉大相对于其他国家的经济实力优势；印度将继续缩小与日本的经济实力差距。考虑到新冠肺炎疫情这一影响因素，各国的经济实力增速取决于疫情的控制程度和速度。目前来看，美国和印度是新冠肺炎疫情较严重的国家，其次是俄罗斯和日本，中国是疫情控制得最好的国家。[①] 就疫苗接种来看，中国和美国的接种比例较高，其次是俄罗斯，日本和印度的接种比例较低，且两国很难在短期内改变这种状况。因此，如果印度的新冠肺炎疫情长期得不到控制，它就不太可能在经济上接近和超过日本，经济实力视角下的印亚太地区将维持当前的多层格局。如果印度的疫情得到控制并保持经济快速增长的趋势，它将缩小与日本的经济实力差距，印亚太地区的多层格局将有所改变。

第二，印亚太各大国军事实力的发展趋势。军事实力的发展以经济实力为基础，但军事工业与科技是关键要素。就印亚太地区而言，中美俄是三个军事强国，其中美国是“全能型”军事强国，中国是“准全能型”军事强国，俄罗斯是核武器领域的军事强国。日本和印度的军事实力与上述三国不在同一个量级，日本的相对优势是科技与工业基础，但是受制于二战后的国际秩序和美日同盟；印度的相对优势是可以在全球大规模购买武器，但是工业基础薄弱且自主研发能力较差。

第三，印亚太大国间战略关系的发展趋势。随着中国持续发展和实力不

① World Health Organization，“WHO Coronavirus Disease（COVID－19）Dashboard：Situation by Country，Territory & Area，” April 19，2021，https：//covid19. who. int/table。

断增强，中美实力差距日益缩小，美国的霸权焦虑感将越来越强，中美战略竞争关系将不断强化。在这种背景下，美国拉拢或迫使其他国家加入遏华行列的意愿会逐步增强，而中国实力的增强也会令那些试图加入遏华行列的国家不得不仔细权衡利弊，到底是在中美之间“选边站队”还是尽力维持在中美之间的“平衡外交”。由于大国之间竞争激烈或关系非常密切都不利于小国从中“渔利”,[①] 中美战略竞争越激烈，其他国家在中美之间维持“平衡外交”的空间就越小，因此，从大国战略关系角度看，印亚太地区将长期保持中美“两强战略博弈”格局。

## 四　结语

总体而言，大国是国际体系中最重要的行为体，国际格局是国际体系的结构形势，由大国间的实力分布与大国间的战略关系组成，国际秩序是国际体系的性质，包含国际主导价值观、国际规范和国际制度安排。大国间的实力分布取决于各大国经济与军事实力的增长状况，新冠肺炎疫情可以直接或间接影响经济活动，进而影响大国的经济发展速度和经济实力增长状况，但是新冠肺炎疫情不能直接作用于军事实力方面，只能通过影响经济活动和经济实力变化间接影响军事实力变化。同时，大国关系既包括大国间在不同领域的具体关系，也包括表明敌友状况的战略关系，新冠肺炎疫情可以直接影响大国间诸多领域的具体关系，但是对于大国间的战略关系，它也只能通过影响大国间的具体关系和情感与认知进行间接影响。就印亚太地区而言，对于经济实力视角下的多层格局，新冠肺炎疫情控制的速度与程度决定地区格局是维持现状或有所改变；对于军事实力视角下的多层格局，无论新冠肺炎疫情状况如何，这一地区格局都将长期存在，但是中美军事实力差距将继续缩小，中印军事实力将保持相对均衡；对于

① 孙西辉、金灿荣：《小国的“大国平衡外交”机理与马来西亚的中美“平衡外交”》，《当代亚太》2017 年第 2 期。

大国战略关系视角下的中美“两强战略博弈”格局，它的前景与新冠肺炎疫情无关。面对这种地区国际格局的现状与走向，中国需要保持战略定力，清醒地认识客观形势，尽量协调好与周边大国的关系，坚持“斗而不破”的对美竞争原则。

## B.3

# 后疫情时代的亚太经济复苏与产业链重构

张中元*

摘　要：　新冠肺炎疫情严重扰乱了国际贸易和全球价值链，对全球价值链具体治理实践产生了重大影响，将企业的经营活动从追求最低成本转向确保供应链安排的长期可靠性。各国更加重视供应链的安全性，强调供应链的本土化和多元化。在后疫情时代，全球价值链、产业链的区域化明显加强。后疫情时代，产业链调整与重构面临一系列风险与挑战：各国更加注重经济战略安全，一些国家采取贸易保护主义政策，导致全球出现经济民族主义。全球价值链数字化转型带来新问题，“数字鸿沟”“数据鸿沟”进一步扩大导致的风险正在显现，“数字经济垄断”问题也给未来数字经济治理带来隐忧。国家之间的竞争博弈已成为全球价值链重构的主要推动力量，这将导致国际社会在后疫情时代难以通过合作应对供应链安全。从全球价值链的结构性相互联系来看，中国在全球价值链体系中具有网络化和规模化综合竞争优势，其完整的产业链体系有利于维护全球供应链稳定性、安全性。为了构建和优化全球价值链，使中国企业在全球价值链中能更好地发挥作用，需要设计好全球价值链重构的中国方案。

* 张中元，经济学博士，中国社会科学院亚太与全球战略研究院副研究员，主要研究方向为国际经济学、全球价值链、数字经济。

关键词： 后疫情时代　亚太经济　产业链重构　全球价值链　新冠肺炎疫情

全球价值链（GVC）模式使位于不同区域的主导企业和供应商之间形成了高度的相互依赖关系，但疫情危机暴露了这一模式的脆弱性。疫情带来的不确定性使企业很难在全球范围内恢复业务，导致许多企业减少或推迟生产活动；与此同时，对某些关键商品的临时需求激增无法通过增加供应来满足，进一步增加了全球价值链运作中的中断风险。根据联合国贸易和发展会议发布的《2020 年世界投资报告》，疫情增加了现有的挑战，产业链和供应链的整合和迁移会导致价值链体系中的相互依赖关系发生变化，全球价值链将随之进行深刻调整，国际生产将在未来十年发生重大变化。

在未来几年，重新一体化、多样化和区域化将推动全球价值链、产业链和供应链重组。在后疫情时代，全球价值链重构（Reconstruction of Global Value Chain）已经成为世界政治经济发展的历史必然，但由日益增长的经济民族主义、新工业革命和可持续性带来的挑战将重塑国际生产。对企业而言，这些调整和变化将使其更加关注供应链的安全性和可控性。主权国家也会采取措施，试图引导产业链回归区域化或本土化，以减少在供应链中的脆弱性依赖，确保从经济危机中迅速和可持续地恢复，为未来发展奠定基础。

## 一　疫情影响与亚太经济复苏

在疫情暴发后，许多国家颁布了临时出口禁令和对关键货物出口进行限制。疫情造成供应链和人员交往中断，大多数经济体处于完全或部分封闭状态，贸易和投资规模收缩。联合国贸易和发展会议预计，2020 ~ 2021 年，外国直接投资将萎缩 30% ~40%，这破坏了经济一体化并激励各国构建自给自足的经济体系。而最终产品和数字平台的分布式制造，可以提供新的应用程序和服务，并改善自下而上的全球价值链参与。各国政府利用新技术的速度和程度在一定程度上取决于贸易和投资的政策环境，以及经济发展的可持续性，这涉及环境、社会和治理标准方面的差异，产品和流程的市场驱动变化以及供应链韧性措施，经济复苏取决于政策制定者维护有利于逐步调整国际生产网络的投资和贸易政策的环境。

## （一）疫情的影响

新冠肺炎疫情暴发后，亚洲各国政府迅速采取行动，通过大规模的公共开支和对个人和企业的一揽子援助，减少经济混乱产生的影响。经济刺激方案包括通过税收减免（企业所得税减免）、对员工的工资补贴、降低企业成本（用电折扣、降低/豁免办公室租赁费）、延期偿还贷款、债务重组（降低利率和延长贷款期限）、使用新的再融资工具和信用担保等方式支持中小企业。由于整个世界都受到疫情的影响，中间投入品的供应、生产和成品的跨境流动都受到影响，[①] 新冠肺炎疫情使全球范围产生前所未有的损失。在疫情的影响下，全球财富重新配置。[②] Ilan Noy 等人发现疫情带来的经济风险在撒哈拉以南非洲、南亚和东南亚的大部分地区特别高，表明疫情引发的经济风险发生在疫情期间没有引起全球关注的国家和地区——撒哈拉以南非洲、南亚和中亚。[③] 疫情对不同的经济部门所产生的影响也有差异，甚至在同一个部门内部，也出现了不同比例的损失。疫情还对社会产生重要影响，对移民、健康、贫困、失业、非正规部门、环境等的影响非常严重，疫情导致失业率提升、精神疾病患者增加、家庭暴力事件增加等。[④]

疫情还严重扰乱国际贸易和全球价值链，在一个生产链片段化的世界

---

① Deepankar Sinha, Virupaxi Bagodi, Debasri Dey, "The Supply Chain Disruption Framework Post COVID - 19: A System Dynamics Model," *Foreign Trade Review*, 55 (4), 2020, pp. 511 - 534.

② Muhammad Jawad, Zaib Maroof, Munazza Naz, "Impact of Pandemic COVID - 19 on Global Economies (a Seven-scenario Analysis)," *Manage Decis. Econ.*, 2021, https://onlinelibrary.wiley.com/doi/10.1002/mde.3337.

③ Ilan Noy, Nguyen Doan, Ferrarini, Donghyun Park, "Measuring the Economic Risk of COVID - 19," *Global Policy*, 11 (4), 2020, pp. 413 - 423.

④ Ranjan Aneja, Vaishali Ahuja, "An Assessment of Socioeconomic Impact of COVID - 19 Pandemic in India," *Journal of Public Affairs*, 2020, https://doi.org/10.1002/pa.2266.

里，一个国家的一个行业（或一组行业）受到的冲击将影响其他国内行业以及国际贸易，从而影响其他国家的生产。制造业活动的急剧减少可能导致依赖资源生产的国家（澳大利亚、巴西、加拿大、印度尼西亚和挪威）的采矿部门出现巨额亏损，这对这些国家的某些地区来说可能至关重要；依赖旅游业的经济体，在就业方面可能受到相对较大的冲击，因为服务型旅游部门往往是劳动密集型的；专门从事中间消费品制造的地区，如韩国和其他亚洲经济体，可能会受到重大冲击，即使对本国的直接影响不大。在疫情期间，更容易接受远程工作方式的部门的萎缩程度较小。基于部门层面引力模型的回归结果表明，疫情冲击所引起的贸易负效应在不同部门之间存在很大差异，如远距离工作的可行性、货物的耐久性和融入全球价值链等部门特征在减少或增加贸易影响方面发挥很大作用。研究发现，疫情导致印度经济衰退、食品供应链中断，其中，蔬菜、水果和食用油的供应量下降了 10%，但对其价格的影响最小；蔬菜和水果的到货量下降了 20%；对于在离最终销售点很远的地方种植或制造的产品，可用性和到达数量的下降幅度更大，远距离食品供应链受到的冲击最大。①

虽然融入多样化的全球价值链具有分散风险的优势，② 但参与全球价值链提高了交易的依赖性，贸易伙伴遭受冲击时具有脆弱性，降低了它们应对国内冲击的脆弱性。③ 基于需求和供应联系渠道，一体化程度最高的经济体往往受影响最深，那些更加依赖本国市场并有限融入全球价值链的国家受到的影响相对较小。对这些国家来说，国内市场供需中断是其面临的最紧迫的问题。然而，对于高度一体化的国家来说，减少对经济的影响，既需要关注国内市场供需的

① Kanika Mahajan, Shekhar Tomar, "COVID - 19 and Supply Chain Disruption: Evidence from Food Markets in India," *Amer. J. Agr. Econ.*, 103 (1), 2020, pp. 35 - 52.

② Stefan Pahl, Clara Brandi, Jakob Schwab, Frederik Stender, "Cling Together, Swing Together: The Contagious Effects of COVID - 19 on Developing Countries through Global Value Chains," *World Econ.*, 2021, https://doi.org/10.1111/twec.13094.

③ Alvaro Espitia, Aaditya Mattoo, Nadia Rocha, Michele Ruta, Deborah Winkler, "Pandemic Trade: COVID - 19, Remote Work and Global Value Chains," *World Econ.*, 2021, https://doi.org/10.1111/twec.13117.

复苏情况，也需要关注全球价值链的恢复情况。这对全球价值链中的具体治理实践产生重大影响，要将企业的实际经营活动目标从追求最低成本转向确保供应链长期安排，例如，将生产转移到成本较低的地点与获得稳定的中间投入品相比不再绝对重要，围绕准时制原则组织制造可能会让位于提高生产能力等。

中国已经成为全球价值链网络的主要参与者，包括美国在内的亚太经济体在制造业的中间品方面高度依赖中国。疫情突发以后许多国家的防疫管控，冲击了全球价值链，这种情况使很多国家考虑为可持续生产中的中间品寻找替代市场。在订单稳定的情况下，降低库存可能被视为一种有效的商业做法，但在危机时期，这会使供应链变得脆弱。为了防止现代供应链断裂，增强供应链的稳健性和弹性，跨国企业用多种方式使供应链多样化，如增强母国的能力，以解决被认为至关重要的产品的安全问题；增加国际生产基地的数量，避免过度依赖一个或两个生产地点；寻求能够通过国际生产网络服务的大型且不断增长的终端市场；培育与相关行业企业的生产、研究和营销伙伴关系。[①] 在亚洲国家中，韩国在 2020 年 5 月提出扩大企业回归方案，通过用地分配、降低税费、增加补贴等政策手段，吸引在海外投资的韩企回归韩国本土。日本在抗疫经济救助计划中，向“供应链改革计划”拨款 22 亿美元，吸引在海外投资的日企回归日本本土，进行本土供应链重建。

有些亚太国家认为自己可以作为中国的替代者（基于企业供应链），并能够从全球供应链重组中获益。[②] 2020 年 4 月，印度开始寻求承接离开中国的美日韩企业转移的产业链，认为在“纺织品、服装、皮革及相关产品”和“化工及非金属矿产品”行业可以取代中国在美国的市场；[③] 印度总理莫迪表示印度能够在全球供应链中发挥重要作用。越南近年来的经济表现异常突出，一直在积极承接欧美日等从中国迁出的产业和工厂，力求更深入地参

① Gary Gereff, “What Does the COVID - 19 Pandemic Teach Us about Global Value Chains? The Case of Medical Supplies,” *Journal of International Business Policy*, 3, 2020, pp. 287 - 301.

② Viswanathan Nagarajan, Prateek Sharma, “Firm Internationalization and Long-term Impact of the COVID - 19 Pandemic,” *Manage Decis. Econ.*, 2021, https://doi.org/10.1002/mde.3321.

③ Nidhi Bagaria, “Analysing Opportunities for India in Global Value Chains in Post COVID - 19 Era,” *Foreign Trade Review*, 2021, https://doi.org/10.1177/0015732520981470.

与全球供应链和价值链。从2020年8月1日起，《越南欧盟自由贸易协定》正式生效，未来双方99%的货物将享受零关税，几乎完全取消贸易壁垒，这将大幅提升越南融入全球经济体系的强度。

后疫情时代，国际生产的转变给投资和发展决策者带来挑战和机遇，国际生产新时代面临的主要挑战包括撤资、搬迁，转移和追求效率的投资日益减少，这意味着对外国直接投资的竞争更加激烈。虽然预期全球价值链某些结构会发生变化，但大多数由疫情引起的调整不只发生在管理、战略治理领域。在关键领域需要支持有弹性和能够实现可持续发展的政策，重新制定吸引外国直接投资的战略，促进市场多元化，支持技术更新和技能发展，改善劳动者的劳动条件，加强社会保障体系建设。① 现代供应链和传统供应链都在创新，以应对有关疫情的约束措施。由于组织层次较低，传统供应链的交易形式较为非正式，流动性限制的影响较大。市场的关闭阻碍了非正式贸易商获得资本投入和销售的渠道，遏制措施导致生产力下降。在现代供应链中，工业公司和大型贸易商有正式的协议和进行私人运输的可能性，即使在有限的环境中也有利于继续进行销售。② 因此，扩大市场或在每个国家最关键的行业寻找新的经济伙伴的政策，可以有效抵消经济生产中的损失；经济复苏可以通过选择有可能在后疫情时代的经济结构中发挥重要作用的部门来实现。

亚太地区过去应对冲击的经验与教训表明，仅仅关注经济增长是不够的，日益加剧的不平等和环境挑战增加了地区的脆弱性。一项实验测试了亚洲国家面对疫情时的社会经济情况，结果显示，人均国民总收入和净移民数量与新冠肺炎病例数和每日新病例的发生率存在显著正相关关系。③ 亚太地

---

① Jennifer Castañeda-Navarrete, Jostein Hauge, Carlos López-Gómez, "COVID – 19's Impacts on Global Value Chains, as Seen in the Apparel Industry," *Dev. Policy Rev.*, 2020, https://doi.org/10.1111/dpr.12539.

② Kaat Van Hoyweghen, Anna Fabry, Hendrik Feyaerts, Idrissa Wade, Miet Maertens, "Resilience of Global and Local Value Chains to the COVID – 19 Pandemic: Survey Evidence from Vegetable Value Chains in Senegal," *Agricultural Economics*, 2021, https://doi.org/10.1111/agec.12627.

③ Rittu S. Varkey, Justin Joy, Gargee Sarmah, Prasant K. Panda, "Socioeconomic Determinants of COVID – 19 in Asian Countries: An Empirical Analysis," *Journal of Public Affairs.*, 2020, https://doi.org/10.1002/pa.2532.

区在疫情后采取的复苏措施应将《联合国2030年可持续发展议程》放在中心位置。除了实施传统的宏观经济政策外，各国政府还应增加对有关实现可持续发展目标的公共投资，减少不平等现象。[①] 许多亚洲国家人均收入水平低，卫生基础设施薄弱。消除贫困至关重要，因为面临贫困的国家也面临新冠肺炎的高发病率。从另一个角度来看，疫情为改善可持续发展目标的治理和加速其进展提供了机会。[②]《联合国2030年可持续发展议程》提出了防控疫情的最佳方法，目标是现在和将来在确保生态和经济可持续性的同时实现人类福祉。[③] 在后疫情时代，绿色供应链管理（GSCM）可能会加强与对可持续发展和环境问题更为敏感的商业领域及利益相关者的合作，提升它们开发新产品的能力，各行业都将受益于更高的供应链弹性和更少的供应链中断。[④]

### （二）亚太经济复苏概况

2020年，新冠肺炎疫情对亚太地区和世界其他地区产生前所未有的健康和经济影响，到2020年底，已有8000多万人感染，其中，亚洲发展中国家占17%。在亚洲区域内，东亚的感染率较低，因为该区域的经济体进行了积极的检测和接触追踪；太平洋地区的感染率较低，相关经济体设法避免国内疫情暴发；南亚的遏制措施的严格程度相对不高，流动性的下降速度相

---

① Huang, Z., S. C. Saxena, "Building forward Better: Enhancing Resilience of Asia and Pacific Economies in a Post-COVID - 19 World," ADBI Working Paper 1239, 2021, Tokyo: Asian Development Bank Institute, https://www.adb.org/publications/building - forwardbetter - asia - pacific - economies - post - covid - 19 - world.

② Olsen, S. H., E. Zusman, M. Hengesbaugh, N. Amanuma, S. Onoda, "Governing the Sustainable Development Goals in the COVID - 19 Era: Bringing back Hierarchic Styles of Governance?" ADBI Working Paper 1227, 2021, Tokyo: Asian Development Bank Institute, https://www.adb.org/publications/governing - sustainable - development - goals - covid19 - era.

③ Jan Anton van Zanten, Rob van Tulder, "Beyond COVID - 19: Applying 'SDG Logics' for Resilient Transformations," *Journal of International Business Policy*, 3, 2020, pp. 451 - 464.

④ Marco Fasan, Elise Soerger Zaro, Claudio Soerger Zaro, Barbara Porco, Riccardo Tiscini, "An Empirical Analysis: Did Green Supply Chain Management Alleviate the Effects of COVID - 19?" *Bus. Strat. Env.*, 2021, https://doi.org/10.1002/bse.2772.

对较快。除了对健康的影响外，遏制疫情的措施限制了人员的流动和国内其他活动，疫情通过许多渠道对亚太经济体产生重大影响，使它们的经济出现大幅下滑。图 1 给出了 2018 年第一季度至 2021 年第一季度亚太主要经济体的实际国内生产总值季度同比增长率。在 2020 年第一季度，中国、日本、菲律宾、泰国出现负增长；在 2020 年第二季度，除了中国和越南外，其他经济体均是负增长；2021 年第一季度，除中国和越南外，美国、韩国也恢复正增长。

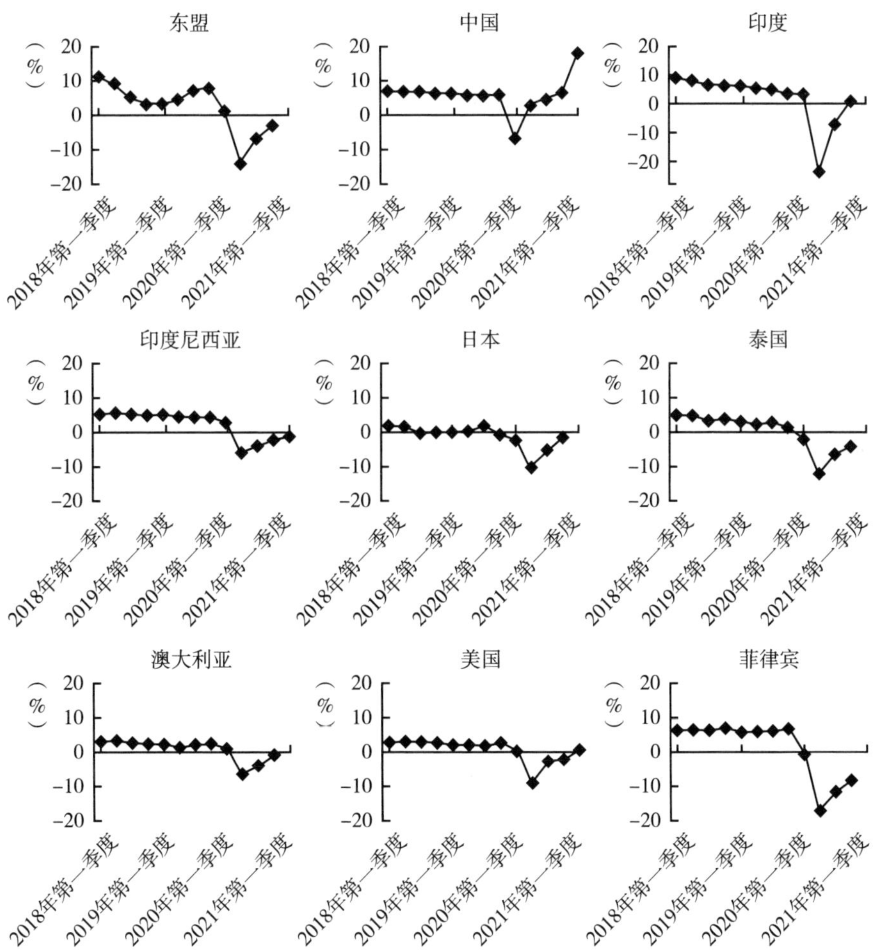

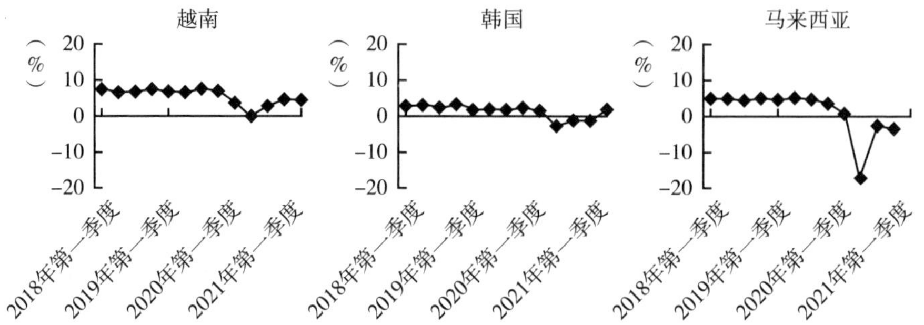


**图1　2018 年第一季度至 2021 年第一季度亚太主要经济体的实际国内生产总值季度同比增长率**

注：东盟包括 6 国，即马来西亚、菲律宾、印度尼西亚、新加坡、泰国、越南。
资料来源：CEIC 数据库。

根据亚洲开发银行对亚洲成员的评估，相对于没有发生疫情的基线情形，2020 年和 2021 年，全球经济损失分别为世界 GDP 的 5.5% ~ 8.7% 和 3.6% ~ 6.3%，亚洲发展中国家的损失分别为区域 GDP 的 6.0% ~ 9.5% 和 3.6% ~ 6.3%。[①] 这主要来自国内需求和旅游业产值的下降，以及全球的溢出效应。由于这些损失，亚洲发展中地区的实际国内生产总值估计在 2020 年收缩 0.4%；预计 2021 年将出现部分复苏，增长率为 6.8%。

疫情导致经济增速大幅放缓，降低了企业未来的预期利润水平，私人投资急剧下降；投资下降导致总需求进一步下降，总需求通过加速机制进一步减少投资。图 2 给出了 2018 年第一季度至 2021 年第一季度亚太经济体投资占名义国内生产总值的比例。2020 年第一季度，部分经济体的投资占名义国内生产总值的比例比 2019 年第一季度有所下降，特别是菲律宾，投资占名义国内生产总值的比例大幅下降。2020 年，各经济体投资占名义国内生产总值的比例的下降是一种需求冲击，随着时间的推移，有形资本

① Sawada, Y., L. R. Sumulong, "Macroeconomic Impact of COVID - 19 in Developing Asia," ADBI Working Paper 1251, 2021, Tokyo: Asian Development Bank Institute, https://www.adb.org/publications/macroeconomic-impact-covid-19-developing-asia.

积累的减少成为另一种负供给冲击。面对广泛的负面影响，各国政府积极应对，以减轻疫情带来的不利影响。许多政府向家庭和企业提供直接收入支持，帮助它们应对经济冲击。许多亚太国家政府还向微型、小型和中型企业及其工人提供金融和其他形式的支持，因为小型企业比大型企业更容易受到供应链、劳动力供应以及最终商品和服务需求的负面冲击。① 有研究探讨了应对疫情的政策对策对亚洲经济的影响，发现额外的转移支付和政府刺激在2020年减缓了疫情的不利影响，但并没有消除疫情造成的经济衰退；在减少经济损失方面，增加基础设施方面支出比其他财政措施更为有效。② 在后疫情时代，由于体制限制或金融市场带来的压力，许多国家无法负担为扩大预算规模积累的政府债务，不良贷款和破产潮出现的概率可能上升。

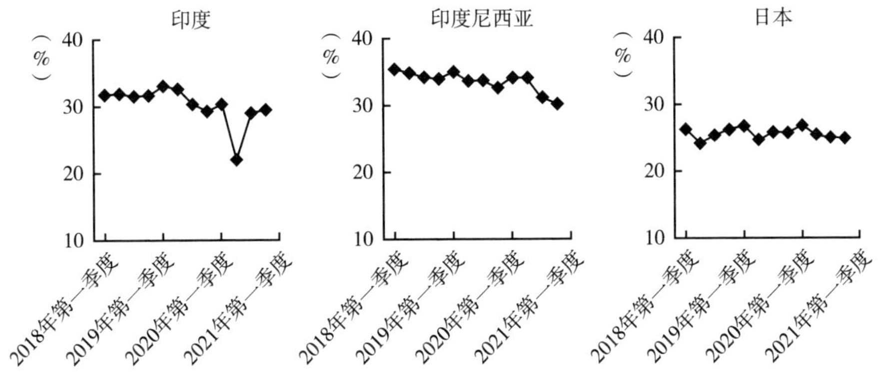


① Sonobe, T. , A. Takeda, S. Yoshida, H. T. Truong, "The Impacts of the COVID－19 Pandemic on Micro, Small, and Medium Enterprises in Asia and Their Digitalization Responses," ADBI Working Paper 1241, 2021, Tokyo: Asian Development Bank Institute, https://www.adb.org/publications/impacts－covid－19－pandemic－msme－asia－their－digitalizationresponse.

② Fernando, R. , W. J. McKibbin, "Macroeconomic Policy Adjustments Due to COVID－19: Scenarios to 2025 with a Focus on Asia," ADBI Working Paper 1219, 2021, Tokyo: Asian Development Bank Institute, https://www.adb.org/publications/macroeconomic－policy－adjustmentsdue－covid－19.

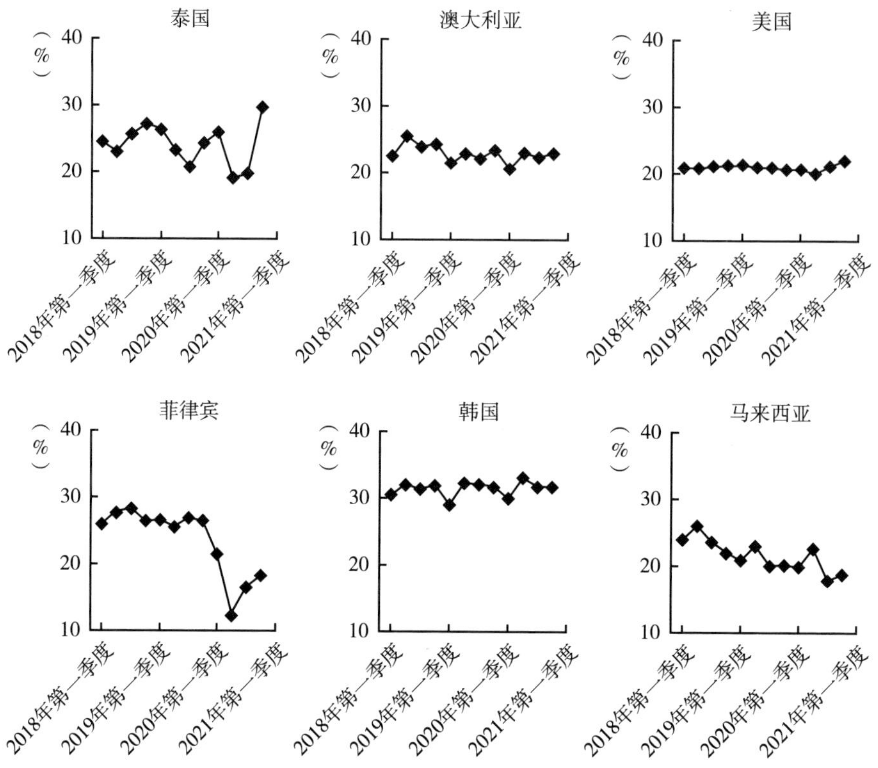


**图 2　2018 年第一季度至 2021 年第一季度亚太经济体投资占名义国内生产总值的比例**

资料来源：CEIC 数据库。

图 3 给出了 2018 年第一季度至 2021 年第一季度亚太主要经济体季度出口总额同比增长率。疫情对亚太经济体的出口产生较大冲击，在 2020 年第一季度，中日韩、部分东盟经济体，如马来西亚、菲律宾、泰国等，以及南亚的印度、斯里兰卡等经济体均出现了负增长，其中，中国、印度、斯里兰卡的跌幅较大，均在 10% 以上。2020 年第二季度，几乎所有经济体（柬埔寨与中国除外）的出口总额均出现负增长。2020 年第四季度，一些经济体出口总额同比增长率恢复为正值，其中，中国与越南的增长较为显著，增长率分别达到 17%、15%。2021 年第一季度，所有经济体（有统计数据）的出口总额的同比增长率均为正值。亚洲经济体在控

制疫情方面采取的措施较为有效，特别是中国政治行动的高效率，在控制疫情方面显示出相对的实力和优势，提高了亚太经济体在出口方面的韧性和抗风险能力。

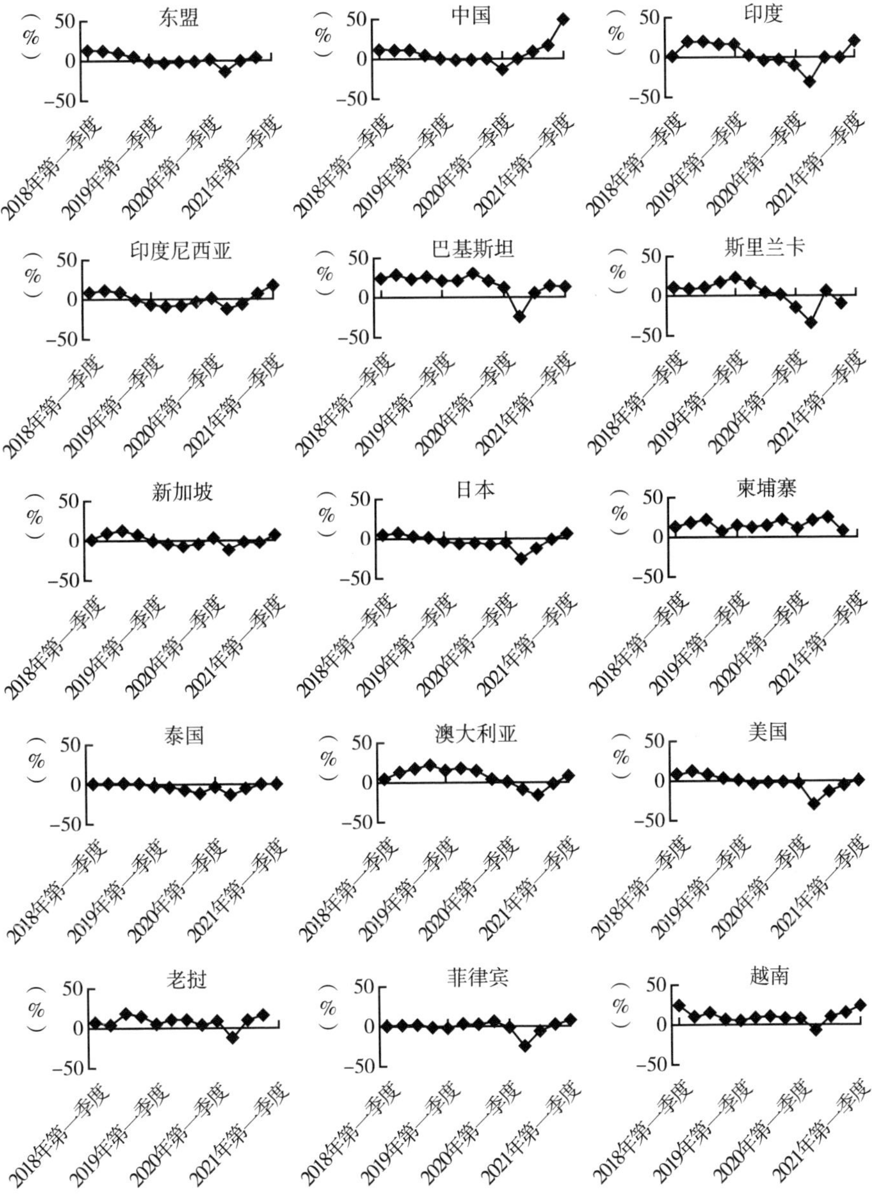

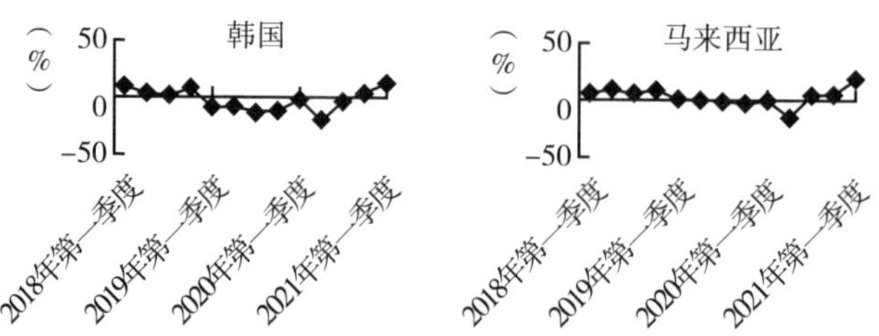


**图3　2018年第一季度至2021年第一季度亚太主要经济体季度出口总额同比增长率**

资料来源：CEIC数据库。

图4给出了2018年第一季度至2021年第一季度亚太主要经济体季度进口总额同比增长率。2020年第一季度，亚太大部分经济体进口额出现负增长。2020年第二季度，所有经济体进口总额同比增长率均为负值。2020年第三季度，只有少数经济体（中国、越南、巴基斯坦）进口总额同比增长率出现正值。2021年第一季度，所有经济体（有统计数据）的进口总额同比增长率均为正值。

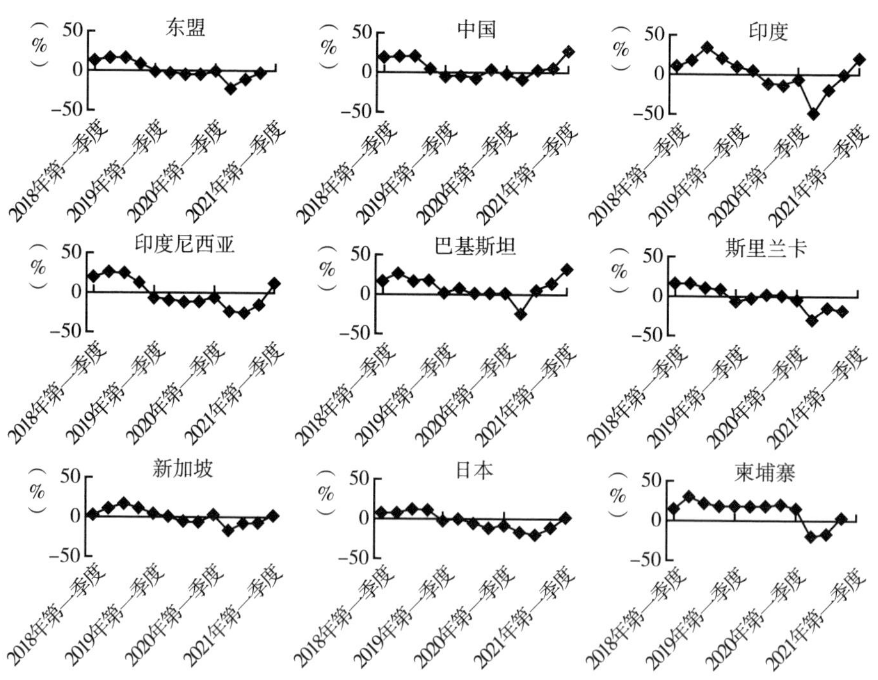

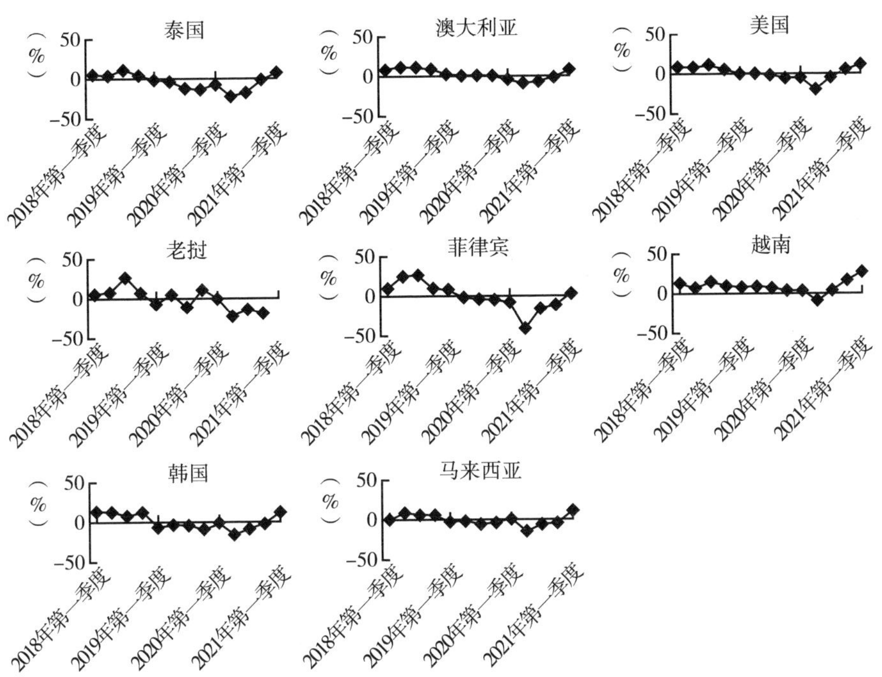


**图 4　2018 年第一季度至 2021 年第一季度亚太主要经济体季度进口总额同比增长率**

资料来源：CEIC 数据库。

此外，数字经济是增强抗疫能力的关键影响因素，目前，数字经济的规模占全球 GDP 的 4.5% ~15.5%，在数字经济中，数字部门的规模可能占 GDP 的 1% ~6%，占直接出口额的 0 ~5.5%。在后疫情时代，数字技术的使用范围和数字行业的规模将可能进一步扩大，全球数字产业 20% 的扩张可以刺激生产力提高，从而将全球消费价格降低 2%，刺激全球出口增加 4000 亿美元，并使全球 GDP 增加 2 万亿美元。这些收益既来自数字行业的直接扩张效应，也来自全面降低价格的间接生产率带来的提升效应。

数字平台通过重塑市场安排和创造新的商业模式创造和获取价值，给市场、市场参与者和更广泛的经济带来冲击。鉴于电子商务具有明显的规模经济和网络效应，实现中小企业与电子商务巨头平等竞争比以往任何时候都更为重要。在疫情期间，大型数字商务平台进一步巩固了市场主导地位，电子商务的发展降低了零售商的利润率，使一些零售商倒闭。因此，需要制定适当的法规管理数字平台的不正当和不公平竞争行为，否则很大一部分中小企业不可能在后疫情时代生存。政府要在支持中小企业推动数字化发展方面发挥重要作用，促进健全的信息和通信技术基础设施建设和有效的贸易、物流网络、支付系统发展，促进初创企业进行更大的创新，培养数字创业精神。

在疫情发生之前，跨国公司考虑的典型风险往往是更为普遍的风险，如汇率风险、政治稳定、飓风和地震等自然灾害冲击，这些风险可能会造成关键零部件等中间品交付的延误。全球价值链管理在通过关键部件库存储备和多渠道购买等方式处理这些风险时具有显著的有效性。疫情使人们重新认识到供应链弹性或稳健性的重要性，这可能导致在组织全球供应链时出现区域主义，企业显然更愿意将工厂设在疫情造成的破坏持续的时间更为有限的地区。

## 二　后疫情时代的产业链重构

疫情作为一种外来冲击，将使全球价值链结构发生重大变化，对具有国际商业联系的企业（包括大型跨国企业、中小型企业、新企业及其供应链伙伴）造成极大冲击，加剧已经影响全球价值链的宏观趋势和紧张局势，[①] 新技术革命、经济民族主义和大国博弈对全球价值链的影响越来越大。[②] 全球价值链在后疫情时代可能会经历某些重组，包括战略供应链多样化[③]，海外不可逆转投资的减少，基本用品生产的更大规模本地化[④]；主导企业可能会通过重新调整业务、进行垂直整合和缩小网络的地理范围来应对。

---

① Kano, L., Tsang, E. W. K., Yeung, H. W. C., "Global Value Chains: A Review of the Multidisciplinary Literature," *Journal of International Business Studies*, 51, 2020, pp. 577 - 622.

② 李括：《新冠疫情下美国霸权护持与全球价值链重构——基于权力与相互依赖视角的分析》，《国际关系研究》2021 年第 1 期。

③ Gereffi, G., "What Does the COVID - 19 Pandemic Teach us about Global Value Chains? The Case of Medical Supplies," *Journal of International Business Policy*, 3, 2020, pp. 287 - 301.

④ Verbeke, A., "Will the COVID - 19 Pandemic Really Change the Governance of Global Value Chains?" *British Journal of Management*, 31, 2020, pp. 444 - 446.

## （一）各国将更加重视供应链的安全性，强调供应链的本土化和多元化

全球供应链受到疫情的严重破坏性冲击，使各经济体进一步审视供应链的安全性。在一个充满风险的高度不确定世界中，供应链必须增强“敏捷”性和稳健性，需要建立从疫情冲击中恢复并提高应对未来冲击的弹性。[①] 世界各国为了提升自身的供应能力，都强化本土经济主权和经济安全性，供应链、产业链的转移或本土化成为后疫情时代各产业最主要的结构性转变。各国对产业链和供应链安全性的重视超过了对经济收益优先性的考虑，力求增强国内产业链和供应链的韧性。产业链、供应链既要能够对积极变化做出自适应反应，又要能够化解短期干扰和长期全球冲击以及社会和经济转型带来的负面干扰。这需要重新设计产业链、供应链的结构，在不断变化的环境中提高生存能力，重新制定具有长期影响的绩效目标来维持自身发展，生存能力成为供应链不可或缺的属性。[②]

疫情打乱了许多企业和相关的供应链运作机制，恐慌产生的冲击和由此产生的经济影响导致供应链中断。疫情改变了全球价值链的结构设计以应对“新常态”，冲击在结构上改变了行为。许多企业开始分析和跟踪供应链和采购过程中的新趋势，采取措施降低供应链风险。一些发达国家的主要政治人物呼吁重新考虑企业对国际生产外包的做法，鼓励关键的国内产业要么在当地寻找货源，要么利用多样化的供应商资源，以避免出现供应“瓶颈”，同时提高供应链的弹性，减少供应链中断产生的风险。例如，日本政府为应对疫情对经济产生的影响，推出“供应链改革计划”，协助日本企业建立“更具弹性的供应链”，通过补助让日本企业将生产环节迁回本土或将生产环节从中国迁出而转移到其他国家和地区（主要目的地是东盟国家），进一

---

① Morris A. Cohen, Panos Kouvelis, "Revisit of AAA Excellence of Global Value Chains: Robustness, Resilience, and Realignment," *Production and Operation Management*, 2020, https://doi.org/10.1111/poms.13305.

② Dmitry Ivanov, "Viable Supply Chain Model: Integrating Ggility, Resilience and Sustainability Perspectives-lessons from and Thinking beyond the COVID－19 Pandemic," *Annals of Operations Research*, 2020, https://doi.org/10.1007/s10479－020－03640－6.

步强化全球产业链的本土优先性和供应链的分散性。多年来，全球价值链中的主导企业专注于核心业务，但疫情对全球价值链上下游冲击的影响使各国重视需求和供应的多样化，特别是供应链上游的多样化。全球价值链中的主导企业及一些合作伙伴致力于实现生产更高水平的产品和行业多样化，以减少未来类似危机对核心业务可能造成的破坏性影响。[①] 当面临大规模、不可控制的风险时，企业能够通过实现供应商多样化，从新兴的机会中获益。[②]

## （二）疫情所形成的倒逼效应，加快了全球价值链、产业链的数字化转型

在疫情期间，“面对面交易”的传统行业受到较大的负面影响，为了在疫情期间保持物理距离，最初设计用于其他分布式用途的数字技术平台被重新调整用途，以维持社会联系，提供分布式服务，继续满足业务需求，疫情导致消费者从网上购物转移到构建网上市场。[③] 互联网技术的快速发展在很大程度上促成数字商务出现，疫情引发世界大部分人口对信息和通信技术、数字技术前所未有的依赖，在疫情期间，数字技术的重要性超出了识别、追踪、理解、管理、治疗和感知疫情的范围。数字技术应用可以提高生产效率，最大限度降低生产成本，特别是物流运输和劳动力成本。数字经济通过连接供应商和客户，帮助提高传统商业质量。商业数字化有助于企业创建一个新的数字网络，加快企业的数字化转型。[④] 那些通过使用线上开工或人工智能技

① Ghazi M. Magableh, “Supply Chains and the COVID - 19 Pandemic: A Comprehensive Framework,” *European Management Review*, 2021, https://doi.org/10.1111/emre.12449.

② Alain Verbeke, “Will the COVID - 19 Pandemic Really Change the Governance of Global Value Chains?” *British Journal of Management*, 31, 2020, pp. 444 - 446.

③ Xuesong Zhou, Zhengyang Chen, Xiang Zhan, S. Bala Murugan, K. Deepa Thilak, “Improved Policy Mechanisms for the Promotion of Future Digital Business Economy During COVID - 19 Pandemic,” *Electronic Commerce Research*, 2021, https://doi.org/10.1007/s10660 - 021 - 09484 - x.

④ Vinícius Barreto Klein, José Leomar Todesco, “COVID - 19 Crisis and SMEs Responses: The Role of Digital Transformation,” *Knowl. Process Manag.*, 2021, https://doi.org/10.1002/kpm.1660.

术及用机器人代替等的创新型数字产业能够有效规避风险，特别是中小企业采用各种数字技术应对这场危机，数字化有助于提高中小企业的绩效。①

数字化技术改变了通过重组供应链来创造价值的结构。数字技术为世界各国提供了新的发展机遇，企业通过掌握新技术（区块链、人工智能、机器学习、3D 打印、物联网、无人机和自动驾驶电动卡车等）改变和重塑生产模式和制造过程，提出新的价值主张和构建颠覆性的商业模式。例如，企业利用技术促使智能制造发展将使数字技术更加实用；利用新兴的物联网技术，产品和设备将被实时远程访问和控制。物流技术的进步也有助于重建供应链系统，并提高全球价值链在受到冲击时的恢复能力，其中，数字技术供应链和区块链是未来供应链发展应关注的优先事项。数字化经营活动还会减少资本支出，加快运营成本优化，如自动化，控制现场离岸比率，优化分包商、员工薪酬政策等。② 这些变化将继续加速，所有企业可以通过对自动化、数字化和自主控制系统的投资来适应新的环境，并采用这些技术支持供应链具有较强的稳健性和弹性。③

为了消除资源限制，节约型创新作为一种资源约束型创新，用更少的资源做更多的事，是应对危机的重要战略，数字制造可以被视为一种重要的节约型创新的推动力量。④ 数字制造有助于增加节约型创新的工作，无论是开发节约型解决方案的能力，还是对分布式创新网络的支持。制造商使用数字制造工具生产关键产品，节约型创新是高新技术企业应对危机的重要策略。

① Hai Guo, Zhuen Yang, Ran Huang, Anqi Guo, "The Digitalization and Public Crisis Responses of Small and Medium Enterprises: Implications from a COVID – 19 Survey," *Frontiers of Business Research in China* , 2020, https://doi.org/10.1186/s11782 – 020 – 00087 – 1.

② Krishnamurthy Shankar, "The Impact of COVID – 19 on IT Services Industry – Expected Transformations," *British Journal of Management*, 31, 2020, pp. 450 – 452.

③ Morris A. Cohen, Panos Kouvelis, "Revisit of AAA Excellence of Global Value Chains: Robustness, Resilience, and Realignment," *Production and Operation Management*, 2020, https://doi.org/10.1111/poms.13305.

④ Lucia Corsini, Valeria Dammicco, James Moultrie, "Frugal Innovation in a Crisis: The Digital Fabrication Maker Response to COVID – 19," *R&D Management*, 51 (2), 2021, pp. 195 – 210.

在疫情前，多国已在加紧进行数字化经济转型。[①] 更多国家将继续加快探索进行数字化转型和利用其他新兴技术（如人工智能、3D 打印机和机器学习）带来的变化进行发展，充分利用大数据、云计算等新兴技术，在打造数字化生产、完善社会治理体系方面取得进步。

## （三）在后疫情时代，全球价值链、产业链的区域化明显加强

近年来，由于企业更加倾向于在接近消费市场的地区进行生产，商品贸易的区域化特征越来越显著，区域经济凝聚力和一体化不断增强，呈现价值链朝着区域化构造方向演进的特征，大多数全球价值链的地理构成目前是区域性的，而不是全球性的；即使全球价值链中生产的最终产品在全球范围内分散，全球价值链内部贸易区域化程度也远高于“全球”平均水平，[②] 特别是北美地区、东亚和东南亚地区在经济上更加密不可分，区域贸易额增速较为明显，未来各地区的贸易依存度和产业链紧密度还会进一步上升。在疫情期间，卫生防疫物资大量短缺，与抗疫相关的药品、防护服、口罩、呼吸机等的供应“断链”，同时伴随着大规模生产停滞、民众就业困难等问题。加强区域价值链、供应链构建成为国家分散风险、降低脆弱性、提高韧性和促进工业发展应考虑的优先事项。危机产生最重要的影响之一是国家与企业都越来越重视区域价值链、供应链的可持续发展。

在后疫情时代，地理位置在各国分散生产和供应中依然至关重要，全球价值链和供应链的发展会更加趋于区域化。区域化合作通过确定和维持横向和纵向联系，发挥产业集群优势并推动区域产业链发展，有助于促进不同行

---

① 例如，2018 年 9 月，美国发布新的《国家网络战略》，提出将“通过培育充满活力和弹性的数字经济，促进美国繁荣”。2019 年 2 月，美国启动“美国人工智能计划”。2020 年 2 月，美国发布《美国人工智能计划年度报告》，强调要培养人工智能研发人才，进行人工智能研发投资，消除人工智能创新障碍等。2019 年，欧盟提出“数字欧洲计划”，针对人工智能、超级计算、先进数字技能、网络安全以及数字技术应用五个关键领域的项目设立金额达 92 亿欧元的资助计划，以确保欧盟在应对各种数字挑战时具备所需的技能和基础设施。

② Kano, L., Tsang, E. W. K., Yeung, H. W. C., “Global Value Chains: A Review of the Multidisciplinary Literature,” *Journal of International Business Studies*, 51, 2020, pp. 577 – 622.

业供应商之间进行连通，确保企业降低交易成本，并从规模经济中获益，这一过程为区域价值链自我加强提供了特殊的机遇。

## 三　后疫情时代产业链调整重构面临的风险与挑战

### （一）各国更加注重经济战略安全

在后疫情时代，世界主要经济体均会对产业链、供应链和技术链的“安全因素”进行战略思考，将供应链、产业链的“经济主权”“发展安全”置于“经济成本”或“经济效益”之上，激励企业进行产业链调整和配置。政府通过政策引导鼓励和帮助企业增强供应链的弹性，以减轻疫情带来的负面影响；大国之间的贸易冲突和保护主义抬头，故均加强技术把控，如德国政府修订了《对外贸易和支付法》，对外资收购德国企业设置门槛。一些国家采取措施鼓励企业将生产环节迁回本土，在市场开放和本土经济保护之间进行权衡。[①] 一些国家采取贸易保护主义政策，导致全球出现经济民族主义，保护主义的抬头使贸易和投资趋向于更多地朝着干涉主义方向转变。在疫情触动下，各国为了加强对本土经济和安全的维护，开始加强对技术的把控，许多国家采取措施鼓励生产回流或刺激国内生产以取代进口。这些举措和政策颠覆了既有的全球化经济的基本逻辑和假设前提，如果未来不能按全球优化资源配置的方式推动全球潜在产出和需求共同增长，而是对既有的供应链、产业链进行破坏性拆解和结构性重组以瓦解全球价值链，那么最终会导致价值链中各种中间品的生产和组装配件等过程减少，带来更多的全球经济不稳定性，导致全球价值链出现萎缩；高强度政治博弈和可能的冲突与对抗还可能带来不可预估的影响。

---

① Zhi Wen, Huchang Liao, “Capturing Attitudinal Characteristics of Decision-makers in Group Decision Making: Application to Select Policy Recommendations to Enhance Supply Chain Resilience under COVID - 19 Outbreak,” *Operations Management Research*, 2020, https://doi.org/10.1007/s12063 - 020 - 00170 - z.

在后疫情时代，全球经济格局和供应链结构的深刻变化，将推动世界政治经济理念和经济安全观发生根本性改变。越来越多的国家利用卫生紧急状况规避世界贸易组织的规则，并直接向国内企业进行采购或提供补贴。在“自我至上”的世界里，各国都把自己的利益放在首位，国际合作越来越困难或令人不快。在解决全球卫生危机方面，由于缺乏统一的愿景和协调的行动，世界各国努力增进相互了解与合作的信念受到极大的挑战。[①] 这可能会扰乱全球治理的结构和进程，特别是影响经济民族主义、民粹主义的现有趋势。从这个意义上说，疫情还远未结束，近年来，在西方国家兴起的经济民族主义、民粹主义反映了对多元性世界制度和规范的排斥，其正在向国家、企业和民间社会之间不断变化的关系施加新的压力。极端保护主义和经济民族主义主要是由经济上对全球化的不满、怨恨所驱动的，也是由文化上对国家认同被侵蚀的强烈反弹所推动的，一些国家明显地表现出单边主义和保护主义倾向，破坏性是前所未有的，造成了日益严重的经济困难和社会混乱。

### （二）全球供应链、价值链数字化转型会带来新的风险和矛盾

自 20 世纪 80 年代以来，数字革命既是一股消极力量，也是一股积极力量。在疫情期间，封锁以前所未有的速度加快了对数字解决方案的采用，为增加社会和经济生活的替代方法创造了大量的机会。数字技术通过支持跨国界的大规模参与和大规模合作，可以更快地做出反应，让新的实体参与现有的人道主义合作网络（如在灾害期间提供援助的志愿者和技术社区）、促进开展新形式的救灾活动（如数字人道主义者、在线自助小组）以及促进多样化的公民参与（如反造谣运动）。[②] 但技术发展和经济增长并不一定会使

① Kenneth R. Ross, “Faith in Internationalism: COVID - 19 and the International Order,” *Transformation*, 37 (4), 2020, pp. 276 - 285.

② Shengnan Yang, Pnina Fichman, Xiaohua Zhu, Madelyn Sanfilippo, Shijuan Li, Kenneth R. Fleischmann, “The Use of ICT during COVID - 19,” *Proc. Assoc. Inf. Sci. Technol.*, 2020, https://doi.org/10.1002/pra2.297.

社会进步，数字科技在给人类社会带来福祉的同时，也带来了数字风险和威胁，给全球与国家治理带来了新问题。在全球范围内，疫情的蔓延为网络犯罪提供了肥沃的土壤，而数字造谣和其影响有可能变得正常化和本土化，使人们不易获取满足日常需求的信息，出现信息误传、假新闻泛滥的情况。[①]各国政府需要最大限度地为利用数字技术减少风险，这包括保护数据隐私，为防止欺诈和维护网络安全奠定战略和技术基础。

疫情对供应链的影响不太可能很快停止，它将在相当长的一段时间内继续影响商业和贸易政策。数字技术与电子商务有利于更多的企业快速融入全球供应链、价值链，促进社会就业。但在微观层面上，数据收集技术、在线工作，需要扩大生产规模，快速跟踪数字供应，建设在线平台和提供视频会议产品，中小企业在整体数字技术使用和能力建设方面明显落后于大企业。尽管中小企业更加重视自动化和存货以减轻风险，但在短期内，整个供应链不太可能完全实现数字化和自动化。例如，在劳动密集型全球价值链中，由于缺乏熟练工人，自动化可能不可行，甚至不可取。即使是跨国公司，其将生产设施安置在劳动力成本较低的最终市场附近，若能够操作复杂机器的工人的供应不足，则无法满足自动化要求。同时，数字化企业天然具有规模优势，容易形成技术型、市场型垄断。这要求政府采取干预措施，防止造成与远程工作和社交网络有关的伤害和经济、社会排斥。但是，当前，各国在全球数字经济治理方面缺乏共识，全球数字供应链、价值链的割裂模式以及弱监管或无监管状态将进一步扩大“数字鸿沟”“数据鸿沟”，其产生的风险会给未来的数字经济治理带来隐患。

### （三）国家之间的竞争博弈是全球供应链、价值链重构的主要推动力量

新冠肺炎疫情暴发后，一些国家基于权力竞争排斥国际合作，这将导致

---

① Linda Hantrais, Paul Allin, Mihalis Kritikos, Melita Sogomonjan, Prathivadi B. Anand, Sonia Livingstone, Mark Williams, Martin Innes, “COVID－19 and the Digital Revolution,” *Contemporary Social Science*, 16 (2), 2021, pp. 256－270.

国际社会在后疫情时代难以通过合作维护供应链安全。在以产业链层级和关键技术控制为特征的全球分工模式下，全球价值链出现了区域结构性变化。在既有的全球价值链分工中，亚洲区域价值链是以自身技术、市场、产业力量进行区域性一体化建设的，区域价值链贸易增加值持续增长。全球价值链的区域结构性力量变化导致区域价值链之间的博弈不断深化，由于在复杂的全球价值链中，发达国家依然占据主导地位。[①] 亚洲区域价值链如果以“脱嵌”的方式脱离原有的全球价值链，则可能会诱使域外大国强化博弈和对抗，引发全球、区域层面的供应链、价值链出现颠覆式变化，造成全球价值链内部出现扭曲。

疫情加剧了大国在观念上的冲突，大国加强在经济安全和经济权利方面的博弈，引发对应的国际政治经济权利变化，造成在政治价值观和意识形态方面的竞争。2020 年 4 月，美国宣布“经济繁荣网络”计划，试图在区域与全球层面与盟国一起重组全球供应链和价值链，美国不惜以牺牲经济利益的方式维护自身产业链和供应链安全，以降低对中国的依赖程度并主动加大与中国进行全方位战略博弈的力度，维护美国全球的“经济霸权”。2020 年 9 月 1 日，日本与印度、澳大利亚提出“弹性供应链倡议”（SCRI），将地缘政治影响力嵌入供应链安全性的调整中，基于亚太地缘战略因素调整供应链，重组跨境产业链和生产网络，以影响印太地区的权力格局，[②] 使全球供应链、价值链出现了更加显著的结构性变化，这些变化所带来的风险与挑战将影响国际政治经济格局。

### （四）中国面临的机遇与挑战

近几十年来，供应链不仅变得越来越全球化，而且从全球价值链的结构性相互联系来看，中国具有完整的产业链体系并成为传统贸易和简单全球价

① 余南平：《新冠疫情下全球价值链结构调整特征与未来挑战》，《国际关系研究》2021 年第 1 期。

② Titli Basu, “Sino-US Disorder: Power and Policy in Post-COVID Indo-Pacific,” *Journal of Asian Economic Integration*, 2 (2), 2020, pp. 159 – 179.

值链网络的重要枢纽，其他国家越来越依赖中国等主要出口经济体。在疫情背景下，中国仍然是疫情防护用品供应链中的关键战略参与者，不仅是相对低成本出口的来源，更重要的是，中国的医疗保健市场还是世界第二大市场，美国医疗产品公司把中国市场视为进行长期国际竞争的关键。[①] 外国企业在中国建立价值链、供应链可以扩大规模和提高生产效率。中国在全球供应链和产业链中所具有的网络化和规模化综合竞争优势，有利于中国推动区域供应链、价值链体系重构，以及促进简单和复杂的价值链向亚洲区域集中。

图 5 给出了 2018 年第一季度至 2021 年第一季度中国对各地区的出口所占份额，所占份额较大的地区依次是亚洲、欧洲和北美。疫情期间，中国对亚洲地区的出口所占份额上升，特别是在 2020 年 2 ~3 月，中国对亚洲地区的出口所占份额上升至 30% 以上。其中对东盟的出口所占份额明显上升。从 2020 年 4 月起，中国对欧洲、北美的出口所占份额开始回升；对大洋洲、拉丁美洲和非洲的出口所占份额大致保持稳定。

图 6 给出了 2018 年第一季度至 2021 年第一季度中国从各地区的进口所占份额。进口所占份额的最大地区是亚洲，为 50% 以上，其中，从东盟的进口所占份额为 14% 左右；从欧洲的进口所占份额也较大，为 18% 左右，其中，从欧盟的进口所占份额为 13% 左右。图 7 给出了 2018 年 3 月至 2021 年 3 月中国对外直接投资同比增长率、“一带一路”投资增长率和占比。在疫情期间，中国对外直接投资下跌，但 2020 年第三季度同比增长率出现大幅上升，第四季度同比增长率出现大幅下降；从 2020 年全年来看，中国对外直接投资同比增长率只出现小幅下降，约为 2.9%。2021 年第一季度，中国对外直接投资同比增长率为正值，达到 23.8%。2020 年，中国的“一带一路”投资的同比增长率除了在第四季度为负值外，在第一季度至第三季度均为正值。

---

① Gary Gereff, “What Does the COVID -19 Pandemic Teach Us about Global Value Chains? The Case of Medical Supplies,” *Journal of International Business Policy*, 3, 2020, pp. 287 -301.

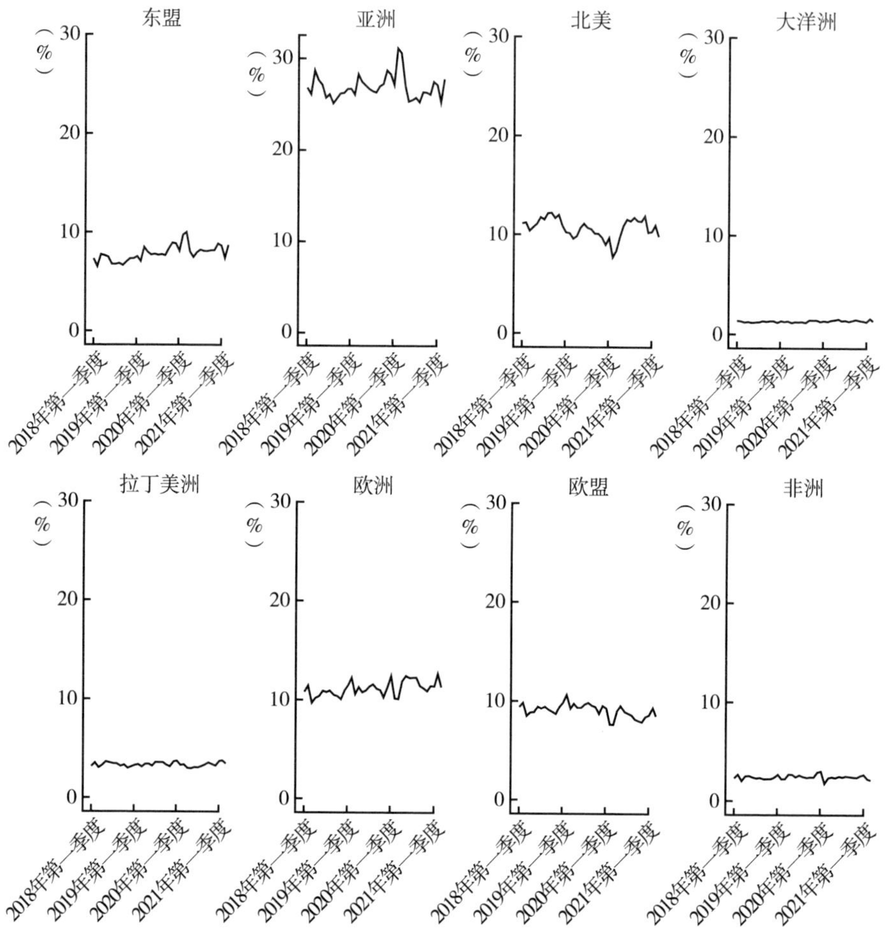

**图 5　2018 年第一季度至 2021 年第一季度中国对各地区的出口所占份额**

资料来源：CEIC 数据库。

为了应对疫情，未来的全球价值链可能具有多个中心。从短期来看，疫情似乎进一步增加了中国在全球供应链中面临的挑战，提高对供应链稳健性的认识意味着供应链将变得多元化，鉴于中国目前具有的主导地位，多元化意味着企业会搬离中国。在后疫情时代，全球供应链中的企业更愿意选择在有充足的劳动力、便捷高效的基础设施、相对宽松的法规环境的经济体进行生产。近年来，中国东部和南部主要制造中心的劳动力成本急剧上升，一些

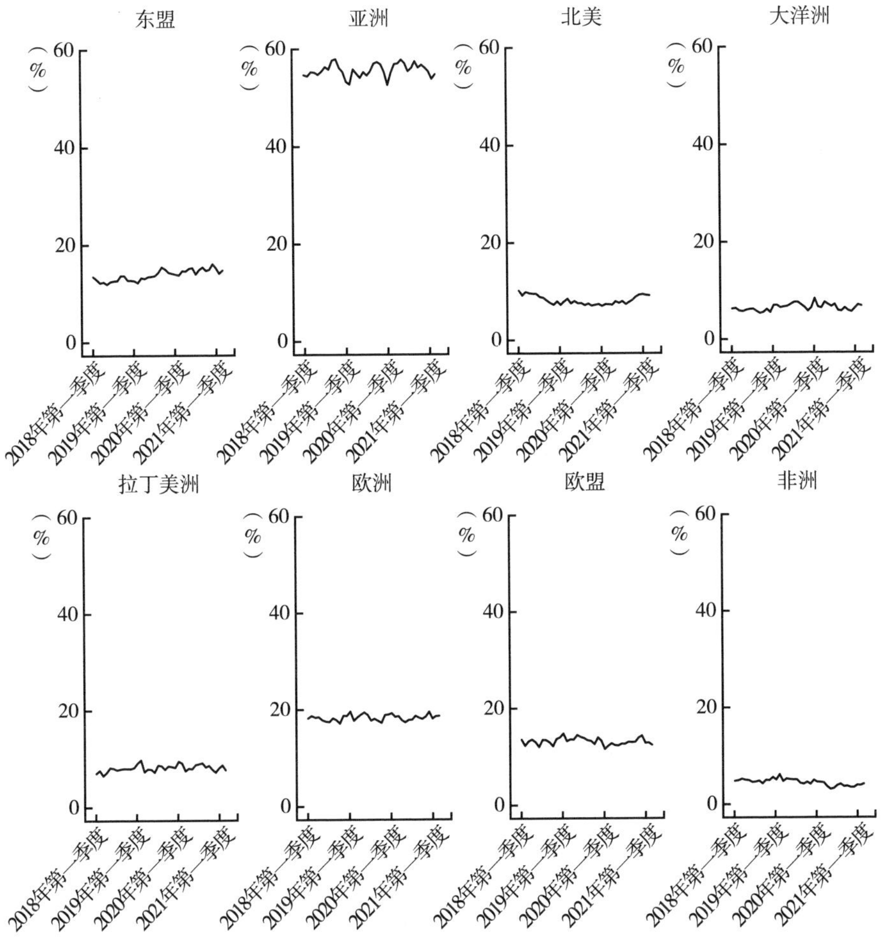

**图 6　2018 年第一季度至 2021 年第一季度中国从各地区的进口所占份额**

资料来源：CEIC 数据库。

企业将生产设施转移到越南、柬埔寨和印度尼西亚等东南亚国家。① 中国广大的中西部地区仍然拥有廉价的劳动力，中国劳动力成本的上升并不意味着全球供应链中的企业会离开中国。

① Fang, H. , “COVID－19：The Impact on the Economy and Policy Responses—A Review,” ADBI Working Paper 1236, 2021, Tokyo：Asian Development Bank Institute, https：//www. adb. org/publications/covid－19－impact－economy－policy－responses－review.

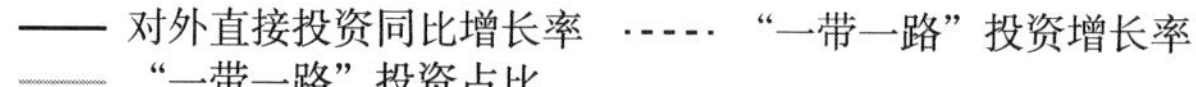


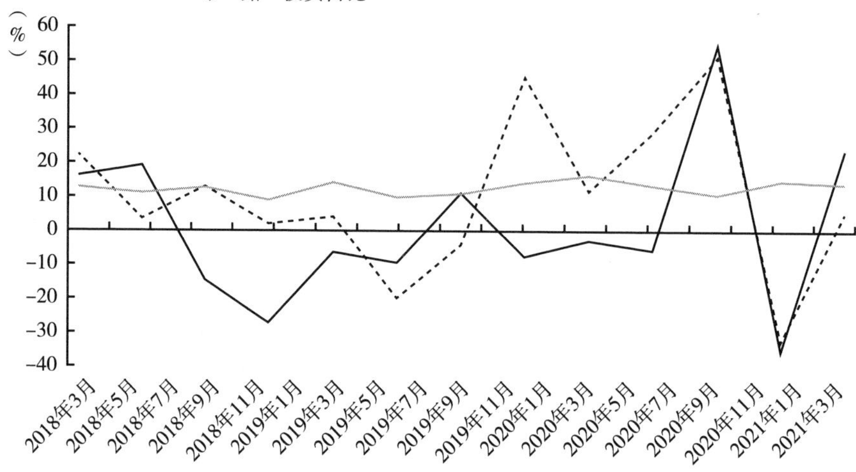


**图7　2018 年 3 月至 2021 年 3 月中国对外直接投资同比增长率、“一带一路”投资增长率和占比**

资料来源：CEIC 数据库。

全球供应链还倾向于将生产设施放在接近最终产品消费者的位置，近年来，中国消费市场不断扩大，图 8 给出了 2010 ~ 2020 年中国、美国消费市场规模（以月度零售贸易水平测量）。从 2015 年起，中国零售贸易水平超过美国，中国成为全球最大的消费市场。在后疫情时代，这将进一步使中国成为外商直接投资的主要目的地，使中国成为全球价值链的中心环节。

另外，疫情突然放大了传统全球价值链的脆弱性，重塑新的个人消费习惯，迫使企业重新评估价值链，调整供应链策略，尤其是在知识密集型行业和医疗行业。作为对在疫情后构建具有弹性的全球价值链的自然反应，虽然一些国家将重点放在就业和企业生存上，但高科技领域或全球价值链高端的制造商开始在母国或近岸建立生产基地，建立从中国转移出来的供应基地，降低从中国采购的水平以减少对中国的依赖。① 疫情还引发了思维方式的变

① Hongzhi Gao, Monica Ren, “Overreliance on China and Dynamic Balancing in the Shift of Global Value Chains in Response to Global Pandemic COVID - 19: An Australian and New Zealand Perspective,” *Asian Business & Management*, 19, 2020, pp. 306 - 310.

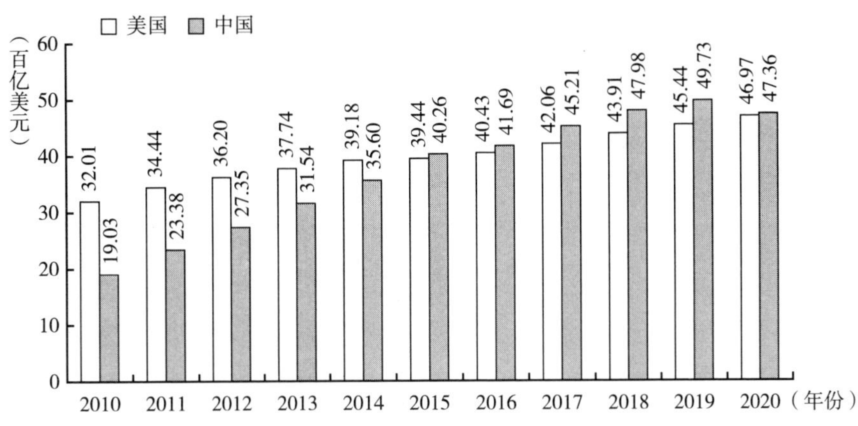


**图 8　2010～2020 年中国、美国消费市场规模**

资料来源：CEIC 数据库。

化，美国以全球供应链过于依赖中国为由，力图在全球价值链和产业链中推动“去中国化”，“脱钩”战略成为美国遏制中国的手段之一，[①] 美国加快了通过贸易战、科技战重构全球供应链、产业链格局的步伐。美国试图通过重塑以亚洲生产网络为基础的“可信赖供应链”联盟，实现对中国进行主动的市场切割的目的，以破坏和瓦解既有全球和地区价值链的隐蔽形式，重新组合、调整产业链和供应链，开始主动对中国的价值链和产业链进行拆解、重组，企图建立替代方案以减少对中国供应链的依赖并促成生产网络体系从中国逐步转移，这可能导致国际贸易和供应链出现混乱。

## 四　中国的应对策略

全球价值链重构在中长期可能更多地表现为消费模式、产业结构变化等结构性调整，经济的数字化进程会加速发展。在全球供应链、价值链中更好地发挥中国的作用，就要积极推动构建和优化全球供应链、价值链，设计好

① 李括：《新冠疫情下美国霸权护持与全球价值链重构——基于权力与相互依赖视角的分析》，《国际关系研究》2021 年第 1 期。

全球供应链、价值链的中国方案。

第一，促进高水平对外开放，实施更大力度的创新驱动战略，积极融入全球价值链分工体系。发挥中国全球最大的消费市场的吸引力作用，营造开放包容的营商环境，进一步开放市场，加大对国际高水平中间品和资本品的进口力度，深化与价值链上游企业的对接，推动中国企业深度参与全球价值链。从目前的发展趋势看，新型产业的数字化、网络化、智能化将成为未来全球价值链、产业链加速调整的重要趋势。不论是新型产业空间的布局还是拓展，都离不开科技进步和创新驱动。要坚持以市场为导向，引导传统产业加快转型升级，构建现代化产业体系，在各领域加快推动网络化、数字化、智能化技术的应用，加快研发具有自主知识产权的核心技术，增强技术转化能力，逐渐在价值链体系中掌握主导权和具有掌控力。后疫情时代，为抢占新一轮经济全球化制高点，需要着力培育新型产业，发展能够支撑全球价值链重构的国内价值链，进一步促进传统产业朝着智能化、数字化的方向发展，在持续存在的“数字鸿沟”和“数字连接”领域向发展中国家提供支持。

第二，探索在全球供应链、价值链分工体系下，构建以中国为主的“一带一路”价值链或区域价值链。通过对外直接投资等途径嵌套，构建以中国为核心的区域价值链。集聚上下游产业链企业，推进共建“一带一路”国家进行产能合作，通过“补链”与“强链”，带动区域内国家以区域价值链为跳板和进行缓冲，实现全产业链协同发展。探讨建立供应链应急管理机制和保障机制，加强各国政府在诸多涉及投资服务自由化、贸易便利化、关税削减、海关程序、产业合作等细化领域进行政策衔接，以减少防控措施带来的不利影响。为了应对部分国家可能对中国采取的供应链替代战略，中国与区域内其他国家按照市场规律，优化供应链体系，推动产业链、供应链合理布局，打造更具韧性、更可持续、更不易受冲击的区域供应链合作网络。加快区域内供应链规则的制定，推动各方在新标准制定上的技术合作，加强在便利通关、资格互认、标准互通、认可认证等方面的磋商与协调，形成各方认可的区域供应链规则，为后疫情时代完善全球供应链规则体系提供参考和借鉴。

第三，主动参与和引领全球公共卫生安全规则重构。目前，全球公共卫生治理规则体系中的核心监控体系缺乏、资源配置不合理等问题较为突出，需要进一步完善和优化。疫情防控为增强中国参与全球经济治理的制度性话语权带来机遇。后疫情时代，中国应以人类命运共同体的先进理念为引领，加强与其他国家在卫生领域的沟通与合作，向重点疫情国家和地区提供援助，优先向共建“一带一路”国家提供疫苗，提高疫苗在这些国家的可及性和可负担性。

第四，后疫情时代，要加快完善数字经济治理体系。在数字经济发展的同时，强化对数字经济和网络空间的治理，完善网络安全与数据保护机制，妥善保护知识产权和维护个人隐私，构建良好的网络空间环境和数字治理体系。后疫情时代，加快建立“数字经济”国际合作政策体系，为国际数字经济合作提供政策制度保障。推进数字标准和规则有效对接，促进国家间相关标准的互换互认，推动中国标准成为国际标准。参与市场准入、跨境电商、网络安全、数据流动等国际新规则的制定，就数字贸易关税和非关税壁垒、数据跨境流动、国家网络安全、数字信息安全、个人信息保护等议题进行谈判，积极与区域内国家探索达成多种数字贸易协定的途径和手段。在国际规则制定和政策讨论中，在更好地维护中国利益的同时，为广大发展中国家推动数字经济国际规则的制定争取更多话语权。

# B.4
# 后疫情时代的 RCEP 与亚太区域合作

李天国*

**摘　要：** 2020年11月，“区域全面经济伙伴关系协定”的各成员国克服新冠肺炎疫情带来的巨大困难，全面完成市场准入谈判，最终如期签署。这是东亚乃至亚太区域经济一体化进程中的重要里程碑。该协定作为世界上参与人口最多、成员结构最多元化、发展潜力最大的自由贸易协定，不仅是亚太区域合作极具标志性意义的成果，还是多边主义和自由贸易的胜利。中国、日本、韩国和澳大利亚以及新西兰与东盟之间以签订的自由贸易协定为基础，整合了既有的承诺与规则条款，并对协定内容做进一步的扩展和提升，为后疫情时代区域经济复苏带来动力。通过该协定，中日两国首次建立双边自由贸易关系，为重构亚洲区域价值链提供重要的制度基础。未来，成员国仍需逐步打造“RCEP +”，进一步深化亚太区域的合作。后疫情时代，随着协定生效与实施，不少国家将重拾对自由贸易和多边贸易体系的信心，进而继续推动世界贸易组织改革，让全球多边贸易体制重获生机。

**关键词：** 后疫情时代　RCEP　亚太区域合作　价值链

---

* 李天国，博士，中国社会科学院亚太与全球战略研究院副研究员，主要研究方向为新兴经济体经济、国际经济合作、朝韩经济等。

历经 8 年 31 轮的漫长谈判，2020 年 11 月 15 日，亚太地区的 15 个成员国正式签署了“区域全面经济伙伴关系协定”（Regional Comprehensive Economic Partnership，RCEP）。RCEP 作为世界上成员结构最多元化的自由贸易协定，标志着多边主义在逆全球化思潮中取得重大胜利。RCEP 不仅有助于提升区域各国间的贸易自由化和市场开放水平，也将极大地增强区域产业竞争力和投资吸引力。在新冠肺炎疫情大流行的背景下，RCEP 必将有力推动区域经济复苏，为亚太区域经贸活动带来更多活力和动力。它将成为拉动亚太地区及全球经济增长的重要引擎。

## 一　新冠肺炎疫情背景下的 RCEP 谈判过程与成果

RCEP 谈判始于 2012 年，东盟 10 个成员国与中国、日本、韩国、印度、澳大利亚和新西兰的元首或政府首脑在柬埔寨金边发表了《关于启动〈区域全面经济伙伴关系协定〉谈判的联合声明》，并于 2013 年进行第一轮谈判。经过多年谈判之后，2019 年 11 月，RCEP 的 15 个成员国结束全部文本谈判及实质上的所有市场准入的谈判，准备于 2020 年签署协定。但是原本作为成员国参加谈判的印度宣布暂缓加入 RCEP。印度政府认为过去签署的自由贸易协定进一步扩大了印度的进出口贸易赤字，进而对签署 RCEP 非常谨慎。印度政府担心签署 RCEP 后，关税大幅降低，导致本国的进口额增加，加重本国的对外贸易赤字，同时本国企业无法在与其他成员国企业的竞争中占据有利地位。印度也在原产地规定、服务业开放等问题上无法认同 RCEP 的相关内容，因此印度最终选择暂缓加入 RCEP。

新冠肺炎疫情席卷全球之际，15 个成员国频繁用远程方式联系，紧锣密鼓地商讨签署 RCEP 相关事宜。2020 年 6 月 23 日，RCEP 成员国在线上举行部长级视频会议。本次会议由越南主持，15 个国家的经贸部长和东盟秘书长出席。本次会议认为，在新冠肺炎疫情蔓延的形势下，各成员国应坚持贸易便利化进程，继续加强区域经济合作，推动和落实 RCEP 第三次领导人会议取得的成果。本次会议重新审视了 RCEP 谈判过程中的具体工作，肯定了 RCEP 成员国已取得的进展，一致决定尽快签署 RCEP。在本次会议后，RCEP 成员国发表了共同声明，重申成员国尽快签署 RCEP 的共识，并认为签署 RCEP 有助于维护多边贸易体制，推动区域经济一体化并促进区域经济复苏。[①] 同时，本次声明也表示印度作为 RCEP 谈判重要参与国，如果参与 RCEP，可以对区域发展与繁荣做出积极贡献，欢迎印度随时加入 RCEP。

2020 年 8 月 7 日，RCEP 贸易谈判委员会会议通过视频方式举行。在会议中，各成员国均认为新冠肺炎疫情给全球和亚太地区经贸活动带来巨大挑战，并决定共同加快落实 RCEP 第三次领导人会议达成的共识。[②] 本次会议肯定了 2020 年以来 RCEP 谈判取得的进展，承诺继续努力在 2020 年签署 RCEP。在本次会议中，中国代表重申了支持东盟作为 RCEP 中心力量的立场，提议继续努力排除各种困难，为 RCEP 的签署创造有利的条件。

2020 年 10 月 14 日，RCEP 成员国再次召开部长级视频会议。会议强调 RCEP 对区域经济一体化以及地区经济发展起到的重要作用，表示要通过 RCEP 进一步促进各成员国的贸易和投资的增长，推动新冠肺炎疫情后区域经济复苏。[③] 本次会议肯定了 RCEP 法律文本审核工作取得的实质性进展，进一步为签署奠定基础。

2020 年 11 月 11 日，RCEP 举行部长级准备会议，为即将召开的 RCEP 第四次领导人会议进行筹备。[④] 2020 年 11 月 15 日，RCEP 第四次领导人会议以线上方式举行。在本次会议中，RCEP 的 15 个成员国的贸易部长在

---

① 《区域全面经济伙伴关系协定（RCEP）第 10 次部长级会间会联合媒体声明》，中国自由贸易区服务网，http：//fta. mofcom. gov. cn/article/rcep/rcepnews/202006/42580_ 1. html。

② 《〈区域全面经济伙伴关系协定〉（RCEP）举行贸易谈判委员会视频会议》，中国自由贸易区服务网，http：//fta. mofcom. gov. cn/article/rcep/rcepnews/202008/42918_ 1. html。

③ 《王受文副部长兼国际贸易谈判副代表出席〈区域全面经济伙伴关系协定〉（RCEP）部长级视频会议》，中国自由贸易区服务网，http：//fta. mofcom. gov. cn/article/rcep/rcepnews/202010/43258_ 1. html。

④ 《〈区域全面经济伙伴关系协定〉（RCEP）举行部长级准备（视频）会议》，中国自由贸易区服务网，http：//fta. mofcom. gov. cn/article/rcep/rcepnews/202011/43438_ 1. html。

RCEP 文本上正式签字。[①]

按照相关规定，RCEP 需要至少 9 个成员国批准，而这个 9 个成员国中，需要有 6 个东盟成员国和 3 个其他成员国。现在，RCEP 的各成员国正在推进各自国内法律审批工作，以使 RCEP 尽快生效。各成员国领导人正责成本国部长加快国内批准程序。

2021 年 2 月 9 日，泰国成为 RCEP 成员国中第一个获得国会批准的国家[②]。未来，泰国只需向东盟秘书长交存核准书，就将正式完成 RCEP 核准程序。2021 年 4 月 9 日，新加坡宣布 RCEP 获得国内批准，成为 RCEP 成员国中第一个完成所有程序的国家。[③] 2021 年 4 月 16 日，中国完成了 RCEP 的国内核准程序。[④] 2021 年 4 月 28 日，日本参议院表决通过 RCEP，[⑤] RCEP 的生效再次向前迈出重要一步。

## 二　RCEP 框架与文本分析

面对前所未有的新冠肺炎疫情，RCEP 成员国坚持推进谈判进程，最终完成 1.4 万多页的文本法律审核工作，如期签署 RCEP。这是东亚乃至亚太区域经济合作进程中的重要里程碑。

RCEP 文本共分成 20 章和 17 个附件，不仅包括货物贸易、原产地规则、海关程序与贸易便利化、卫生与植物卫生措施等传统贸易条款，也反映

① 《〈区域全面经济伙伴关系协定〉（RCEP）领导人联合声明》，中国自由贸易区服务网，http：//fta. mofcom. gov. cn/article/rcep/rcepnews/202011/43460_ 1. html。

② National News Bureau of Thailand, "Thailand Ratifies Regional Comprehensive Economic Partnership (RCEP) Treaty," https：//www. thailand – business – news. com/trade/82560 – thailand – ratifies – regional – comprehensive – economic – partnership – rcep – treaty. html.

③ 《新加坡完成 RCEP 批准程序》，新华网，http：//www. xinhuanet. com/world/2021 – 04/09/c_ 1127313160. htm。

④ 《中国正式完成 RCEP 核准程序》，中国经济网，http：//www. ce. cn/xwzx/gnsz/gdxw/202104/16/t20210416_ 36481375. shtml。

⑤ 《日本国会批准 RCEP》，新华网，http：//www. xinhuanet. com/world/2021 – 04/28/c_ 1127387372. htm。

了知识产权、政府采购、电子商务、中小企业等最新贸易规则。

RCEP 成员国期待加强贸易政策协调，推进亚太地区经济一体化，提升区域经济增长活力；希望增强成员国的经济伙伴关系，以创造新的就业机会，提高生活水平，改善各国人民的普遍福利；寻求建立清晰且互利的规则，以便利贸易和投资活动，如参与区域和全球供应链。RCEP 考虑到成员国间不同的发展水平，采取了适当灵活的方式，向一些成员国提供特殊和差别待遇。

货物贸易方面，RCEP 的目标是逐步消除货物关税和非关税壁垒，实现贸易自由化和便利化。RCEP 规定对于 92% 的商品通过 20 年的时间来逐步消除关税和非关税壁垒。RCEP 在原产地规则中要求成员国在 RCEP 生效后，开展对进口商原产地声明的审议。除非有特殊情况，各成员国应当自审议开始之日起 5 年内结束对原产地声明的审议。RCEP 还规定，如一项产品特定原产地规则包含 RVC 标准、税则归类改变标准、特定制造或加工工序、上述标准的任意组合的选择性规则，则每一个成员国要允许由出口商来决定适用哪些规则。这种规定有利于 RCEP 成员国企业灵活运用原产地规则，不仅可以提高原产地规则的利用率，也能保护一些生产者的利益。

海关程序与贸易便利化方面，RCEP 规定各成员国的关税法律必须具有可预测性，法律要具有一贯性和透明性，并应不断简化通关手续，以提高货物的通关效率。RCEP 的海关程序与贸易便利化部分内容超越了世界贸易组织的《贸易便利化协定》，如关税的分类、原产地规定审查及实施期限以及货物通关手续等方面都较《贸易便利化协定》有所强化。考虑到不同成员国的承受能力，一些规定采取分阶段逐步实施的方法。

卫生与植物卫生措施方面，RCEP 包含中韩自由贸易协定里没有包括的等效性规定。按照等效性条款内容，如果出口成员国能够向进口成员国证明该出口成员国的措施与该进口成员国的措施达到相同的保护水平，或者进出口双方措施具有相同的效果，那么该进口成员国应当认可卫生与植物卫生措施的等效性。另外，RCEP 在卫生与植物卫生措施方面，强调了透明性、合作与能力开发以及技术性协商的重要性。RCEP 规定，成员国发出请求后，应当积极配合磋商，以达成卫生与植物卫生措施的等效性双边互认安排。单独措施、一组措施或制度性的措施都可以在这种双边互认安排下形成等效性承认。出口成员国应当给予进口成员国进行检验、检查及其他相关程序的合理机会。贸易争端解决相关规定暂时不适用于卫生与植物卫生措施内容，但 RCEP 准备在生效两年后将其作为讨论对象。

标准、技术规定和合格评定程序方面，RCEP 规定成员国要加强对国际标准和相关问题的协调和沟通，如同成员方在 WTO 的 TBT 委员会等其他国际层面的活动。RCEP 认同国际标准和指南对降低贸易活动中的技术性壁垒产生非常重要的作用，因此，RCEP 尽量在标准、技术规定等方面符合《技术性贸易壁垒协定》的相关要求。根据 RCEP 的规定，成员国要考虑根据 WTO 的 TBT 委员会发布的《WTO 技术性贸易壁垒委员会自 1995 年 1 月 1 日以来通过的决定和建议》中的相关决定进行修订。

贸易救济方面，主要包括两个部分的内容，分别是 RCEP 保障措施、反倾销、反补贴税相关规定。在 RCEP 保障措施方面，规定在遵守世界贸易组织的保障措施协定中的成员方义务和权利的基础上，增加一些强化内容。世界贸易组织的保障措施一般可采取 4 年，并且在特殊情况下，还可以再延长 4 年，但 RCEP 的保障措施的期限为 3 年，另外规定了延长 1 年时间的例外情况。在反倾销和反补贴税相关规定方面，RCEP 在 1994 年《关贸总协定》的基础上，增加了一些强化内容，如在附件中规定，在进行现场调查 7 日前有义务进行通知，对影响判决的重要事项必须提前公开等。

服务贸易方面，RCEP 鼓励成员国开放金融和电信等相关服务市场，促进区域内服务业领域的投资与贸易活动。RCEP 强化了对金融服务的供应规则，取消了很多影响服务贸易的限制措施和歧视性措施。RCEP 规定要向外国资本方提供与本国同行业服务提供者相同的国民待遇，外国资本方还可以享受不差于其他成员国或者非缔约国同一类型服务提供商获得的最惠国待遇。RCEP 要求成员国在协定生效后的一段时间采取负面清单方式。金融监管部门可以为维持本国金融系统的稳定采取适当措施，但也鼓励推动地区金融服务自由化。RCEP 还规定成员国应当鼓励专业服务机构相互承认专业资质或就注册方面的任何形式的安排进行谈判。

自然人临时流动方面，RCEP 为了方便从事货物贸易、服务贸易或投资活动的自然人临时入境和临时居住，提出一系列要求。RCEP 规定自然人在入境时产生的手续费用应当合理，不能对人员流动形成不适当的障碍。RCEP 还规定出入境相关文件都要公开，使自然人的临时入境和临时居住更加便捷和透明。

投资方面，RCEP 规定了最惠国待遇、国民待遇和公正公平待遇以及禁止业绩等相关要求，规定任何成员国不得要求投资者转让特定技术、生产流程或其他专有知识，RCEP 将保留各方在特别敏感领域进行监管的权利。RCEP 成员国已同意保留从国家利益角度出发审查投资的权利。RCEP 还要求成员国为投资活动创造有利环境，削减投资审批手续，确保投资政策信息的透明度，让投资者较为便利地获取与投资相关的法律法规和政策。在遵循相关法律法规的前提下，成员国在可能的范围内可以通过帮助任何其他成员国的投资者和涵盖投资的相关方式与政府机构友好地解决在投资活动中产生的投诉或不满。

知识产权方面，RCEP 要求成员国切实保护知识产权，确保知识产权的持有人的各项权利不受侵害，推动各项技术投资活动顺利进行。同时，RCEP 也考虑到不同成员国相异的经济发展水平，确保维持知识产权持有人的权利和知识产权使用者的合法权益以及公共利益之间的平衡，制定透明的知识产权制度，并推动加强对知识产权的保护，提升知识产权持有人和使用者的信心。RCEP 不仅规定了著作权、商标等相关权利，还涉及对集成电路图设计、工业设计和专利的保护以及对未披露信息的保护。RCEP 希望通过对知识产权的保护，推动技术创新和传播，进而推动成员国经济与技术可持续发展。

电子商务方面，RCEP 表示每一个成员国应当维持不对成员国之间的电子传输征收关税的现行做法。RCEP 还表示每一个成员国应当考虑包括世界海关组织在内的国际组织商定的方法，致力于实施无纸化贸易倡议，接受以电子形式提交的贸易管理文件，使电子形式的贸易管理文件可公开获得。

RCEP 还规定每一个成员国应当保证电子商务用户个人信息受到法律保护，同时还应通过法律法规，保护进行电子商务活动的消费者免受欺诈，避免消费者利益受损。

竞争政策方面，RCEP 为了禁止反竞争行为，规定成员国具有制定和执行竞争相关法律的义务，不论何种形式的所有制企业都应遵守竞争法律，并且确保竞争法律的透明度和公正性。在中小企业方面，RCEP 旨在提升中小企业在全球价值链中的参与度，加强企业在电子商务、知识产权和市场准入及创新等领域的合作。在经济技术合作方面，RCEP 规定将研究货物贸易、服务贸易、电子商务等领域的经济技术合作，同时重视发展中国家和较低收入水平国家的能力开发活动，向其提供技术援助。政府采购方面，RCEP 适用于成员国中央政府实施的政府采购相关法律、法规和程序。RCEP 充分认可政府采购在推动区域经济一体化、促进经济增长和就业方面发挥的积极作用，明确要求政府采购应向国际市场开放。根据 RCEP 要求，每一个成员国应按照普遍接受的政府采购原则进行政府采购。

## 三　RCEP 对亚太区域合作的影响

第一，RCEP 整合了亚洲地区不同的经贸安排，为后疫情时代区域经济复苏带来动力。

RCEP 以东盟与其他成员国之间签订的双边自由贸易协定为基础，整合了既有的承诺与规则条款，并对内容做进一步的扩展和提升。[①] RCEP 在规则标准上实现了成员国之间的统一，降低了贸易成本，大幅提升了贸易效率，让区域贸易规则更加公平和透明。RCEP 是当今世界规模最大的巨型自由贸易协定，生效后，区域内 92% 的商品将最终实现零关税，投资与服务贸易等领域也实现了更大范围的开放，可以极大地促进区域内成员国的生产

① Lukas Maximilian Mueller, "ASEAN Centrality Under Threat—The Cases of RCEP and Connectivity," *Journal of Contemporary East Asia Studies*, 8, 2019, pp. 177 – 198.

要素流通和进行投资活动。根据联合国贸易和发展会议的预测，到 2025 年，RCEP 将为成员国的出口带来 10% 的增长。[①] RCEP 的签署为成员国创造了更加畅通的促进区域发展的外部条件。RCEP 是中国加入的第一个真正意义上的大型区域贸易协定。RCEP 将大幅改善中国的对外贸易环境，推动中国与区域间其他国家的贸易与投资活动，为实现长期的经济发展提供重要机遇。RCEP 将推动中国进一步融入亚太区域，进行经济整合。一方面，中国可以通过国内生产、流通和消费等环节，加快国内经济大循环；另一方面，通过开放市场，不断与区域市场进行融合，加快区域经济大循环，实现推动国内国际双循环新发展格局完善。

第二，RCEP 使中日建立双边自由贸易关系。

RCEP 的签署意味着中日之间首次建立双边自由贸易关系。RCEP 签署之前，中国已经与其他 13 个成员国签订自由贸易协定，日本未与中国达成自由贸易安排。中日之间的贸易便利化对东亚区域合作乃至亚太区域合作都具有不可忽视的重要意义。在中日两国签署 RCEP 之前，贸易关税按照世界贸易组织的最惠国待遇实行，而签署 RCEP 后，日本从中国进口的工业品的免税税目比例将从原来的 47% 上升至 98%，日本向中国出口的商品中，免税税目的比例将达到 86%。[②] 通过 RCEP，中国企业可以进一步扩大进口日本的机械设备和零部件的规模，不断完善中日货物贸易结构，实现商品多元化。此外，RCEP 进一步打开日本的农产品市场，对大量农副产品逐步取消关税，有利于进一步推动中国与日本进行农产品贸易。RCEP 可以帮助中日之间巩固现有的产业链合作关系，进一步优化两国的生产要素配置，提升贸易效率。中日两国通过 RCEP 建立起更加紧密的价值链，有助于进一步削减两国之间存在的关税和非关税壁垒，最终建立更加开放的双边自由贸易关系。

---

① UNCTAD, "RCEP Agreement a Potential Boost for Investment in Sustainable Post – COVID Recovery," https：//unctad. org/system/files/official – document/diaeiainf2020d5_ en_ 0. pdf.

② 「地域的な包括的経済連携（RCEP）協定に関するファクトシート」、日本外務省网站、https：//www. mofa. go. jp/mofaj/files/100115475. pdf。

第三，有助于重构亚洲区域价值链，为成员国价值链合作提供重要的制度基础。

RCEP 有利于整合和重构亚洲区域价值链体系，可以有效避免碎片化贸易安排导致的效率损失。[①] RCEP 通过对贸易与投资便利化制度的建设，进一步提升成员国在区域内价值链中的参与度。RCEP 的签署将结束东亚地区长期所处的“成熟的生产网络、紧密的区域内贸易”与“缺失整体性、经济性合作制度安排”的不平衡状态。[②] 当前，一些国家采取的“贸易霸凌主义”不仅通过全球价值链、全球供应链、全球产业链对世界经济发展造成负面影响，还加剧了“逆全球化”的发展趋势，使全球价值链分工进行调整甚至重塑，这些对中国及 RCEP 其他成员国的经济造成不利影响，对产业政策和金融稳定等方面构成一定冲击。[③] RCEP 生效后，成员国之间可以形成产业链闭环，区域价值链分工关系将不断强化，区域内成员国将获得利用区位优势升级制造业的宝贵机遇，有利于成员国实现制造业的区域转型，为建立更加稳定和可持续的区域经贸合作体系奠定基础。RCEP 通过构建包容、开放、共享的区域经济合作环境，可以帮助成员国减少这种全球价值链调整所带来的不确定冲击，促使成员国制造业不断加深产业链合作，推动成员国制造业不断向更高端攀升。

## 四　后疫情时代亚太区域合作展望

2020 年新冠肺炎疫情席卷全球，上亿人感染，使全球经济受到极大冲击。在全球各经济体的经济增长都陷入困境的情况下，RCEP 最终正式签署，为全球经济带来重大复苏契机。面对逆全球化趋势和全球贸易体系的重

① 沈铭辉、李天国：《区域全面经济伙伴关系：进展、影响及展望》，《东北亚论坛》2020 年第 3 期。

② 马涛、徐秀军：《新发展格局下 RCEP 签署与东亚区域经贸合作的中国策略》，《东北亚论坛》2021 年第 3 期。

③ 张彦：《RCEP 区域价值链重构与中国的政策选择——以“一带一路”建设为基础》，《亚太经济》2020 年第 5 期。

构，RCEP 的签署使亚太区域的合作重新焕发新的活力。如果亚洲经济体能够抓住历史性机遇，实现区域经济与资源的整合，加强区域经济一体化，就将极大地推动亚洲乃至全球经济的复苏与发展。

第一，逐步打造“RCEP +”，进一步深化亚太区域价值链合作。RCEP 的成功签署让成员国对区域价值链合作的信心大增。RCEP 成员国都希望能够改善对外贸易与投资活动，拓展和深化区域成员国之间的价值链合作。RCEP 不仅有助于减轻成员国对区域外部的经济依赖，还有助于进一步挖掘亚太区域产业链和供应链合作的潜力，不断提升亚太区域制度性经济一体化的水平。东盟国家作为 RCEP 的主要成员，通过加强区域成员国之间的价值链合作，减少对区域外价值链的依赖，强化东盟在区域价值链中的重要地位，极大地推动东盟制造业进行转型。中国、日本和韩国作为推动 RCEP 的关键力量，在亚洲区域经济合作中，不断激发区域生产分工的重构潜力。中国、日本和韩国三国政府已经同意在未来一段时间进一步完善经贸合作机制，通过引入高标准贸易与投资规则，持续打造“RCEP +”。[①] 三国在电子、机械、汽车、造船等高端制造业方面的合作，不断推动 RCEP 向更高水平和更大范围发展。RCEP 的签署使中日韩三国之间达成制度性经贸合作安排，为进行中的中日韩自由贸易协定谈判注入新的动力。中日韩三国在东亚乃至亚太区域的经贸关系最为密切，中日韩已经在以全球价值链为纽带的产业链合作中形成良好的供应关系。未来，中日韩自由贸易协定将是建立在 RCEP 框架之上的高水平和高标准的协定，对亚洲区域的合作产生重要作用。另外，CPTPP 也被逐步纳入中国的考虑范围之内。RCEP 和 CPTPP 在内容和成员国范围上有较大重叠，是当今世界规模较大的两个自由贸易协定。中方已经在多个场合表示对 CPTPP 持积极开放态度。在后疫情时代，“RCEP +”会使亚太区域价值链合作迸发出更大的活力。

第二，美国或重启 CPTPP 与 TTIP 谈判，进而影响全球贸易格局。

① 《中日韩自贸区第十六轮谈判月底举行　打造“RCEP +”的自贸协定》，中国自由贸易区服务网，http://fta.mofcom.gov.cn/article/chinarihan/chinarhgfguandian/201911/41827_1.html。

RCEP 的签署给美国政界和企业界带来很大触动。2017 年，美国特朗普政府高调宣布退出“跨太平洋伙伴关系协定”（TPP），导致谈判多年的 TPP 被迫改成 CPTPP，并在日本的牵头下于 2018 年完成谈判。美国拜登政府执政以后，大幅调整特朗普政府的对外战略，有望重新回归多边主义。欧美等发达国家已经意识到产业空心化的危险，纷纷主张将制造业迁回本地区，因而，由发达国家主导的自由贸易协定必将各自调整巩固甚至联合起来以与 RCEP 竞争。尽管拜登政府尚未对加入 CPTPP 做出明确表态，但从回归多边主义的根本转向来看，不能排除美国加入 CPTPP。如果美国加入 CPTPP，CPTPP 的产值占全球经济产值的比重将达 40%，超过 RCEP。除了 CPTPP 以外，美国有可能重新推动的巨型自由贸易协定还包括“跨大西洋贸易与投资伙伴协定”（TTIP）。美国与欧盟于 2013 年开启 TTIP 谈判，但美国特朗普政府执政后，其被无限期搁置。如果美国与欧盟签署 TTIP，那么它将成为世界最大和最发达国家参与的双边自贸协定，覆盖全球 40% 的经济产出和 50% 的贸易活动。此时，美国的一系列对外经贸战略调整必定影响全球贸易规则，对 RCEP 以及全球贸易格局都会产生较大影响。

第三，全球多边贸易体制重获改革动力。RCEP 的签署表明自由贸易仍然被视为推动区域乃至全球经济复苏的强大引擎，这一突破意味着亚洲区域竞争力进一步增强。全球新冠肺炎疫情大流行的背景下，为了防范疫情蔓延，世界上很多国家采取限制货物与人员流动的措施，而这导致这些国家的经济衰退，进一步加剧了全球经济的萧条。面对如此充满不确定性的全球经济局势，多边贸易体制正艰难应对各种贸易问题。中国与其他 14 个成员国在如此艰难的局势下，突破重重困难，签署了全球最大规模自由贸易协定，而 RCEP 遵循全球多边贸易体制的基本规则，确保区域治理规则与多边经贸规则具有一致性。这对于重整亚洲区域经济、恢复区域经贸与合作动力具有极为重要的现实意义，也必将成为全球多边贸易体制改革的强大动力。后疫情时代，随着 RCEP 的生效与实施，不少国家将重新拾起对自由贸易和多边贸易体系的信心，进而继续推动世界贸易组织改革，让全球多边贸易体制重获生机。

# B.5
# 美国对华竞争与新冠肺炎疫情对亚太安全的影响与应对

曹筱阳　张　洁*

摘　要：　在2020年美国大选和新冠肺炎疫情的双重影响下，中美竞争进一步加剧，地区安全形势的不稳定性显著提升，在疫情背景下，“危”与“机”并存。东亚国家就抗疫展开合作，RCEP正式签署，展现了东亚合作在疫情打击下具有较强的韧性。随着中美战略竞争加剧，地区秩序加速重组，东亚国家“选边站队”的难度提升。如何管控中美分歧，维持中美关系的稳定，是摆在中美两国面前的难题。

关键词：　新冠肺炎疫情　中美关系　中美战略竞争　地区秩序

2020年，突如其来的新冠肺炎疫情给全世界带来前所未有的冲击。新冠肺炎疫情加快了“百年未有之大变局”的演进速度，世界格局的调整与变革进一步深化。疫情蔓延、经济衰退、治理困境是摆在人类面前的突出挑战。2020年是美国大选年，中美关系成为美国大选的重要议题，在美国国内对华竞争性认知一致的情况下，中美关系中的矛盾和问题都被放大，对华强硬成为“政治正确”，使中美关系经历了严峻的考验。美国大选叠加新冠

* 曹筱阳，博士，中国社会科学院亚太与全球战略研究院亚太安全外交研究室助理研究员，主要研究方向为美国的亚太政策、东亚地区安全；张洁，博士，中国社会科学院亚太与全球战略研究院亚太安全外交研究室主任、研究员，主要研究方向为南海问题、中国与东南亚关系。

肺炎疫情，使中美战略竞争更加突出。美国视中国为首要竞争对手，对华“脱钩”和遏制使中美关系日益紧张。在地区层面，美国对由其主导的“美日印澳四边机制”进行升级和扩容，通过“经济繁荣网络”计划试图从经济方面孤立和打压中国，并强调中国对美国构成价值挑战。预计拜登政府将修复与盟友的关系，联合盟友和伙伴对华进一步遏制和打压；在气候变化等问题上，中美存在合作的空间。

## 一　中美战略竞争进一步加剧

新冠肺炎疫情暴发以来，特朗普政府先是轻描淡写，错过了防控疫情的最佳时期。后来疫情在美国迅速扩展，呈燎原之势，美国媒体和政客不断诋毁中国，要求对病毒进行溯源和对中国进行追责。在这场公共卫生危机面前，特朗普政府应对迟缓导致美国成为感染人数和死亡人数最多的国家，引发经济衰退和社会动荡，美国国际形象受损，这又强化了美国战略界的焦虑和猜忌，因而对中国追加遏制措施，导致中美关系进一步恶化。2020 年 7 月 21 日，美国突然要求中国在 72 小时内关闭驻休斯敦总领事馆并撤离所有人员。作为反制，中国外交部于 7 月 24 日通知美国驻华大使馆，中国决定撤销对美国驻成都总领事馆的设立和运行许可。相互关闭对方总领事馆的行为是中美建交 40 余年来未曾有过的。美国还在涉及中国台湾、香港、南海、新疆、西藏等问题上向中国发难，令不少学者担忧中美新的“冷战”已经开始。①

首先，中美在经济领域的摩擦与冲突将长期化。

特朗普上台后，以贸易摩擦为主要抓手，启动与中国经济的“脱钩”进程。新冠肺炎疫情背景下，美国认识到在医疗卫生产品上对华依赖面临的

---

① 2020 年 7 月 23 日，美国国务卿蓬佩奥在尼克松图书馆发表演讲时，把美中对抗说成“自由世界和暴政之间的战争”，这被国内外一些学者视为“新冷战”宣言，参见时殷弘《美国及其他主要国家对华政策与未来世界格局》，《国际安全研究》2020 年第 6 期；Rick Gladstone，“How the Cold War between China and U. S. Is Intensifying,” The New York Times, July 22, 2020, https://www.nytimes.com/2020/07/22/world/asia/us - china - cold - war.html? _ ga =2.115069063.1853996875.1612702760 - 1900746858.1611995982。

巨大风险，因此，加速对华经济“脱钩”进程，主要体现在：以维护国家安全名义推进对华投资“脱钩”；在具有重大战略意义的高科技领域以及人员交流、教育交流、科研交流等方面加速“脱钩”；推动中美金融“脱钩”。[①] 美国还推出“经济繁荣网络”计划，试图构筑反华经济联盟。

科技竞争是中美竞争的核心内容。疫情暴发后，美国对中国的科技打压更加剧烈，特朗普政府采取全面行动以减缓中国的科技发展进程，包括对华为进行封杀，对抖音海外版（TikTok）和其他应用程序采取行动；禁止技术转让；向欧洲和亚洲盟友施压，要求它们减少对中国高技术的依赖等。美国政府把正常的经济和社会活动看成“国家安全”的重要问题，并对此粗暴干涉。2020 年 8 月，美国国务卿蓬佩奥开始兜售“清洁网络”计划（“Clean Network” Program），试图建立“清洁网络”联盟，打压中国高科技发展。“清洁网络”计划声称，要从电信服务、程序商店、应用软件、云服务、电缆以及 5G 等方面全面排斥中国信息产业产品及服务。该计划充满意识形态偏见，凡是中国供应商的就是不清洁的、不安全的。“清洁网络”计划可被视为美国从全球供应链角度对中国网络产业进行的精准打压，本质上是一种以供应链安全为由设置的非关税壁垒，是美国实施数字霸权的工具。[②]

2020 年 11 月，由谷歌前任首席执行官埃里克·施密特（Eric Schmidt）领导的智库“中国战略组”（China Strategy Group，CSG）发布了一份题为《非对称竞争：应对中国科技竞争的战略》的报告。该报告提出，美国在科技领域的领导地位正受到中国的威胁，美国必须重塑科技竞争力，巩固关键科技优势，建议强化科技领域的情报能力、大力争夺科技人才、降低供应链对华依赖等，并呼吁建立由美国、日本、德国、法国、英国、加拿大、荷兰、韩国、芬兰、瑞典、印度、以色列、澳大利亚等组成的“T-12”论

① 王达、李征：《全球疫情冲击背景下美国对华“脱钩”战略与应对》，《东北亚论坛》2020 年第 5 期。

② 沈逸、江天娇：《清洁网络计划与美国数字霸权》，复旦发展研究院网站，2020 年 9 月 9 日，https://fddi.fudan.edu.cn/c3/74/c19047a246644/page.htm。

坛，以共同应对来自中国的科技竞争。[1] 英国广播公司记者罗里·凯兰·琼斯发表评论文章，认为“中美科技开启战略‘脱钩’，全球企业和国家开始选阵营”。[2] 未来，中美在高科技领域的争夺将更加激烈，科技领域有分化为两种阵营的风险。

其次，美国升级“美日印澳四边机制”，加强对先进武器的研发，力图通过“太平洋威慑倡议”（Pacific Deterrence Initiative）维持在印太地区的优势和前沿存在，对华军事遏制明显。

盟友长期以来是美国亚太战略的重要依托。在特朗普政府时期，美国与印度、澳大利亚的关系进一步密切，与日本、韩国和菲律宾的关系因某些具体问题遭遇波折。在应对中国快速发展带来的“威胁”、建立基于规则的秩序等方面，美日印澳四国的意愿趋同，“美日印澳四边机制”进一步机制化，并出现“QUAD +”的发展趋势。

2020 年，“美日印澳四边机制”的活动频繁，进行了扩容和某种形式的“正式化”。3 月 20 日，美国副国务卿斯蒂芬·比根发起每周一次的线上会议，持续 11 周，到 5 月底结束。线上会议形成两个组合：一个是四国与越南、韩国和新西兰，另一个是四国与巴西、以色列和韩国。虽然美国表明会议目的是就新冠肺炎疫情交换意见并协调政策，但多方猜测这种组合或将成为“QUAD +”的雏形。10 月 6 日，“美日印澳四边机制”在东京举行第二次外长会议，这是该机制在 2020 年举行的级别最高、最重要的一次会议，会上，美国提出构建亚洲版“北约”，引起哗然。然而，这种提议并未得到其他三方的明确回应，会议也没有形成共同声明。未来，“美日印澳四边机制”可能吸纳更多的伙伴参与，就不同的议题形成不同的组合。

美国还加强军备力量建设，加大在太空、人工智能、网络战等方面的研

① China Strategy Group, “Asymmetric Competition: A Strategy for China & Technology: Actionable Insights for American Leadership,” https://assets.documentcloud.org/documents/20463382/final-memo-china-strategy-group-axios-1.pdf.

② 〔英〕罗里·凯兰·琼斯：《中美科技开启战略脱钩，全球企业和国家开始选阵营》，BBC 中文网，https://www.bbc.com/zhongwen/simp/chinese-news-53372870。

发和投入力度，以确保在新型作战领域的优势，如通过“太平洋威慑倡议”确保美国在印太地区的优势和前沿存在。

2020 年 7 月初，美国参议院、众议院协商通过《2021 财年国防授权法案》。该法案以单列条款提出“太平洋威慑倡议”。2021 财年，国会将为此倡议划拨 22 亿美元的资金。主要内容如下。第一，“太平洋威慑倡议”要求提高预算透明度和国会监督水平，并确保印太和欧洲地区在美国国防预算中的优先地位。第二，“太平洋威慑倡议”要求把有限的资源集中在关键的能力缺口上，确保美国军队在印太地区拥有竞争、战斗和取胜所需要的一切资源。第三，美国重申对印太地区的承诺，以使盟国和合作伙伴放心。第四，“太平洋威慑倡议”将通过提高美国威慑的可信度来遏制中国。战区导弹防御系统、远征机场和港口基础设施、燃料和弹药储存以及其他领域的投资，将成为美国在印太地区未来进行军事力量部署的关键。①

最后，美国强调来自中国的价值挑战，不断在涉疆、涉港等问题上联合其他西方国家向中国施压。

2020 年 5 月 20 日，白宫网站上发布了《美国对中国的战略行动方针》(United States Strategic Approach to People's Republic of China)。该文件提出，中国对美国的挑战主要体现为经济挑战、价值挑战和安全挑战。为应对中国带来的挑战，美国将奉行以“有原则的现实主义”为指导的、“以结果为导向”的大国竞争方略。② 与 2017 年的《美国国家安全战略报告》不同，这份文件强调中美价值观冲突，凸显中美矛盾的深刻性，意图将政治安全因素和制度之争、意识形态之争推到对华关系的首要位置。③

---

① Sen. Jim Inhofe, Sen. Jack Reed, "The Pacific Deterrence Initiative: Peace through Strength in the Indo-Pacific," War on the Rocks, May 28, 2020, https://warontherocks.com/2020/05/the-pacific-deterrence-initiative-peace-through-strength-in-the-indo-pacific/.

② "United States Strategic Approach to the People's Republic of China," The U.S. Embassy and Consulates in China, May 20, 2020, https://china.usembassy-china.org.cn/united-states-strategic-approach-to-the-peoples-republic-of-china/.

③ 安刚：《美国对华战略调整又向前迈了一步——对白宫发布“对华战略方针”的基本看法》，盘古智库微信公众号，https://mp.weixin.qq.com/s/AjPMX4XPWK3pSRXV1sO0-Q。

6～7月，美国白宫安全事务顾问罗伯特·奥布莱恩、美国联邦调查局局长克里斯托弗·雷、美国司法部部长威廉·巴尔和美国国务卿迈克尔·蓬佩奥密集发表对华政策讲话，对中国共产党的意识形态、中国政治体制和中国经济外交进行大肆攻击。美国国家情报总监约翰·拉特克利夫（John Ratcliffe）在提名听证会上强调："中美冲突的中心是思想和意识形态的冲突，而新冠肺炎疫情再次凸显了民主国家和中国的断层线。"

## 二　地区热点问题呈现不同程度的紧张态势

地区热点问题的存在，使亚太地区安全受到影响。南海问题、朝鲜半岛问题长期以来对地区安全形势造成不同程度的冲击。在洞朗对峙后，中印边境问题成为新的热点问题。2020年，朝鲜半岛局势保持相对平静，南海问题和中印边境问题显著升温。

1. 朝鲜半岛局势相对平静

2020年，朝鲜半岛南北双方全力抗疫，半岛形势相对平静，全年未出现危机。朝美对话机制中断，朝鲜半岛无核化处于冻结状态，美、朝、韩三国忙于抗疫和恢复国内经济，因此互动有限。

朝鲜面临新冠肺炎疫情、国际制裁和自然灾害三重打击，经济状况严峻。朝鲜实行空前严格的限制措施，抗疫效果卓著，全年保持"零确诊"记录，但也付出了极大的代价，中断了国际交流，国内出现物资短缺的情况，导致大批外交人员和外籍援助人员撤离。

2020年6月，韩国收容的朝鲜"脱北者"向朝鲜境内撒反朝传单，引发朝鲜炸毁位于开城的南北共同联络办事处大楼，并扬言要在军事分界线上采取行动，彻底断绝南北关系，形势一度紧张，但最终朝鲜决定保留"对南军事行动计划"，从而缓解了朝韩关系。

朝鲜于2021年3月底恢复中止近一年的导弹试射，朝鲜半岛局势再度成为国际焦点。美国、韩国和日本发布联合声明，同意通过三方协调合作，讨论朝鲜的核武器和弹道导弹计划等议题，争取实现朝鲜半岛无核化。预计美日韩将加大三方协调力度，朝鲜半岛可能出现新的紧张形势。

2. 南海形势动荡不安

2020 年，美国的粗暴干涉造成南海形势从“趋稳向好”转变为“动荡不安”。7 月，美国国务卿蓬佩奥发表的南海政策声明、美方在南海海域进行的大规模军事演习以及中方进行的对等海上军演，极大地增加了南海海上摩擦发生的可能性。2020 年，南海形势具有军事化、国际化与法理化斗争加剧的三大特征。

虽然新冠肺炎疫情肆虐，但美国仍保持在南海海域军事活动的常态化，包括舰机抵近侦察、“航行自由”以及与不同国家进行规模不等的海上军演，例如，2020 年 6 月至 7 月初，美国和盟友在南海地区举行系列联合演习，演习包括防空、海上监视、海上补给、“防御性”空战、远程打击、多兵种联合协作等科目，使美军在南海地区的活动出现从抵近侦察向挑衅施压和作战演练转变的趋势。① 这增加了中美海上摩擦的风险，极大地破坏了南海局势的稳定。

自马来西亚于 2019 年 12 月 12 日向联合国大陆架界限委员会提交沙巴州向北延伸 200 海里外大陆架外部界限申请以来，越南、印尼、马来西亚、文莱、菲律宾、美国、澳大利亚、英国、法国、德国纷纷向联合国提交照会，它们或为自身的权利主张提供“法律外衣”，或否定中国的海洋权利，从而形成新一轮法理斗争的高潮。

2020 年，中国和东盟国家正在进行的“南海行为准则”的磋商基本处于暂停状态。由于新冠肺炎疫情的影响，2021 年完成“南海行为准则”磋商的计划恐难如期实现。一方面，磋商已进入实质性阶段，涉及各方的切实利益，难度提升；另一方面，外部势力的干扰和破坏作用也在增强。

3. 中印边境冲突进入胶着状态

从 2020 年 4 月开始，在中印边境西段的加勒万河谷地区，印度单方面

① 《2020 年军势：大国军事对抗更为激烈　风险进一步加剧》，新浪网，2020 年 12 月 27 日，https：//mil. news. sina. com. cn/2020 - 12 - 27/doc - iiznezxs9133132. shtml。

加固工事、非法越界、阻挠中方边防军正常巡逻，6月，印方越过实控线，蓄意发动挑衅攻击，引发双方流血冲突并造成人员伤亡。这是1975年以来中印首次发生有人员伤亡的边境冲突。此后，中印双方在班公湖南岸、热钦山口等地点多次发生对峙。

截至2021年2月，中印已经举行十轮军长级会谈。2月10日，根据中印第九轮军长级会谈达成的共识，中印两军位于班公湖南、北岸一线部队开始同步有计划组织脱离接触。[①] 2月21日，中国和印度分别宣布，两国军队已经完成从喜马拉雅山边境争议地段撤离。但是，双方在边界西段多个区域形成的多点对峙局面仍没有得到彻底解决。同时，因加勒万河谷事件及后续发展已经急剧恶化了中印两国的国内舆论，彼此的认知进一步负面化。

在中印发生边境对峙的同时，美印关系不断得到强化。印度在特朗普政府的“印太”战略中具有重要地位，“美日印澳四边机制”也是拜登政府倚靠的重要力量。美印在应对中国快速发展、制衡中国方面有共同的意愿。未来，中印处理与管控边境纠纷的难度仍然很大，中印边境仍然存在再次发生冲突的可能性。

## 三　两大因素加速推动亚太地区秩序重组

2020年，在美国大选和新冠肺炎疫情的双重冲击下，地区秩序加速重组。在这场抗疫战争中，各国比拼的是治理能力、信息透明、危机管控等综合能力。中美在抗疫中的不同表现，使美国战略界更加焦虑，从而使美国在经济、安全、人文交流、价值观等多个领域发起对华攻势，中美战略竞争进一步加剧。中美战略竞争的加剧，是影响地区安全环境的关键外部因素。新冠肺炎疫情作为非传统安全威胁，具有突发性、紧迫性，对地区安全造成巨

① 《中印两军开始同步组织脱离接触》，中华人民共和国国防部网站，2021年2月10日，http：//www. mod. gov. cn/info/2021 -02/10/content_ 4878986. htm。

大的冲击。但在危机面前，东亚国家启动抗疫合作，并签署“区域全面经济伙伴关系协定”，体现了地区合作的韧性和亚太国家寻求合作的强大意愿。

1. 中美在亚太地区的竞争加剧

中美在地区层面的博弈是两种不同性质的地区秩序方案的博弈。美国的“印太”战略是一套具有鲜明地缘政治特征的设计，试图通过地缘政治概念重塑、规则重置、机制加强等途径重构地区秩序。[①] 中国提出“一带一路”倡议，倡导以“互信、互利、平等、协作”为内容的新安全观和建立周边命运共同体，是一种倡导开放、包容、合作和支持多边主义的地区秩序设计。

特朗普政府把中国视为首要战略竞争对手，从军事、经济和价值观等多个方面加强了针对中国的行动。军事上，特朗普政府积极推动和主导“美日印澳四边机制”，加强四国在地区安全问题上的合作，构建网络化的伙伴关系，在印太地区部署先进的军事力量，保持前沿部署和军事存在，加大在军事上对中国的威慑力度。经济上，美国对华发起贸易摩擦，在科技领域对华施压，推动对华经济“脱钩”，遏制中国。特朗普政府在2019年提出“蓝点网络”计划，企图主导全球基础设施建设方面的标准和规则，抗衡中国的“一带一路”倡议。2020年，美国进一步提出“经济繁荣网络”计划，企图构建排斥中国的国际经贸阵营，孤立中国。中美在经济、军事、科技领域的竞争进一步向理念和制度领域蔓延，使竞争进一步加剧。

2021年4月，由美国参议院民主党主席Bob Menendez和共和党参议员Jim Risch共同起草的《2021年战略竞争法案》（Strategic Competition Act of 2021）获得美国参议院、众议院的一致通过，凸显两党在加强与中国战略竞争、遏制中国上的一致态度。该法案认为，中国正利用政治、外交、军事、经济、科技、意识形态等力量，成为几近与美国匹敌（near-peer）的全

① 张洁：《从乱到治：三大因素冲击下的中国周边安全形势》，《世界知识》2021年第5期。

球战略竞争者。[①] 该法案提出要增加对非洲和拉丁美洲的援助，向科技行业投入更多资金以及建立更加强大的美国开发银行，提升美国与中国的竞争能力。该法案充斥着冷战思维和意识形态偏见，肆意歪曲和抹黑中国的发展战略和内外政策，对中国内政进行粗暴干涉。

2. 新冠肺炎疫情催生东亚抗疫合作

2020 年的新冠肺炎疫情催生了东亚抗疫合作。面对突如其来的新冠肺炎疫情，东亚国家积极开展合作，共同应对挑战。2 月，中国倡议建立中国 - 东盟公共卫生应急联络机制；2 月 14 日，东盟发表《关于共同应对新冠肺炎疫情的东盟主席声明》；2 月 20 日，中国和东盟举行了关于新冠肺炎问题特别外长会。3 月，中韩应对新冠肺炎疫情联防联控合作机制成立并举行首次视频会议；3 月 20 日，在中日韩新冠肺炎问题特别外长视频会议上，三国外长探讨相互衔接的联防联控机制，防止疫情跨境传播。4 月 14 日，东盟与中日韩抗击新冠肺炎疫情领导人特别会议召开，会后发表联合声明，在加强应对传染性疾病的早期预警机制、提升公共卫生水平、推动疫后经济复苏和金融稳定、保障供应链安全、推进区域经济一体化等方面达成共识。[②] 11 月 12 ~ 15 日，第 37 届东盟峰会及东亚合作领导人系列会议以视频方式举行。此次系列会议聚焦团结抗疫和共谋发展两大主题，共同维护东亚繁荣稳定大局，为东亚合作注入了更多新动力。

疫情突发后，中国采取严防严控措施，为遏制疫情蔓延和实现全球经济稳定与恢复做出了巨大贡献。中国积极参与国际抗疫合作，发起新中国成立以来规模最大的全球紧急人道主义行动。中国加紧研发新冠病毒疫苗，最早承诺将疫苗作为全球公共产品，使发展中国家用得上、用

---

① "S. 1169 - Strategic Competition Act of 2021, 117th Congress (2021 - 2022)," https://www.congress.gov/117/bills/s1169/BILLS-117s1169is.pdf.

② 《东盟与中日韩抗击新冠肺炎疫情领导人特别会议联合声明（全文）》，中华人民共和国中央人民政府网，2020 年 4 月 15 日，http://www.gov.cn/xinwen/2020-04/15/content_5502433.htm。

得起。中国加入世界卫生组织“新冠肺炎疫苗实施计划”和“全球合作加速开发、生产、公平获取新冠肺炎防控新工具”倡议，中国政府和企业积极通过各种渠道参与疫苗研发国际合作。截至2021年3月30日，中国已向80个国家和3个国际组织提供疫苗援助，同时向40多个国家出口疫苗，同10多个国家开展疫苗的研发和生产合作，还响应联合国号召向各国维和人员捐赠疫苗。[①] 但是，目前，全球新冠病毒疫苗分配不均，疫苗政治化问题比较突出。据统计，占世界人口16%的富裕国家拥有全球60%的疫苗，少数发达国家的订购量是其人口数的2～3倍。如果拜登政府在病毒溯源、疫苗援助等问题上政治化，则将不利于全球疫情防控和世界经济恢复。

3. 区域经济合作稳步推进

2020年11月15日，经过八年谈判的“区域全面经济伙伴关系协定”（RCEP）正式签署，世界上参与人口最多、成员结构最多元、发展潜力最大的自贸区就此诞生。这是东亚区域经济一体化进程的重大里程碑，将为地区经济融合和世界经济增长注入强劲动力。RCEP成员国包括东盟10国与中国、日本、韩国、澳大利亚、新西兰。15个成员国的总人口、经济体量、贸易总额均占全球总量的约30%，货物贸易零关税产品数量占比整体上超过90%，服务贸易和投资开放水平显著高于原有的“10+1”自贸协定。RCEP的签署促进中国加强国内国际双循环，也将促进区域内经济循环，提升区域经济一体化水平。长期以来，中日韩自贸协定谈判非常困难，签署RCEP，将促进中日韩之间加强经贸联系。RCEP成员在产业链与供应链方面的合作，将保障区域内产业链与供应链稳定。2021年3月，中国政府批准RCEP，4月日本国会批准RCEP。随着各方积极推进RCEP生效和实施，区域经济一体化水平将跨上新的台阶。

新冠病毒的不断变异和疫情的蔓延产生的影响可能会长期存在。亚太地

① 《外交部：中国正在向80个国家和3个国际组织提供疫苗援助》，央视网，2021年3月30日，http://m.news.cctv.com/2021/03/30/ARTIOmCzQXs8b9grjEwJhwhC210330.shtml。

区国家在恢复经济活力、应对新冠肺炎疫情带来的各类社会矛盾和危机等方面需要进一步加强合作。这种需求会进一步增强各国参与地区合作的动力，也将在一定程度上对冲美国以遏制中国为目的的“脱钩论”，这为中国提供了更大的外交空间。

## 四 对未来地区安全形势的展望

中美战略竞争将是影响周边安全形势的长期因素，此外，受新冠肺炎疫情的影响，周边国家将面临更多传统与非传统安全挑战。这些因素相互交织，将使中国周边面临安全形势整体可控、局部冲突或将多点暴发的基本局面。

首先，中美在周边安全、经济和价值观领域的竞争会进一步加剧。拜登政府的“印太”政策将具有“军事实力+多边外交”的特征。较之特朗普时期，拜登执政下的美国将更为重视盟友，重视多边主义，从而通过证明自身对联盟承诺的可信度，防止中国势力范围“扩张”。第一，密切盟友与地区重要国家的关系。2021 年 3 月，美国国务卿布林肯和国防部部长奥斯汀出访日本和韩国，奥斯汀出访印度，旨在强化双边关系，应对新时期的挑战。美国和日本、韩国分别就加强双边同盟达成共识，美国承诺与印度建立“全面和前瞻性的国防伙伴关系”。其中，美日同盟在新形势下的强化尤为引人注目。在美日防长、外长“2+2”会议后发布的联合声明中，针对中国的指向性更加明确。[①]“美日印澳四边机制”首脑会议的召开、对成员扩容的外交尝试以及在军事领域进行的更多协调将成为“印太”战略建设的重点。第二，继续炒作热点问题，加大对华规则与机制竞争力度。2021 年 1 月，美国国务卿布林肯在与菲律宾外长通话中，重申“强大的美菲同盟对自由开放的印度洋—太平洋地区至关重要”，强调《共同防御条约》对两国

---

① “Japan-U. S. Security Consultative Committee (Japan-U. S. ‘2+2’),” March 16, 2021, https://www.mofa.go.jp/na/st/page3e_001112.html.

安全的重要性。[①] 2021 年，英国、法国、德国和荷兰纷纷表示将派出军舰访问印太地区，加强与美国及其盟友的海上安全合作。

在经济领域，拜登政府强调“经济安全就是国家安全”，确保国际贸易规则对美国有利。[②] 美国将联合民主国家共同完善关键领域的供应链，牵头在新型技术、航天、网络空间、健康与生物、气候与环境、人权等领域达成新的协议；对世界贸易组织（WTO）进行改革，在劳工标准、环保标准和贸易公平等方面建立新的规则。[③]

在价值观方面，“复兴民主”、“捍卫民主价值观”成为拜登政府内政和外交的优先事项。涉疆、涉港、涉藏问题和南海问题成为美国打压中国的重点。美国还将召开“全球民主峰会”，加强与盟友和伙伴在一系列问题上的协同性，向中国联合施压。

中国的周边政策也在不断调整当中。2021 年 1 月，王毅外长出访缅甸、印尼、文莱和菲律宾四国，对话沟通的核心议题是推动“一带一路”倡议与各国的发展战略对接以及继续加强与各国的防疫抗疫合作，这可以被理解为 2021 年中国周边外交工作的重点议题。对于南海问题，王毅表示，将积极稳步推进“南海行为准则”磋商，打造符合国际法、有效且具有实质意义的地区规则，共同维护南海和平稳定。

其次，周边国家面临多类型安全挑战，或将对次区域产生外溢影响。2021 年 2 月初，缅甸政局发生突变，军方接管政权并宣布实行为期一年的紧急状态，整个国家的主权、发展与稳定面临严重挑战。菲律宾、印尼、巴基斯坦等长期存在恐怖主义活动或由于疫情及其引发的社会矛盾而重新活跃。此外，随着 2022 年总统换届选举的临近，菲律宾的对华政策或将出现暂时性波动并影响南海局势的稳定。在台湾问题上，美国不断渲染中国

① “Secretary Blinken's Call with Philippine Secretary of Foreign Affairs Locsin,” January 27, 2021, https://www.state.gov/secretary-blinkens-call-with-philippine-secretary-of-foreign-affairs-locsin/.

② “Interim National Security Strategic Guidance,” The White House, March 2021.

③ “Interim National Security Strategic Guidance,” The White House, March 2021.

“威胁”，强化与台湾当局的实际接触，挑战中国的底线，使中美关系面临的风险不断增加。

对中国来说，除了需要应对周边地区的各类突发性安全事件以外，还需要着眼于长期性的“中国地区方案”的构建、完善与落实。与特朗普政府四处出击、强调“美国优先”不同的是，拜登政府更注重联合盟友和伙伴对华进行遏制和打压，因此，中国面临的国际压力将更大。尽管中美在许多领域存在竞争，但在气候问题、全球卫生治理和核不扩散等领域存在合作空间，中美应聚焦合作，管控分歧，积极推进各领域的交流、合作，推动两国关系健康稳定发展，为共同战胜新冠肺炎疫情、促进全球经济复苏、维护世界和平稳定做出更大努力。在权力结构和地区秩序面临深刻转型的当下，我们应积极推动 RCEP 生效与实施，进一步深化亚太经贸合作，坚持亲诚惠容的周边外交基本原则，致力于推进包容、开放与合作的地区秩序形成。

# 地区外交

Regional Affairs

## B.6

## 新冠肺炎疫情与亚太话语权博弈

岳圣淞*

摘　要：　新冠肺炎疫情以前所未有的方式对亚太乃至整个世界产生冲击。回顾此次亚太局势因疫情冲击出现的变化发现，以话语为核心的非物质互动在国家间交往中所占的比重明显提升。可以预见，在后疫情时代，随着不同价值、理念、制度与文化在亚太地区深入而广泛地交汇、碰撞，话语权博弈与物质权力博弈将共同构成区域关系演进的主线。对疫情期间中美亚太话语权博弈历程及中国实践经验进行梳理，并对后疫情时代话语权博弈议程与趋势展开分析，将为中国完善对外话语战略、优化国际话语权竞争策略提供参考和启示。

* 岳圣淞，法学博士，中国社会科学院亚太与全球战略研究院助理研究员，主要研究领域为国际话语权、国际舆情、东南亚国际关系。

关键词： 新冠肺炎疫情　国际话语权　战略博弈　中美关系　中国外交

## 一　引言

2020 年初开始在全球范围内大规模发生的新冠肺炎疫情是对全球政治、经济、安全、社会甚至文化等领域造成巨大冲击的公共卫生安全事件。作为“二战以来世界面临的最大挑战”,[①] 新冠肺炎疫情产生的国际影响不可谓之重大，迅猛的蔓延势头、广泛的扩散途径和数倍于传统流行病的致病致死率不仅对人类生命健康造成重大威胁，而且给各国各地区的公共卫生应急机制和疾控体系带来前所未有的严峻挑战。[②] 在亚太地区，虽然一些国家在疫情应对方面的表现突出，但由于受到全球疫情形势长期严峻的影响，亚太地区仍将长期面临疫情防控的巨大压力。

值得注意的是，此次亚太局势因疫情冲击而出现的改变与以往历次危机时期相比在表现形式上更显独特——在传统物质层面以外，以话语为核心的非物质互动在国家间交往中的比重明显提升。在亚太地区围绕疫情展开的舆论交锋中，域内域外多国政治、军事、学术界，商界和媒体以多种方式不同程度地参与其中，令话语权博弈在很大程度上成为疫情时期亚太国际关系演进中不容忽视的重要表现形态之一：一方面，以话语为载体的信息沟通始终是疫情防控中的关键环节，无论是疫情前期的预警信息、防控指南、政策发布，还是疫情扩散期间各国围绕物资调集、人员往来、边境管控和抗疫合作

---

① 《联合国秘书长发出团结抗疫疾呼：新冠疫情是“二战以来最大挑战”》，参考消息网，http：//www. cankaoxiaoxi. com/world/20200402/2406468. shtml，访问时间：2021 年 1 月 12 日。

② Shlomo Mizrahi, Eran Vigoda-Gadot, Nissim Cohen, “How Well Do They Manage a Crisis? The Government's Effectiveness during the COVID - 19 Pandemic,” *Public Administration Review*, February 2021, p. 85.

等议题展开的政策沟通协调都是以话语交互方式实现的;[①] 另一方面，疫情推动下的国际舆情发展更是令话语在国际关系中的作用得到进一步凸显，部分西方国家为掩盖自身抗疫不力、逃避国际义务与责任，不惜通过污名化手段将责任推卸给他国，凭借西方话语在国际舆论场中的优势地位展开大规模话语攻势，炮制一系列负面话语，并对他国抗疫经验与进行的对外合作进行无端指责和攻击。与此同时，以中国为代表的亚太多国为维护公平正义，对西方负面舆论进行主动回击，通过翔实科学的举证论述，为国际社会了解相关事件的真相原委提供了有力支持。[②]

可以预见，后疫情时代，随着不同价值、理念、制度与文化在亚太地区越发深入而广泛地交汇、碰撞，话语权博弈将与物质权力博弈共同构成区域关系演进的长期主线。对于在亚太地区具有广泛利益分布且影响力不断增强的中国而言，积极参与区域话语权博弈不仅是其作为域内负责任大国捍卫地区公平正义、维护区域和平稳定与共同发展利益而需要承担的国际义务与责任，也是确保自身利益及合理合法的国际权益不受侵害、维护良好国际形象和国际声誉的必然选择。在后疫情时代的话语权博弈中实现软硬实力的相互促进与同步提升、为中国中长期发展营造整体有利的国际制度与舆论环境，是中国面临的一项紧迫而艰巨的任务。[③] 正因如此，对疫情期间的亚太话语权的博弈历程及中国的实践经验进行回顾梳理，并对后疫情时代话语权博弈议程与可能趋势展开前瞻性分析，将为中国提升对外话语建构水平，完善对外话语战略，在国际话语权博弈中提升竞争能力、优化竞争策略提供重要参考和有益启示。

## 二 亚太话语权博弈的形式与特点

亚太话语权博弈的参与方主要是域内国家和地区，此外，区域和多边机

① 刘紫昀:《新冠肺炎疫情下的全球新闻传播》,《新闻传播》2021 年第 5 期。

② 许颖:《新媒体语境下国家形象构建话语博弈策略分析——以新冠肺炎疫情报道为例》,《新闻研究导刊》2021 年第 1 期。

③ 邹应猛:《国际体系转型与中国国际话语权提升战略》,《东南亚纵横》2010 年第 10 期。

制、国际组织与部分域外国家也不同程度地参与其中。在制度话语权博弈方面，中美两国作为地区核心大国，参与程度最深，涉及的范围最广，包括地缘政治、经济、安全、外交及人文等各领域的议题。[①] 与此同时，东盟作为亚太地区规模最大、影响力最强与一体化程度最高的区域国家间机制，对参与亚太地区话语权博弈的积极性正逐渐提高。在中美战略博弈日趋深化的背景下，东盟进一步加快增强话语权的步伐，借助东亚峰会、东盟地区论坛等平台不断增强对地区秩序的影响力，力图构建以“东盟政治安全共同体”、“东盟经济共同体”和“东盟社会文化共同体”为核心的在东盟主导下的制度框架，[②] 确保能够在最大程度上不借助外源制度的前提下自主实现区域稳定、安全与繁荣，避免因在中美各自主导的两种区域关系网络中“选边站队”而过度卷入潜在的区域利益纷争与关系对立之中。[③]

在亚太地区话语权博弈中，中美两国近年来围绕地区主导价值观、发展模式、地区秩序架构以及两国在地区合作中的作用与战略动机等议题展开舆论交锋。[④] 客观来说，中美在亚太地区的话语权竞争在很大程度上源于地区乃至国际体系整体权力格局因中国快速发展而发生的结构性变化。中国的快速发展被美国视为“21 世纪最具影响的地缘战略事件”，中美实力差距明显缩小令美国对中国对外战略意图的警惕性持续上升，对自身在亚太秩序中主导话语权地位的稳固性开始担心。[⑤] 基于此，美国逐渐加大在亚太地区的话语资源投入力度，对华舆论攻势日益明显。从奥巴马政府到特朗普政府，美

---

① He Kai, Li Mingjiang, “Understanding the Dynamics of the Indo-Pacific: US-China Strategic Competition, Regional Actors and beyond,” *International Affairs* (*London*), 2020, 96 (1), pp. 1 – 7.

② 《对外投资合作国别（地区）指南：东盟（2020 年版）》，中华人民共和国商务部“走出去”公共服务平台，http://www.mofcom.gov.cn/dl/gbdqzn/upload/dongmeng.pdf，访问时间：2021 年 2 月 17 日。

③ Kim Min-hyung, “Why Does a Small Power Lead? ASEAN Leadership in Asia-Pacific Regionalism,” *Pacific Focus*, 2012, 27 (1), pp. 111 – 134.

④ Pan Chengxin, Oliver Turner, “Neoconservatism as Discourse: Virtue, Power and US Foreign Policy,” *European Journal of International Relations*, 2017, 23 (1), pp. 74 – 90.

⑤ Benjamin Schreer, “Towards Contested ‘Sphere of Influence’ in the Western Pacific: Rising China, Classical Geopolitics, and Asia-Pacific Stability,” *Geopolitics*, 2019, 24 (2), pp. 503 – 510.

国在亚太地区相继推行“亚太再平衡”战略和“印太”战略。而对华话语权竞争在上述战略具体实施过程中主要体现在对两种平行话语体系的建构上。

一方面，美国持续强化自身作为“亚太国家”的身份定位，试图以历史和现实的互文性表达突出自身作为亚太领导者的合法性依据；① 与此同时，美国还不断加强同域内盟友和域外西方国家间的话语联动，试图在价值观领域凸显西方模式的优越性和不可替代性，以进一步对亚太发展中国家对未来发展道路的选择施加潜在影响。另一方面，美国着手从政治、经济与安全三个主要方面对“中国威胁”进行渲染。在2020年初新冠肺炎疫情在全球蔓延之际，美国又在缺乏基本科学依据的情况下大肆攻击中国的抗疫经验，污蔑中国对全球抗疫合作做出的重大贡献。

面对美国持续升级的负面话语攻势，中国采取了比以往更加主动的话语权竞争策略，取得了良好成效。在对美国的直接话语权博弈中，中国对美国带有主观偏见甚至非理性的舆论攻击进行了有理、有力、有节的回应，并坚持以事实为依据，对美国负面话语中的逻辑谬误与虚假信息进行揭露，有力地缓解了西方霸权话语的对华压力；在同亚太其他国家及地区和国际组织的交往中，中国基于平等与相互尊重的原则，通过构建常态化信息沟通机制与多层次、多领域的对话渠道，对有关方面的涉华关切进行及时回应；同时，鼓励对华友好的国家和国际组织秉持客观公正的态度现身说法，驳斥西方国家对中国在对外合作领域的不实言论，为维护自身国际形象与声誉、消除因信息不对称而导致的对华政策误判、充实并壮大维护亚太地区话语权结构公平合理的正义力量做出了切实努力。

当前及未来一段时间，亚太地区的话语权博弈总体呈现并将延续的以下三个特点值得关注。第一，在大国主导背景下，话语权博弈的参与方数量与类型持续增加。未来，中美在亚太地区的共存与互动模式将对地区局势产生

① Krisen Clarke, Manning Marable, *Barack Obama and African American Empowerment: The Rise of Black America's New Leadership* (New York: Palgrave Macmillan), 2009, pp. 24 – 57.

决定性影响，两国间的话语博弈将是战略互动的重要组成部分。[①] 值得注意的是，中美之间的话语权博弈并非仅在双边层面展开，双方的话语交锋充分利用了如亚太峰会、亚太经合组织领导人会议、东盟峰会、亚信峰会和东盟地区论坛等多边外交场合。[②] 随着“区域全面经济伙伴关系协定”（RCEP）在2020年底最终签署、中国明确表态将积极寻求加入“全面与进步跨太平洋伙伴关系协定”（CPTPP），未来，亚太地区的多边合作机制将得到进一步丰富，而这也将为亚太各国参与区域话语权博弈、增强自身在地区事务中的影响力提供更多机遇。[③]

第二，话语权博弈的层次更加多元。亚太地区国家间关系的发展具有多重维度，不仅包括官方层面的往来，还包括民间交往、非政府组织间互动以及跨国行业产业间的合作关系等。这些复杂的关系网络相互交织，共同构成了亚太各国各领域互联互通的“软渠道”。[④] 在新冠肺炎疫情暴发后，亚洲多国前政要、民间团体、非政府组织和媒体先后发声，谴责以美国为首的西方国家借疫情污名化中国，转嫁危机，呼吁国际社会聚焦国际抗疫合作，号召大国发挥领导作用，为中小国家提供抗击疫情的必要协助。尽管这些非官方话语的短期影响有限，但由于内容更贴近公众现实生活，反映大众关切，且表达方式更符合主流习惯，更容易同群体认知产生共鸣。[⑤]

第三，话语权博弈手段更加丰富。信息技术在21世纪的迅猛发展深刻改变了人类社会的沟通交往方式，其对国际关系领域的影响直观地表现为国

---

① Shaun Narine, “US Domestic Politics and America’s Withdrawal from the Trans-Pacific Partnership: Implications for Southeast Asia,” *Contemporary Southeast Asia*, 2018, 40 (1), pp. 50 – 76.

② Benjamin Zala, “Regionalism and Great Power Management in the Asia-Pacific: Complementary or Competing Forces?” *Asian Studies Review*, 2021, 44 (1), pp. 61 – 78.

③ 何伟文：《RCEP 和中国加入 CPTPP 将深刻影响世界贸易和中美贸易格局》，中国网，http://www.china.com.cn/opinion/think/2020 – 11/24/content_76942999.htm，访问时间：2021 年 2 月 14 日。

④ Ian Hall, Frank Smith, “The Struggle for Soft Power in Asia: Public Diplomacy and Regional Competition,” *Asian Security* (*Philadelphia*, *Pa.*), 2013, 9 (1), pp. 1 – 18.

⑤ “No Room for Stigmatization in Fighting COVID – 19,” http://www.chinadaily.com.cn/a/202003/18/WS5e7178dca31012821727fee3.html，访问时间：2021 年 2 月 12 日。

家间信息交互的便利化与常态化。对虚拟社交网络、在线资讯平台和即时通信程序等的广泛运用为国家行为体参与国际话语权竞争提供了更为丰富的手段。[①] 特别是在舆论话语权博弈中，互联网媒体因克服了传统媒体的物理空间与时效性局限而备受青睐，为处于国际话语权劣势地位的国家带来了拓展对外话语空间、提升话语影响力与传播能力的新机遇。近年来，中国在参与国际舆论互动中采取了更加积极有为的策略，取得了显著成效。

## 三　疫情之下亚太话语权博弈：进程与影响

新冠肺炎疫情以前所未有的方式对亚太地区乃至整个世界带来冲击。在反思此次疫情全球失控原因的当下，国际社会普遍关注的问题是，应对公共卫生危机的国际领导力为何缺失？相关国际合作机制为何失灵？回顾2003年“非典”疫情期间国际合作的经验发现，充分的国际政策对接、及时的公共卫生预警、准确的疫情报告和畅通的信息交流是国际应急公共卫生合作成功的关键。[②] 反观此次疫情期间，原本应被用于疫情信息沟通与政策协调的宝贵国际话语场域资源却被部分掌控国际话语权优势的西方国家操控，其在很大程度上沦为相关国家转嫁国内危机、逃避国际责任、借疫情之名打压他国的舆论前沿阵地。[③]

### （一）疫情之下亚太话语权的博弈进程

回顾美国在疫情期间所采取的国际舆论战略可以发现，面对国内各界对联邦政府疫情防控政策的指责与质疑，特朗普政府并未选择认真倾听并采取补救措施，转而第一时间希望从对外关系中为国内危机“寻找根

---

① Yoo Sung Woo, “Reframing East Asia: Hegemony and Soft Power in U. S. Media Discourse,” *Atlantic Journal of Communication*, February 2021, pp. 2 – 12.

② World Health Organization, *SARS: How a Global Epidemic Was Stopped*, 2006, pp. 49 – 55.

③ 朱锋、周嘉希：《疫情时代美国涉华舆情的恶化：根源与对策》，《对外传播》2020年第6期。

源”。基于这一思路，正同美国围绕贸易问题进行交锋且双边关系水平处于历史低点的中国被特朗普政府锁定为转嫁疫情危机的“核心目标”。为掩饰自身在应对疫情方面的拙劣表现，并转移国际社会对其在全球抗疫合作中不负责任的言行的指责，美国调集了国内政界、军界、学界以及其部分海外盟国的话语资源，以空前的强度和范围展开对华负面舆论攻势，企图将疫情责任推卸给中国。美国将疫情叙事政治化，德国、英国、法国和澳大利亚等美国的盟国随即跟风配合，不断对中国进行污名化；同时，美国官方、政界和媒体相继展开规模空前的舆论动员，呼吁国际社会对病毒溯源的不理性声音不绝于耳。

疫情期间，中国始终坚持履行作为负责任大国的义务。即使在国内疫情尚未缓解的紧要关头，中国也仍凭借一己之力为周边国家提供了力所能及的援助。在国内疫情总体稳定、复工复产进程启动后，中国更是逐步扩大对外援助规模，向更多深陷疫情的国家提供相应物资、增派医疗专家、分享防疫经验。[①] 相比之下，美国国内疫情短期内的大规模蔓延令其无暇亦无力对他国的援助请求做出有效回应；尽管美国同样是中国抗疫物资的重要接受国，却对中国积极参与的国际抗疫合作妄加指责。[②] 在全球多国新冠病毒疫苗研发取得重大进展，国际社会普遍期待尽快通过疫苗大面积接种以形成免疫屏障之际，一方面，美国以“产能有限”“优先确保美国公民接种权益”为由对疫苗出口进行限制，主观设定疫苗分配规则与顺序以掌控国际疫苗分配话语权；另一方面，美国对中国疫苗安全性进行毫无科学依据的质疑甚至抹黑，无端指责中国向一些国家和国际组织提供疫苗的做法。

面对严峻复杂的国际舆情形势，中国在疫情期间的话语权博弈中采取了

① 孙明、孔祥龙：《国际舆论视域下的中国抗疫行动与公共外交》，《当代世界》2020 年第 5 期。

② 《外交部：美国应对疫情表现既让人费解，也令人深思》，中华人民共和国中央人民政府网，http：//www. gov. cn/xinwen/2020 -06/30/content_ 5522728. htm，访问时间：2021 年 3 月 23 日。

全面、积极、连贯而有针对性的话语战略。一方面，中国坚持以事实为基础，对西方对华负面话语议程逐一进行有力回击。同时，中国摒弃了以往以被动应对为主的舆论策略，主动揭露西方主导叙事中的所谓“证据”的缺陷和逻辑谬误，以重构叙事的方式向西方话语发起解构性回击。① 为更加有力地反击西方对华舆论攻击，中国媒体对美国及其他西方主要国家的疫情动态进行了持续跟踪报道，通过援引大量实时数据并辅以科学系统的分析，结合大量真实生动的案例，从对比视角向外界展示中西方抗疫行动方式及成效和影响的巨大反差。② 针对美国抛出的负面对华论调，中国外交部以及《人民日报》、中央电视台、《中国日报》和新华社等国内主流媒体和机构在短时间内做出密集反应，围绕美国国内疫情疑点展开全方位深度报道，有关话题一经披露，立即引发国内外舆论的广泛关注。③ 相较于美国在对华涉疫舆论中所采取的歪曲、捏造和污名化手段，中国在对等视角下展开的美国涉疫报道始终坚持以还原事实真相为目标，力求从客观叙事出发引导国际社会进行深入思考，为中国拓展自身话语空间、确保在话语危机中拥有充分的辩护权和解释权发挥了重要作用。④

另一方面，中国积极利用自身对外话语传播渠道主动发声，及时准确地同国际社会有关各方分享中国国内疫情防控的最新进展与相关信息，并持续将中国参与国际抗疫合作的具体举措、行动及成效向外界公布。2020 年 6 月，中国在国内疫情初步得到控制后就向国际社会发布了《抗击新冠肺炎疫情的中国行动》白皮书，从抗疫历程、抗疫行动、实践经验及政策展望四个主要方面完整、真实、全面地向世界分享了中国抗疫的经验做

---

① 包亚兄、石义彬：《社会动员、意义赋予与污名：隐喻在疫情传播中的多重作用》，《新闻界》2021 年第 4 期。

② 李洋：《从当前国际舆论环境看国际传播着力点——基于对新冠肺炎疫情期间海外舆情分析》，《对外传播》2020 年第 4 期。

③ 《关于疫情，这 10 个问题请美国政府回答》，中国日报中文网，https：//cn. chinadaily. com. cn/a/202005/01/WS5eabc0c8a310eec9c72b6a44. html，访问时间：2021 年 2 月 23 日。

④ 许颖：《新媒体语境下国家形象构建话语博弈策略分析——以新冠肺炎疫情报道为例》，《新闻研究导刊》2021 年第 1 期。

法，阐明了全球抗疫的中国理念和中国主张。[①] 白皮书的发布有力地以事实回击了谎言，展现了中国在全球和地区治理领域的贡献及愿景，赢得了国际社会多数国家的尊重。考虑到世界多数发展中国家和不发达国家医疗水平普遍不足、缺乏疫情防控的实操经验，中国先后同东北亚、南亚、中东欧、非洲、拉美和加勒比海以南的100多个国家和地区有关各方举办了多场专家视频会议，中国专家在会议上基于国内疫情防控的实际经历，从新冠肺炎疫情的流行病学特征、防控策略、临床诊治和密切追踪等多个方面向与会各方分享了中国的经验、做法，并结合不同国家和地区的实际情况，向外国同行提出可行性建议。[②] 此外，中方还接连发布七版新冠肺炎诊疗方案、六版防控方案，并将其翻译成多国文字，毫无保留地同世界卫生组织和国际社会分享中国疫情防控的理论与实践机制化成果。这些方案源于中国在数月的艰难抗疫斗争中积累的宝贵经验，凝聚了中国数万名一线医疗专家和医护人员的智慧。世界多国因借鉴中国的成功经验而使疫情有效缓解，中国也因此收获了国际社会的广泛肯定与赞誉，为树立自身积极的国际形象、良好的国际声誉提供了重要助力。[③]

在制度话语权领域，中国自疫情暴发以来始终同国际社会保持密切沟通，凭借自身的大国影响力及在国际和地区组织中的号召力，积极推动涉疫国际合作，鼓励有关方面正视发展中国家的疫情防控形势及现实困难，支持国际社会在抗疫资源分配过程中切实考虑发展中国家的共同利益和诉求。[④] 中国国家主席习近平亲自推动开展国际合作，在二十国集团领导人

---

① 《〈抗击新冠肺炎疫情的中国行动〉白皮书（全文）》，中华人民共和国国务院新闻办公室网站，http：//www. scio. gov. cn/zfbps/ndhf/42312/Document/1682143/1682143. htm，访问时间：2021年3月22日。

② 刘芳：《中国抗疫国际合作的历史回顾与经验启示》，《学习与实践》2021年第3期。

③ 彭华新：《科学家在“新冠疫情”议题中的社交媒体参与和权力博弈》，《现代传播》（中国传媒大学学报）2021年第2期。

④ 《特稿：走向构建人类命运共同体的时代强音——记习近平主席出席上合组织成员国元首理事会、金砖国家领导人会晤、亚太经合组织领导人非正式会议、二十国集团领导人峰会以及巴黎和平论坛》，中华网，https：//news. china. com/zw/news/13000776/20201128/39015225_ all. html#page_ 2，访问时间：2021年3月23日。

峰会、世界卫生大会、联合国成立75周年系列高级别会议、金砖国家领导人会晤、亚太经合组织领导人非正式会议、上合组织成员国元首理事会及巴黎和平论坛等多个国际场合提出加强抗疫国际合作、支持世界卫生组织发挥领导作用、加大对非洲国家支持力度、推动经济社会发展复苏等重要建议，并宣布两年内提供20亿美元国际援助、中国新冠病毒疫苗研发完成并投入使用后将作为全球公共产品、同二十国集团成员一道落实“暂缓最贫困国家债务偿付倡议”等中国支持全球抗疫的一系列重大举措。①

### （二）中美亚太涉疫话语权博弈的影响

中美在新冠肺炎疫情相关议题方面展开的话语权博弈对双边关系、地区乃至国际整体秩序格局都产生了深远影响。就中美关系而言，在特朗普政府时期双边关系降至历史低点、两国在亚太地区各领域博弈态势持续深化的大背景下，涉疫话语权的交锋令中美结构性矛盾进一步凸显。② 这一阶段，中国凭借卓有成效的疫情防控措施在较短时间内控制住了国内疫情，在世界上树立了抗疫典范，积累了宝贵经验，还通过物资、人员和技术等方面的大规模对外抗疫援助和同国际组织与相关机构的紧密合作，帮助多国缓解了疫情压力，为全球抗疫合作做出了巨大贡献，以实际行动在国际社会树立了良好的国家形象，在争取国际话语权方面占据了主动权。③

但也应看到，中国的国际话语权水平仍未达到与自身实力和国际地位相匹配的状态，在西方主导的国际话语场域中仍有较大提升空间，对国际舆论的引导水平与能力有限。因此，尽管此次疫情期间西方对华负面话语攻击并

① 《〈抗击新冠肺炎疫情的中国行动〉白皮书（全文）》，中华人民共和国国务院新闻办公室网站，http：//www.scio.gov.cn/zfbps/ndhf/42312/Document/1682143/1682143.htm，访问时间：2021年3月22日。

② Marco Mazzetti, "COVID－19, Political Communication, and Public Health: A Transactional Analysis Perspective," *Psychotherapy and Politics International*, 2020, 18 (3), p. n/a.

③ 孙吉胜：《新冠肺炎疫情下国际舆论的新特点与中国国际话语权建设》，《当代世界》2020年第10期。

未对中国的国际形象与声誉造成根本性影响，却仍成为部分国家对华负面认知加剧的重要动因——这一趋势主要体现在美国的亚太盟国内部。

## 四　后疫情时代的中美亚太话语权博弈：议程与趋势

随着地区疫情防控形势总体趋稳，经济复苏进程加快，美国亚太政策和对华政策的新一轮调整相继展开，中美之间的亚太话语权博弈在未来或将呈现新态势：地区话语场域互动的主导形式将由疫情期间的舆论博弈转向后疫情时代的制度博弈，议程也将从对涉疫话题的高度聚焦转向对地区安全与秩序、地区发展模式等一系列战略性话题的探讨。从拜登上任以来有限的对华政策表态和行动可以看出，拜登反复强调“基于国际规则”和“民主价值观”在开展对华交往中的重要性，提出在国际组织和机制下针对特定领域展开对华合作，同时要加强同盟友和伙伴间的关系以应对“专制主义”和“大国野心”在地区和全球蔓延带来的挑战。[①] 由此可以看出，拜登对前任政府在对华政策议程与对华交往模式上的部分既定设置并不会被完全推翻，而将在价值观、地区安全与秩序等领域得到延续甚至加强——这一趋势会反映在未来的亚太话语权博弈中，并集中表现为中美围绕“人权与价值观”、“南海问题”和“地区发展与秩序”三个核心问题展开新一轮话语互动。

### （一）人权与价值观问题

自 2021 年初起，美国政府对华以“人权”之名展开的新一轮打压初见端倪：在中国全国人大高票通过完善香港特别行政区选举制度的决定后，美国国务院当即宣布在前任政府通过的所谓“香港自治法案”下做出更新，

---

① The White House, “Remarks by President Biden on America’s Place in the World,” https://www.whitehouse.gov/briefing-room/speeches-remarks/2021/02/04/remarks-by-president-biden-on-americas-place-in-the-world/，访问时间：2021 年 2 月 10 日。

进一步扩大对华官员制裁名单，继续暂停给予香港特殊关税地位，抹黑“香港国安法”及香港选举制度，并称美国政府将同盟友及伙伴加强协调，共同向中国施压。4 月 8 日，美国参议院外交委员会推出一个长达 281 页的《2021 年战略竞争法案》。法案呼吁政府进一步明确对华全面竞争战略，重申美国对盟友和伙伴的承诺，重申美国在国际组织和多边机制中的领导地位，加强对“普世价值”推广领域的投入，授权一系列“人权和公民社会”措施，在对华政策中提升对香港、新疆等地区事务的“介入程度”，加强同台湾当局的所谓“伙伴关系”等。①

在持续炒作“香港问题”的同时，美国还同加拿大、英国和部分欧盟国家就涉疆问题展开对华“人权危机”的话语攻势：3 月 22 日，欧盟 27 国、英国和加拿大分别以所谓“新疆人权问题”为借口宣布对有关个人及实体实施单边制裁；同日，美、英、加三国外长发布联合声明表达“对中国新疆人权问题持续的深切关注”，声明还强调“透明度和问责的重要性”，呼吁“中国允许国际社会包括联合国独立调查员、记者和外交官在不受限制的情况下进入新疆”。② 针对美国及部分西方国家假借“人权”之名在国际舆论场中持续推动的对华打压态势，中国在第一时间进行了强烈谴责、有力驳斥和坚决反击。鉴于西方对华“人权外交”攻势或将长期持续，未来，中国更应着重防范它的扩散效应对自身政治、经济和安全等核心利益产生的“关联式”负面影响——在这一方面，自 2021 年 3 月起持续发酵的“新疆棉花事件”值得深入思考。应当看到，在这一看似由国际行业协会挑起并得到大量跨国企业响应、以莫须有的罪名试图限制新疆棉产品进入国际产业链和供应链的行动背后，是西方国家凭借在相关行业国际规则

① United States Senate Committee on Foreign Relations，“Chairman Menendez Announces Bipartisan Comprehensive China Legislation,” https：//www. foreign. senate. gov/press/chair/release/chairman – menendez – announces – bipartisan – comprehensive – china – legislation，访问时间：2021 年 4 月 9 日。

② US Department of State，“Media Note of the Office of the Spokesperson：Joint Statement on Xinjiang,” https：//www. state. gov/joint – statement – on – xinjiang/，访问时间：2021 年 4 月 1 日。

制定方面的话语权优势，以全新的“经贸问题人权化”手段对华进行遏制的具体体现。①

## （二）南海问题

中国同南海有关国家围绕南海海域的领土主权与海洋权益争议久已有之。自奥巴马政府上台后推行“亚太再平衡”战略开始，美国就不断强化自身作为“亚太国家”的身份定位，反复强调美国在南海地区“拥有重大核心利益”。作为域外国家，美国自知对南海问题突然高调介入本身缺乏说服力，故而试图通过议程扩展和安全化等手段主观建构合法性依据，大肆渲染所谓“南海不安全”和“南海航行自由受阻”。自2017年特朗普政府执政并推行“印太”战略以来，美国在南海问题上针对中国的打压态势有增无减。随着中美各领域摩擦不断升级，美国对华遏制程度日益加深，“南海问题”成为美国对华构建“全面威胁”叙事的重要一环。②

在拜登政府上任之初，由于受到新冠肺炎疫情的影响，“南海问题”并未立即成为中美在亚太地区安全秩序领域博弈的核心。随着疫情形势逐步缓解，东南亚国家相继开启经济复苏进程，美国的南海政策、行动密集展开。2021年，2月9日，美国“罗斯福”号和“尼米兹”号航母战斗群在南海进行军演，是拜登政府就任后美国首次在南海以“双航母模式”显示军事存在。截至3月底，在拜登政府执政仅几个月时间内，美国在南海的军事活动已达到每月一次的频率，且规模和活动时长不断扩大和延长。③ 与此同时，美国就“南海问题”在话语层面的对华施压也相应跟进：1月27日，美国国务卿布林肯在同菲律宾外长的通话中表达了对南海问题的关切，声称

① “Interview: BCI’s Boycott against Xinjiang Cotton Groundless, Politically Motivated, Says Pakistani Expert,” *Daily Bulletin*, April 2, 2021.

② 张志洲：《南海问题上的话语博弈与中国国际话语权》，《探索与争鸣》2020年第7期。

③ 胡波：《拜登政府的南海政策》，《世界知识》2021年第1期。

"面对中国的压力，美国和东南亚声索国站在一起"。[①]

2021 年是中国与东盟磋商"南海行为准则"的重大时间节点。根据双方此前的计划，2021 年底将是完成最后磋商的原定期限。在美国看来，中国与东盟的"准则"磋商将对其在南海的规则主导权乃至西太平洋地区的霸权地位构成挑战。[②] 因此，未来，拜登政府在南海问题上将在很大程度上延续前任政府的强硬对华政策立场，通过采取"有选择的多边主义"行动模式拉拢东盟国家、印太周边国家以及域外盟友在南海共同抵御所谓的"中国威胁"，以各种手段为"准则"磋商制造干扰和障碍，阻止中国同有关国家在"美国缺席"的情况下规划南海未来的秩序格局。[③] 可以预见，在美国持续推动南海问题国际化的背景下，不断增加的参与方将令未来这一领域的话语权博弈态势更趋复杂。

### （三）地区发展与秩序问题

在地区发展与秩序方面，中美两国在亚太的竞争主要表现为各自的发展道路和治理模式对地区发展中国家的示范效应和吸引能力上。为此，两国均始终致力于主动构建并维护关于自身发展模式优越性的叙事，试图将其整合进有关地区发展与秩序的制度话语体系中。但相较于中国总体趋于内向、包容的自我叙事，美国对其发展模式、发展理念和区域秩序观的推广话语具有明显的外向性、排他性和进攻性特点——在中美围绕地区发展议题展开的话语互动中，中方的多边合作话语始终强调"包容""合作""共赢"理念，并不排斥其他竞争话语的存在；相比之下，美国的多边合作话语不仅包含对

---

① US Department of State, "Readout of the Office of the Spokesperson: Secretary Blinken's Call with Philippine Secretary of Foreign Affairs Locsin," https://www.state.gov/secretary-blinkens-call-with-philippine-secretary-of-foreign-affairs-locsin/，访问时间：2021 年 4 月 1 日。

② 钟飞腾：《理解美国南海政策转变的三个维度——霸权衰落、权力转移与美国国内政治》，《人民论坛·学术前沿》2021 年第 3 期。

③ 傅崐成：《美国的政策转向与南海形势新动向》，《人民论坛·学术前沿》2021 年第 3 期。

自身优势的突出与强化，还包含对竞争话语的排斥与解构。[①]

遵循这一思路，美国在有关亚太地区发展模式的话语权竞争中始终坚持推动“双向话语战略”的实施。一方面，对中国发起的“一带一路”倡议及亚洲基础设施投资银行等新兴多边机制展开负面话语建构，抹黑、攻击中国提出倡议的动机是为“将他国利益同自身利益进行深度捆绑”;[②] 极力唱衰倡议前景，指责亚投行和“一带一路”倡议存在所谓的机制不合理、不透明、不成熟等问题;[③] 大肆渲染所谓的风险，呼吁参与国拒绝中国的资金和项目。[④] 另一方面，凸显甚至鼓吹美国主导的合作模式的优越性、权威性和不可替代性，对标“一带一路”的相关要素，强调美国模式在透明度、财务可持续性、环境标准和社会责任等方面的竞争力。

在特朗普政府时期，为增强同中国在亚太地区发展模式方面的竞争力，美国在推行的“印太”战略过程中特别规划了区域经济合作的相关议程，提出在原海外私人投资公司主体的基础上建立美国国际发展金融公司（USIDEF），将美国全球基础建设项目融资规模增至600亿美元以用于大幅增加对印太伙伴基础设施建设方面的投资；支持日本同印度合作推动“亚非增长走廊”（AAGC）建设，并吸引韩国、新西兰和澳大利亚等发达经济体参与，共同开辟新的商贸通道，形成贯通南亚次大陆的公路网和印太港口链，以更好地实现印太双多边贸易的可持续增长。[⑤] 从拜登政府就任以来对亚太地区形势的表态来看，美国已认识到“一带一路”倡议对亚太地区发

① 毛维准：《美国的印太基建攻势：演变、逻辑与局限》，《南开学报》（哲学社会科学版）2021年第2期。

② Alice De Jonge, “Perspectives on the Emerging Role of the Asian Infrastructure Investment Bank,” *International Affairs*, 2017, 93 (5), pp. 1061 – 1084.

③ 钟飞腾、张帅：《地区竞争、选举政治与“一带一路”债务可持续性：剖析所谓“债务陷阱外交”论》，《外交评论》2020年第1期。

④ Barack Obama, “Remarks Following a Meeting with Prime Minister Shinzo Abe of Japan and an Exchange with Reporters,” The American Presidency Project, https://www.presidency.ucsb.edu/documents/remarks-following-meeting-with-prime-minister-shinzo-abe-japan-and-exchange-with-0，访问时间：2021年2月18日。

⑤ Department of Defense, “Indo-Pacific Strategy Report: Preparedness, Partnerships, and Promoting a Networked Region,” June 1, 2019, pp. 17 – 44.

展趋势的引领作用，认为其对亚太多国的大规模基础设施投资计划“正令中国在区域大国竞争中获得优势”。[①] 因此，未来，美国将很有可能加大对亚太地区基础设施投资的力度，以更加积极的姿态参与地区合作与发展模式竞争。在此过程中，美国将继续利用国际话语权优势对中国提出的倡议及中国在既有区域合作机制中扮演的角色和发挥的作用进行打压，同时加大对亚太国家的劝导与扶持力度。

## 五　后疫情时代的中国国际话语权提升：政策建议

对于中国而言，为延续疫情期间在地区话语权博弈中占据的主动优势、将“合作抗疫精神”转化为后疫情时代促进区域各领域合作的动力，需要在深刻把握国际舆论发展和话语制度演化规律的基础上，展开主动的话语战略谋划。具体而言，建议从以下三个方面入手。第一，转变舆论观念，探索“官民联动、内外结合”的舆论引导方式。鉴于舆论本身具有一定演化规律，针对同一问题的不同观点通过碰撞和辩论方能推高热度，引发各方关注。受此启发，中国应考虑在未来的舆论话语权博弈中创新思路，充分调动民间舆论力量，不仅包括国内公众，还包括海外华人群体和华文媒体以及海外友华媒体资源协调配合，不断增强中国抗击国际舆论风险的能力。

第二，优化宣传策略，反向思考西方对话语权竞争的行为模式，实现逆向突围。长期以来，西方得以就特定事件短时间内展开对华舆论攻势的核心策略是持续把控议程设置权，即决定何时、以何种方式、在多大程度上提出何种观点，并通过持续不断的话语建构维持这一议题的新鲜度和热度。回顾此前涉疫国际舆论的演化可以发现，美国主导下的“疫情叙事”之所以能够在短时间内获得较高关注度，一方面是因为其具备强大的宣传能力和雄厚的资源，另一方面则是源于其叙事结构和逻辑的完整性——至少在形式上达

---

① Yang Xiangfeng, “US-China Crossroads ahead: Perils and Opportunities for Biden,” *The Washington Quarterly*, 2021, 44, (1), pp. 129 - 153.

到了完整与连贯。有鉴于此，未来，中国在参与国际话语权竞争的过程中，为应对可能出现的话语危机，应在进行正面话语公关的同时，考虑采取“反议程设置”的话语战略，即对话语攻势发起方的主导叙事中的薄弱环节展开批判，通过翔实的举证对不实观点予以驳斥，通过推动叙事竞争促进多元化意义的形成，以最大限度降低负面话语对自身的影响。

第三，完善舆论基础设施，提升舆论传播能力和保障机制水平。应组织力量进行集中攻关，加强法理阐释型舆情信息产品的制作，优化信息制品的处理方式，防止落人口实。要在准确把握西方媒体在特定问题或事件上的宣传聚焦点的前提下，确保舆情信息制作准确无误，降低引发次生舆论危机的概率。与此同时，应尽力避免自设陷阱、自酿险情，特别应注意不刻意渲染极端情绪，避免成为西方媒体攻击我国宣传体制的“靶子”。此外，还应借助并用好国际媒体的外部助力，应能甄别、遴选并发挥可动用的国际媒体平台传播的功效，加大对友华、客观、具有影响力的国际传播平台的利用力度，优化对国际社交媒体使用的专业化水平，完善国际国内专家型意见领袖的组织发声方式，力求形成针对特定局势或事件针锋相对、逻辑严密的抗辩意见，并做好对媒体信息的包装与推送。

# B.7
# 印度莫迪政府对外战略调整与未来趋势

吴兆礼*

**摘　要：** 印度莫迪政府始终致力于将印度塑造为全球舞台的“领导力量”。为实现从“平衡力量”向“领导力量”转变，在美国推进“印太”战略背景下，印度莫迪政府加大对美国的战略协调力度，将“印太”愿景进一步具体化为包括七个支柱的“印太海洋倡议”。在战略实施路径上，莫迪政府进一步深化“邻国优先”政策，加大“扩展邻国”政策的推进力度，推动构建“多向结盟”的大国关系格局。总体上看，莫迪政府推动“印太海洋倡议”既有优势也有不足，“印太海洋倡议”未来面临诸多挑战。

**关键词：** 莫迪政府　印太海洋倡议　邻国优先　扩展邻国　领导力量

自2019年莫迪开始第二任期以来，印度莫迪政府推进对外战略的内外环境发生了显著变化。受大国竞合博弈加剧和国际秩序规则重构提速等因素的驱动，加之新冠肺炎疫情暴发和地区热点问题凸显，莫迪政府对外战略调整的态势趋于明显，印度开始重新定义其在更广泛的印太地区的优先事项。莫迪政府为实现“新印度”战略设定的发展目标以及实现从“平衡力量”向“领导力量”转变，以“印太海洋倡议”（IPOI）为框架，积极扩展

* 吴兆礼，博士，中国社会科学院亚太与全球战略研究院副研究员，主要研究方向为南亚国际问题。

“邻国优先”政策内涵与实施路径，加大对“扩展邻国”的政策力度，推动构建“多向结盟”的大国关系格局。

## 一 印度的“印太”战略：从“印太”愿景到“印太海洋倡议”

印度近年来高度重视“印太”，认为这不是一个神秘的国际关系议题，是地区政治、经济、互联互通和社会利益的基本体现，反映了印度不断拓宽的视野、不断扩展的利益和全球化的行动，甚至认为否认印太等同于排斥全球化。① 应该说，在美国和日本积极推动“印太”战略的背景下，莫迪政府的“印太海洋倡议”经过了一个从概念到政策与措施的发展历程。概括地说，莫迪政府的“印太海洋倡议”，是对其推进的“东向行动”政策和出台的“萨迦”倡议（SAGAR）在地域空间、政策路径、机制平台进行的多维整合对接，这为概念性的“印太”愿景规划出明确的政策路径和行动方向。

莫迪总理在2018年6月“香格里拉对话”上阐述了印度对印太地区发展的愿景，呼吁在印太地区建立自由、开放和包容的秩序，尊重所有国家的主权和领土完整，通过对话和平解决争端以及遵守国际规则和法律。在2019年11月东亚峰会上，莫迪总理提出“印太海洋倡议”，提议进行合作以将印太原则转化为保障共同海洋环境的措施。至此，印度的“印太”愿景概念开始正式转化为具体的行动和政策。

“印太海洋倡议”包括七个支柱，以塑造伙伴关系为核心，目标是建立印度主导的地区秩序，涉及海上安全、海洋生态、海洋资源、能力建设与资源共享、减灾风险与管理、科技与学术合作、贸易联通与海洋运输（互联互通）。“印太海洋倡议”涉及的七个领域也被称为七个支柱，并且印度希

---

① “EAM's Remarks at CII Partnership Summit 2020,” MEA, GOI, December 17, 2020, https://www.mea.gov.in/Speeches-Statements.htm?dtl/33309/EAMs_remarks_at_CII_Partnership_Summit_2020.

望每个支柱可以由一两个国家领导。"志同道合"的国家之间的伙伴关系是核心原则。在"印太"愿景中，印度不把印太地区视为一个战略地区，也不认为它是一个由有限成员组成的集团，涉及这一地理区域的所有国家以及其他与之有利害关系的国家。① 在"印太海洋倡议"中，莫迪强调该区域所有国家以及与之有利益关系的国家必须共同努力，② 但印度学者明确指出，像美国的"印太"战略、基础设施交易和援助网络（ITAN）、蓝点网络以及日本的高质量基础设施扩展伙伴关系一样，IPOI 也是一个"志同道合"国家的多边地区倡议。对此，印度外长苏杰生宣称，虽然印度是 IPOI 所有领域背后的驱动力量，但印度是在探索与"志同道合"的国家建立伙伴关系。③ 可以说，目的性伙伴关系、多元化政策和提升印度大国地位是 IPOI 的内在动力，而与"志同道合"国家建立目的性的伙伴关系则是 IPOI 的核心。④ 印度推动 IPOI 的目标实质上就是希望通过此倡议，建立基于七个支柱的以规则为基础的地区架构。⑤

"印太海洋倡议"取得一定成效。为推动"印太海洋倡议"，印度外交部于 2019 年 4 月设立印太司，目的是凝聚国内各界对"印太"愿景的认知，为实现"印太"愿景提供政策支持和进行规划实施。新设立的印太司主要负责处理有关印度洋—太平洋、印度与东盟关系、东亚峰

① "Prime Minister's Keynote Address at Shangri La Dialogue," MEA, GOI, June 1, 2018, https://www.mea.gov.in/Speeches-Statements.htm?dtl/29943/Prime_Ministers_Keynote_Address_at_Shangri_La_Dialogue_June_01_2018.

② "Prime Minister's Speech at the East Asia Summit," November 4, 2019, https://www.mea.gov.in/Speeches-Statements.htm?dtl/32171/Prime_Ministers_Speech_at_the_East_Asia_Summit_04_November_2019.

③ "EAM's Remarks at CII Partnership Summit 2020," MEA, GOI, December 17, 2020, https://www.mea.gov.in/Speeches-Statements.htm?dtl/33309/EAMs_remarks_at_CII_Partnership_Summit_2020.

④ Jagannath Panda, "The Strategic Imperatives of Modi's Indo-Pacific Ocean Initiative," *Asia Pacific Bulletin*, No. 503, April 7, 2020, https://www.eastwestcenter.org/system/tdf/private/apb503.pdf.

⑤ "Foreign Secretary's Introductory Remarks at the India-France-Japan Workshop on the Indo-Pacific," January 19, 2021, https://www.mea.gov.in/Speeches-Statements.htm?dtl/33397/foreign+secretarys+introductory+remarks+at+the+indiafrancejapan+workshop+on+the+indopacific.

会、环印度洋区域合作联盟（IORA）、亚欧会议（ASEM）、湄公河—恒河合作（MGC）和“湄南河—湄公河经济合作战略”等事务。自印度提出“印太海洋倡议”以来，其开始成为印度对外互动的关键词。澳大利亚第一个表示支持并承诺与印度就IPOI展开密切合作，成为“海洋生态”支柱的主要合作伙伴；日本表示愿意在该倡议基础上讨论具体合作，并于2020年10月同意成为IPOI“互联互通”支柱的主要合作伙伴；越南和菲律宾分别于2020年8月和11月同意就“印太海洋倡议”和东盟的“印太”展望加强合作；法国于2021年4月宣布加入“印太海洋倡议”；同时，印度也向俄罗斯推销“印太海洋倡议”，宣称印俄在欧亚大陆、印太和俄罗斯远东地区以及北极这三个战略区域可以深化合作，为属于东西走向的海洋倡议增加南北层面与大陆元素。在小多边层面，印度寻求将“印太海洋倡议”植入“美日印澳四边机制”（QUAD）和美日印、印法澳、印澳印尼等三边安排中。在多边层面，2019年12月，印度与东盟举行第十一次德里对话，主题是关于“推进印度洋—太平洋伙伴关系”；同时，与IORA成员国举办了主题为“印度洋—太平洋：通过扩展地理重新想象印度洋”的会议。印太新架构和海上互联互通是两场活动的主题。2020年2月，印度与澳大利亚和印度尼西亚在印度金奈共同主办了第四届东亚峰会，重点关注海上安全和蓝色经济等议题。

## 二　“邻国优先”：政策内涵扩展与政策路径多样化

南亚邻国在印度的对外政策考量中始终具有重要地位，处理好与近邻尤其是地区邻国的关系始终是莫迪政府对外政策的重要方向。可以说，“邻国优先”政策是莫迪政府外交政策的显著特征。莫迪政府在第一任期伊始就提出了“邻国优先”政策，邀请南盟（SAARC）成员国领导人参加其就职典礼，首次出访就选择北面邻国不丹。2019年莫迪连任后邀请“孟加拉湾多部门经济技术合作倡议”（BIMSTEC）成员国领导人等参加其就职仪式，首访圈定南部邻国马尔代夫和斯里兰卡。从莫迪就职仪式受邀国领导人到对任期内首访对象国选择显示出莫迪政府对“邻国优先”政策的高度重视，同时也可以看出莫迪第二任期在保持“邻国优先”政策连续性的基础上，“邻国优先”政策的内涵与推进政策的路径都发生显著变化。有学者就认为，莫迪本人似乎决心用强有力的外交行动拉拢邻国，用轻推邻国接受印度的思维方式开启第二任期。①

与第一任期相比，莫迪第二任期在推进“邻国优先”政策上出现了几点明显的变化，有学者将之定义为“‘邻国优先’政策 2.0”。一是印度将自身定位为邻国的积极发展伙伴，强调“邻国优先”政策的协商性、非对等性和成果导向性，这与政策初期较为模糊的定位形成对比；二是作为对中国在南亚地区推动“一带一路”倡议的回应，更为明确地宣称政策的重点是向邻国提供实现深度互联互通和基础设施改善等惠益，将更大范围和更高程度的互联互通作为政策的核心要素；三是注重并利用发展合作，将发展合作议程作为其在南亚次大陆增强软实力的重要手段；四是将安全合作作为“邻国优先”政策的又一着力点，尤其是与传统立场不同，印度开始对域外的美国与南亚其他国家开展安全合作持默许立场；五是将“邻国优先”政策与更广泛的“扩展邻国”和“萨迦”倡议相结合，推行政策的平台从重视南亚区域合作联盟机制转向孟加拉湾多部门经济技术合作倡议。印度外长苏杰生表示，南盟有“某些问题”，而 BIMSTEC 有“能量”和“可能性”，其言外之意是巴基斯坦阻碍了地区一体化和贸易的努力，② 这是莫迪政府重视 BIMSTEC 机制的重要原因。同时，苏杰生在 2020 年 11 月访问印度洋岛国塞舌尔时表示，作为一个隔海相望的邻国，塞舌尔在很大程度上也是

① Teesta Prakash, “Narendra Modi's Nudge Diplomacy,” August 19, 2019, https://www.lowyinstitute.org/the-interpreter/narendra-modi-s-nudge-diplomacy.

② S. Jaishankar, “Saarc Has Some Problems, Bimstec Has Energy,” The Times of India, June 7, 2019, https://timesofindia.indiatimes.com/india/s-jaishankar-saarc-has-some-problems-bimstec-has-energy/articleshow/69683313.cms.

“邻国优先”政策的一部分。①

莫迪政府持续关注和培育与邻国的关系，将领导人峰会作为推动“邻国优先”政策的重要手段。在第一任期内，莫迪访问了除马尔代夫以外的所有南亚邻国。第二任期开始后，尤其是新冠肺炎疫情暴发以来，莫迪与南亚邻国的双边会晤改为在线上举行，例如2020年9月和12月，印度先后与斯里兰卡和孟加拉国举行双边网络峰会。在印斯网络峰会上，莫迪表示，根据印度“邻国优先”政策和“萨迦”倡议，印度特别并高度优先重视与斯里兰卡的关系；② 在印孟网络峰会上，莫迪宣称孟加拉国是印度“邻国优先”政策的主要支柱，表示加强和发展同孟加拉国的关系一直是印度的一项特别优先任务。③ 2021年3月，莫迪总理将孟加拉国作为新冠肺炎疫情暴发以来的首访对象国，进一步诠释了莫迪政府对“邻国优先”政策的重视。

新冠肺炎疫情暴发后，莫迪政府因势利导，开展抗疫外交，塑造地区领导力。一是帮助孟加拉国、斯里兰卡、尼泊尔、马尔代夫和缅甸等国撤侨；二是呼吁南亚各国在南盟框架下制定一个强有力的战略以共同抗击新冠肺炎疫情，倡议召开南盟国家视频会议，成立南盟灾害管理中心，宣布向南盟国家提供抗疫援助，召开南盟贸易高官会，启动“南盟新冠肺炎疫情信息交换平台”；三是将疫苗作为一种外交工具，④ 并以南亚为疫苗外交的优先区域。印度在国内刚刚启动疫苗接种计划的背景下，宣布向不丹、马尔代夫、

---

① “Visit of External Affairs Minister to Republic of Seychelles (November 27 - 28, 2020),” November 28, 2020, https://www.mea.gov.in/press - releases.htm? dtl/33246/visit + of + external + affairs + minister + to + republic + of + seychelles + november + 2728 + 2020.

② “Opening Remarks by Prime Minister at India-Sri Lanka Virtual Bilateral Summit,” September 26, 2020, https://www.mea.gov.in/Speeches - Statements.htm? dtl/33062/opening + remarks + by + prime + minister + at + indiasri + lanka + virtual + bilateral + summit.

③ “English Translation of Prime Minister's Opening Remarks at the India-Bangladesh Virtual Summit,” December 17, 2020, MEA, GOI, https://www.mea.gov.in/Speeches - Statements.htm? dtl/33305/english + translation + of + prime + ministers + opening + remarks + at + the + indiabangladesh + virtual + summit.

④ Joanna Slater, “India Is Giving away Millions of Coronavirus Vaccine Doses as a Tool of Diplomacy,” The Washington Post, January 22, 2021, https://www.washingtonpost.com/world/asia_pacific/india - vaccine - diplomacy/2021/01/21/0d5f0494 - 5b49 - 11eb - a849 - 6f9423a75ffd_story.html.

尼泊尔、孟加拉国、斯里兰卡、阿富汗、塞舌尔和毛里求斯等邻国提供疫苗。印度学者认为，印度的“疫苗外交”对于确保维持与邻国的关系等来说的确是相当有价值的工具。①

## 三 “扩展邻国”政策新发展

莫迪政府将“扩展邻国”政策纳入更广阔的印太框架，“东向行动”政策以及面向中东海湾地区的“西向思考”（Think West）在莫迪政府提出“萨迦”倡议的基础上被赋予新内涵。莫迪于2015年倡导的“萨迦”倡议包含五个组成要素：一是提升维护陆地和海洋领土和利益的能力；二是深化地区经济安全合作；三是推动在应对海上非传统安全威胁领域采取集体行动；四是通过加强合作实现区域可持续发展；五是促进对海洋规则和规范的尊重以及和平解决争端。②“萨迦”倡议促使近年来印度在东南亚和印度洋地区的接触发生重大变化。“萨迦”倡议被定位为“东向行动”政策的信条，是印度深入印度洋地区进行合作的新范式。通过“萨迦”倡议推进“东向行动”和“西向思考”，莫迪政府进一步扩大了与扩展邻国的政治、经济与战略接触范围。莫迪在2020年的独立日讲话中就明确表示，近年来，印度加强了与所有扩展邻国的关系，并在关键领域取得多方面进展。③

莫迪政府进一步深化“东向行动”政策（AEP），将其定位为“印太”

---

① Yaroslav Trofimov, Eric Bellman, “COVID - 19 Vaccines Are Becoming Important Diplomatic Currency,” February 12, 2021, Morningstar, https://www.morningstar.com/news/dow-jones/2021021210638/covid-19-vaccines-are-becoming-important-diplomatic-currency.

② Subhasish Sarangi, “Unpacking SAGAR (Security and Growth for All in the Region),” https://usiofindia.org/wp-content/uploads/2020/02/USI-Occasional-Paper_2_19-Unpacking-SAGAR-Final-print-File-1.pdf.

③ “India Has Deepened Ties with All Countries in Extended Neighbourhood: PM Modi,” August 15, 2020, India Today, https://www.indiatoday.in/india/story/india-has-deepened-ties-with-all-countries-extended-neighbourhood-pm-modi-1711592-2020-08-15.

愿景的核心要素。“东向行动”政策是在莫迪第一任期提出的，是20世纪90年代出台的“东向”政策（LEP）的升级版，目标是区别于前几届政府在推行LEP上主要出于国内政治辞令而非真正的外交政策转变的传统，推动具有经贸和人文导向的LEP朝着具有政策目标和行动导向的AEP转变。应该说，AEP是全方位的，涵盖战略、政治、安全、社会、经济和人文等诸多领域，而且覆盖的国家开始从东盟国家延伸到东亚国家、太平洋东岸国家以及太平洋岛国等。莫迪在第二任期基本延续了其第一任期推动AEP的趋势，通过双边与多边途径积极推进AEP，在经贸与安全领域的合作不断深化，互联互通合作取得新进展，尤其是在新冠肺炎疫情背景下，赋予AEP更多新内容。

“东向行动”政策体现在多边层面，印度通过“东盟—印度高官会”、“东盟—印度峰会”和“东亚峰会”强化与东盟的合作。在2020年7月举行的第二十二次东盟—印度高官会上，双方就东盟—印度合作及其未来发展方向、新冠肺炎疫情形势及应对，以及所关注的区域和全球问题进行了讨论。2020年9月举办东盟—印度外长会，审议东盟—印度战略伙伴关系在海上合作、互联互通、教育和能力建设以及人文交流等多个领域的现状，通过《东盟—印度行动计划（2021~2025年）》。2020年11月举行第17届东盟—印度峰会，回顾双方在互联互通、海洋、商贸、教育和能力建设等重点领域的合作进展，讨论如何进一步加强东盟与印度的接触。在双边层面，印度与越南的关系有所发展，两国之间的防务安全联系不断加强，尤其是印越海上安全合作进一步深化。目前，印越双方形成了年度安全对话以及海上安全对话机制。截至2021年4月，印越共举行了13轮年度安全对话和两轮海上安全对话。尤其是海上安全对话，双方磋商内容包括讨论海上安全领域发展态势、区域合作活动面临的机会与挑战等。2020年12月，印度总理莫迪与越南总理阮春福举行视频峰会，双方一致认为，印度和越南加强防务和安全伙伴关系将是实现印太地区稳定的重要因素，为此，双方将加强三军以及海岸警卫队的军事交流、培训和能力建设，在印度为越南提供国防信用额度的基础上加强两国的国防工业合作。两国表示，双方将通过后勤保障、军舰互访、联合演习、军事科技交流、信息共享、联合国维和等方式，进一步推动防务交流机制化。[①] 在互联互通领域，印度积极推进湄公河—恒河经济走廊和亚非增长走廊建设，推进缅甸的卡拉丹多式联运项目和印缅泰三边公路建设，并计划将印缅泰公路向东延伸至柬埔寨、老挝和越南。同时，印度也在探索实现安达曼尼科巴和印尼沙邦之间、印度东南部港口与泰国拉廊港之间的互联互通。

印度莫迪政府在“东向行动”政策的指导下加大对太平洋岛国的接触力度，提升与太平洋岛国的合作水平。近年来，受地缘政治、经济和战略因素驱动，印度开始加大对太平洋岛国的外交力度。印度认为，南太平洋次区域是更广大的印太地区的组成部分，因其位于海上贸易路线的十字路口，地缘战略重要性日益凸显。在大国博弈日益转向印太地区的背景下，南太平洋岛国吸引了区域内和区域外大国的关注，而印度布局太平洋岛国，也与其利益诉求日益向印太地区扩展一致。2014 年 11 月，莫迪总理在首次“印度—太平洋岛国合作论坛”（FIPIC）上呼吁与太平洋岛国建立更紧密的伙伴关系，强调印度致力于推进太平洋岛国发展的优先事项。首届论坛宣布了一系列举措，包括为应对地区气候变化设立特别适应基金，为公共关系委员会提供技术援助和能力建设培训，为加强互联互通启动泛太平洋岛国电子网络项目，同时宣布为太平洋岛国提供援助等。2015 年 8 月举行的第二届“印度—太平洋岛国合作论坛”讨论了气候变化、清洁能源、粮食安全、联合国改革等议题，莫迪强调有必要在共同的愿望和挑战的促进下，在印度和太平洋岛国间发展更密切的伙伴关系。2019 年 9 月第 74 届联合国大会期间，印度—太平洋发展中岛屿国家领导人会议在纽约举行，双方讨论了未来合作路线图，莫迪总理宣布了总额为 1200 万美元的赠款，为太平洋岛国实施自选的高影响力发展项目提供支持，同时还宣布了 1.5 亿美元的优惠信贷额

① “India-Vietnam Joint Vision for Peace, Prosperity and People,” MEA, GOI, December 21, 2020, https://www.mea.gov.in/bilateral-documents.htm?dtl/33324/india++vietnam+joint+vision+for+peace+prosperity+and+people.

度，向这些国家的太阳能、可再生能源和与气候相关的项目提供支持。① 然而受疫情影响，计划于2020年在巴布亚新几内亚举行的第三届“印度—太平洋岛国合作论坛”未能如期举行。按照计划，其将进一步探讨促进贸易和投资、可持续发展、蓝色经济、海上安全、灾害管理、人力资源开发、民间交往等双方共同关心的问题。

印度莫迪政府针对西亚地区的外交政策经历了从“西向思考”到“西向连接”（Link West）并最终向“西向行进”（Go West）转变。印度与西部扩展邻国的历史联系悠久，但受巴基斯坦与阿拉伯海湾国家关系稳固以及美国作为地区安全与稳定主要担保人等因素的影响，印度对这一地区的政策长期处于边缘地带，双边关系更多地体现在能源、贸易和劳务三个领域的联系上。以2015年8月莫迪访问阿联酋为标志，印度对西亚地区的政策开始发生显著变化。2016年3月瑞辛纳对话会上，印度外交秘书苏杰生开始使用“西向思考”概念阐述印度与海湾地区国家的关系，指出印度不再满足于扮演被动接受者的角色，印度“东向行动”政策将与“西向思考”相匹配。② 2017年，第二次瑞辛纳对话会期间，苏杰生再次指出，印度与海湾合作委员会和伊朗的接触是现任政府的一项标志性主动行动，印度以一种几十年来从未有过的方式参与中东事务。与前两届辛格政府十年四访西亚相比，莫迪在第一任期内十访西亚，2015年和2018年两访阿联酋，2016年访问沙特阿拉伯、伊朗和卡塔尔，2017年访问以色列，2018年访问阿曼、约旦和巴勒斯坦。实际上，印度莫迪政府加大对西亚地区的外交力度受三个因素的驱动：③ 一是保障能源供应和保护西印度洋贸易路线以确保印度经济发展；

---

① “Prime Minister Meets Pacific Island Leaders,” MEA, GOI, September 24, 2019, https://www.mea.gov.in/press-releases.htm?dtl/31854/prime+minister+meets+pacific+island+leaders.

② “Speech by Foreign Secretary at Raisina Dialogue in New Delhi,” MEA, GOI, March 2, 2015, https://www.mea.gov.in/Speeches-Statements.htm?dtl/26433/speech+by+foreign+secretary+at+raisina+dialogue+in+new+delhi+march+2+2015.

③ Anubhav Gupta, “India's Evolving Ties with the Middle East,” August 8, 2019, https://asiasociety.org/asias-new-pivot/india.

二是在“扩展邻国”概念的背景下将西亚视为自身势力范围，与包括中国在内的其他域外国家争夺地区影响力；三是通过建立安全伙伴关系，增强在印度洋的军事能力和存在以确保生活在西亚地区的印度人安全。目前，印度与西亚关系得到极大提升，双方在能源、贸易、投资和安全等领域的合作不断深化。2019 年 3 月，时隔 50 多年后伊斯兰合作组织（OIC）再次向印度发出加入的邀请。

莫迪政府通过推进 SAGAR 施展邻国外交，目标是塑造印度作为地区合作的“赋能者”和区域安全的“提供者”的良好形象。可以说，印度推进 SAGAR 是有一定优势的，包括印度位于印度洋的地理中心，可以聚集合作伙伴关注的议题，在应对海上安全挑战上有一定的能力和经验。然而，印度在推进 SAGAR 时也存在弱点，主要表现为印度在能力与执行力上存在不足。

## 四 “多向结盟”新趋势

莫迪政府将深化与美国战略伙伴关系作为应对变局与挑战、实现印度对外战略目标和大国抱负的重要路径，致力于在“印太海洋倡议”与美国“印太”战略上找到契合点。同时，莫迪政府以“多向结盟”为导向，试图调整对俄政策以应对世界多极化与全球格局重新平衡的新趋势。

莫迪政府积极提升与美国的战略协调水平，致力于强化印美全面全球战略伙伴关系，印美安全合作出现重大进展，以美日澳印为代表的双边、三边以及四边机制进一步深化。首先是印度与三国均建立起外长与防长的“2 + 2”对话机制，尤其是与美国和日本的外长、防长“2 + 2”机制已于 2019 年提升至部长级。其次是印度与三国双边关系的定位显著提升，战略内涵日益充实。印度与美国于 2020 年 2 月决定建立“全面全球战略伙伴关系”（CGSP），与澳大利亚于 2020 年 6 月将关系提升为基于“相互理解、信任、共同利益和共同民主法治价值观”的“全面战略伙伴关系”（CSP），与日本建立起“特殊战略与全球伙伴关系”以及两国政府首脑年度峰会机制。最后是印度与美日澳三国在安全领域的合作不断升级。截至 2020 年底，印度与美国已经签署了《后勤交流备忘录协定》（LEMOA）、《通信兼容和安全协议》（COMCASA）以及《地理空间基础交换与合作协议》（BECA），印度与澳大利亚签署了《相互后勤保障安排》，与日本签署有效期为十年的军事领域《物资劳务相互提供协定》。在小多边层面，印度与美国和日本建立起美日印峰会机制以推进三国在多领域尤其是在海上安全、基础设施、互联互通以及促进“印太”和平等领域进行协调与合作。同时“美日印澳四边机制”进程明显提速，目前已经呈常态化和扩大化趋势。2019 年 9 月，四国将对话升级为外长级别。2020 年 3 ~5 月，四国与韩国、越南、新西兰举行了涉及不同组合的、多轮“四边 +”副外长级多边对话。2021 年 3 月，四国举行第一届在线峰会，莫迪在讲话中宣称，四国因民主价值观以及对自由、开放和包容的印太地区的承诺而团结在一起，四国将携手合作促进推广共同价值观，促进建立安全、稳定和繁荣的印太。举行峰会表明“美日印澳四边机制”已经成熟，“美日印澳四边机制”将是该地区稳定的一个重要支柱。①

莫迪政府第一任期曾将印俄特殊特权战略伙伴关系作为复杂国际形势的稳定之锚，将全面深化与俄罗斯的战略合作视为印度对外政策的优先方向。然而在第二任期开始后，受战略上向美国进一步倾斜、中俄战略协调加速发展、俄巴关系回暖等因素影响，印俄关系出现疏远迹象。2021 年以来，受国际环境日趋复杂以及不稳定性、不确定性明显增强等因素推动，尤其是在全球经济复苏面临压力的背景下，莫迪政府校准对俄罗斯政策的趋势也开始出现。2021 年 2 月，印度外交秘书在俄罗斯外交学院发表演讲时指出，两国利益的长期契合、对彼此核心关切敏感、两国领导人间的相互尊重信任，以及不断扩大的人文交流，是双边伙伴关系发展的重要动力。② 4 月，俄罗

① “Prime Minister's Opening Remarks at the First Quadrilateral Leaders' Virtual Summit,” MEA, GOI, March 12, 2021, https://www.mea.gov.in/Speeches - Statements.htm? dtl/33618/prime + ministers + opening + remarks + at + the + first + quadrilateral + leaders + virtual + summit.

② “Foreign Secretary's Speech at the Russian Diplomatic Academy, Moscow (February 17, 2021),” MEA, GOI, February 18, 2021, https://www.mea.gov.in/Speeches - Statements.htm? dtl/33535/foreign + secretarys + speech + at + the + russian + diplomatic + academy + moscow + february + 17 + 2021.

斯外长访问印度期间，印度外长苏杰生强调印俄关系是“久经考验、充满活力和前瞻性的”。总体来看，莫迪政府认为在充满活力和不确定性的时代，实现世界多极化与全球格局重新平衡呈现新趋势，在此背景下校准对俄政策将带来多重战略收益。一是发挥印俄战略合作稳定器的作用，对冲美国政府对外政策不确定性对印度的影响；二是借力俄罗斯在多边机制中增加与扩大印度自身的存在与影响，在诸如上海合作组织、金砖国家等多边机制中借助俄罗斯推动“印太海洋”倡议，体现印度的意愿，同时拓展与中国互动的渠道；三是借助俄罗斯的地区影响力推进实施印度的地区政策，在“连接中亚政策”和“西向思考”上获得俄罗斯的理解和支持；四是在具体议题上获得俄罗斯的支持，尤其是在“入常”、申请加入核供应国集团、印巴克什米尔争端以及中印边界冲突等问题上。

莫迪政府的对华外交曾奉行经济上合作和战略上平衡的“双轨政策”，但自发生加勒万河谷冲突事件后，莫迪政府对华奉行经济上“脱钩”和军事上“对抗”的政策，其对华政策日益走向战略竞争与对冲。莫迪政府推行强硬的对华政策，尤其是在经贸投资领域试图与中国“脱钩”，在边界问题上重拾冒险的“前进政策”。这不仅导致维护边境地区和平与安宁的难度上升，也使中印关系整体稳定的大局面临重大挑战。客观来看，印度国内政党政治发展与印度教民族主义崛起、中印两国间新老问题交织、印度舆论对华认知变化、美国等国家对印度的拉拢等因素，都对莫迪第二任期对华政策变化产生直接影响。目前，莫迪政府对中国的对冲与竞争心态日益突出，不仅抵制“一带一路”，反对中巴经济走廊，出台针对中国的外国投资限制法案，退出中国参与的 RCEP 等，还在“台湾问题”上搞小动作，在南海问题与香港问题上发声。受印度疫情失控、经济萎缩、民粹舆论以及美国拉拢等因素影响，中国致力于全局性、长期性和战略性地塑造中印关系的努力陷入困境并面临挑战。尤其是在边界问题上，印度更加表现出“战略冒进”与“军事冒险”。自 2020 年 6 月加勒万河谷肢体冲突到 2021 年 4 月底中印双方通过外交和军事渠道保持对话沟通，双方共举行了 7 次边境事务磋商和协调工作机制会议和 11 轮军长级会谈，然而就其他地区脱离军事接触的磋

商显然困难重重。尽管中印关系面临重大挑战，但 2021 年印度遭受第二波新冠肺炎疫情冲击以来，中国是最早向印度提供支持和帮助的国家之一，中国在抗疫物资提供、通关运输便利和抗疫经验分享上向印方提供了力所能及的支持和帮助。

## 五　“印太海洋倡议”前瞻

印度莫迪总理为印度制定了雄心勃勃的“新印度战略”，尤其是希望利用此次新冠肺炎疫情危机，使印度在后疫情时代成为全球制造业和供应链的关键参与者，但这样的愿景的实现需要巨大的投资和拥有前瞻性思维。客观来看，印度目前仍是“平衡力量”，其对外政策行为也更多地体现出“平衡力量”特征，这也是印度追求并倡导真正开放、包容与合作的全球秩序的重要原因。有鉴于此，尽管“印太海洋倡议”取得了一些成效，但其也面临重大挑战。

印度寻求多向结盟，但尚不确定它将如何在“美日印澳四边机制”和东盟之间取得平衡。“美日印澳四边机制”成员国承认东盟的中心地位，但“美日印澳四边机制”稀释东盟中心地位的趋势不可避免。与此同时，如果印度积极参与“美日印澳四边机制”，就必须确保 AEP 的目标不被边缘化。然而，印度退出“区域全面经济伙伴关系协定”（RCEP）谈判，让相关伙伴对印度全面推进 RCEP 尤其是贸易互联互通有所顾虑，这可能对印度推动的“印太海洋倡议”产生负面影响。同时，海上安全是“印太海洋倡议”的重要支柱，印度渴望在海上安全方面发挥带头作用，这与印度宣称的“印太”愿景不能破坏传统的地区安全架构尤其是“以东盟为中心”的地区安全架构相悖。印度把七个支柱分别“发包”给“志同道合”的合作伙伴的做法，也与其宣称的东盟中心地位存在矛盾。

美俄矛盾对印度对外政策构成挑战。加强与“志同道合”国家的伙伴关系与莫迪政府更广泛的世界观一致，即战略伙伴关系是加强而不是限制印度战略自治的关键。根据这种观点，印度不应回避进行更密切的接触，也不

应沉迷于不结盟，而应该发展这种伙伴关系以扩大印度应对相关国家的战略空间。[①] 显然，印度希望在“走近美国”的同时仍旧“抱紧俄罗斯”，但这不是简单的外交技巧可以实现的。尽管印俄特殊战略伙伴关系有国防、能源、空间和民用核能领域的四个传统支柱的支撑，并且双方也寻求在欧亚经济联盟框架内以及远东和北极等领域合作，但印方倡导“印太海洋倡议”而俄方倾向重视亚太，在阿富汗问题上，俄罗斯推动将塔利班纳入喀布尔的权力分享安排似乎也与印度推动的进程背道而驰，而且俄罗斯准备通过提供装备以加强巴基斯坦反恐努力的做法也引起印度顾虑。这些都对印度希望平衡发展与美国和俄罗斯的关系构成挑战。

印度推进“印太海洋倡议”的能力有限，伙伴国的支持程度存在不确定性。印度尽管有政治意愿，但没有资源优势。在印度的外交政策中，实践与理论的差距一直受到挑战。尽管“印太海洋倡议”可能是印度对中国“一带一路”的最优回应，但考虑到印度能力有限，印度不可能像中国那样为促进基础设施发展提供资金。这也是莫迪政府呼吁志同道合国家“认领”IPOI 支柱的原因。同时，伙伴的支持程度也存在不确定性。尽管澳大利亚、日本甚至一些欧盟国家明确表示加入“印太海洋倡议”并愿意成为某一支柱的“领头羊”，但印度的注意力集中在霍尔木兹海峡和马六甲海峡之间地带，而美国政策制定者对该地区没什么兴趣。除防务领域中印美两国的利益高度契合外，两国在经贸合作上存在利益分歧，在地区外交上存在立场差异。

莫迪政府对互联互通伙伴的选择带有意识形态偏见。莫迪政府高度关注印度国内以及与合作伙伴之间的互联互通，在“印太海洋倡议”涵盖的七个支柱中，互联互通是重要支柱。然而，莫迪政府对互联互通伙伴的选择却带有偏见，认为互联互通建设只有与宗旨和目标一致的国家结成协同伙伴关系才能取得成功。这也是印度不参与“一带一路”，但对美国主导

---

① Harsh V. Pant, Premesha Saha, “India, China, and the Indo-Pacific: New Delhi’s Recalibration Is Underway,” *The Washington Quarterly*, 43 (4), 2021, p. 196.

的“蓝点网络”计划表现出兴趣，积极推进“亚非增长走廊”，寻求与美日澳构建“弹性供应链同盟”的重要原因。然而印太地区也是中国“一带一路”的核心区域，以意识形态排斥“一带一路”本质上会“打脸”其标榜的“印太海洋倡议”的包容性与开放性，反而拉低了其所谓的“道义高点”。

# B.8
# 日本菅义伟政权的外交战略转向及中日关系的新挑战

李成日*

摘　要：　2020年9月，菅义伟在自民党总裁选举中获胜，就任日本第99任首相，结束了“安倍时代”。同年11月，美国民主党候选人拜登当选总统，实现了民主党的重新执政。菅义伟在就任首相和顺利举办东京奥运会后，一方面着力控制新冠肺炎疫情；另一方面继承“安倍路线”，进一步加强日美同盟。菅义伟上任后调整外交战略，采取“联美遏华”政策，在中美战略竞争日益严峻的背景下，中日关系再次面临新的挑战。

关键词：　日本外交转向　中美战略竞争　日美同盟　中日关系

## 一　菅义伟政府的执政基础及外交政策走向

2020年8月28日，日本首相安倍晋三突然宣布辞职，称“因为疾病而变得无法做出正确判断”，日本迎来“后安倍时代”。日本在安倍时期实现了长期的政权稳定，树立了“强首相”的权威，安倍执政下的日本取得了内政外交方面的一些成功。

---

* 李成日，博士，中国社会科学院亚太与全球战略研究院助理研究员，主要研究方向为东北亚国际关系、中日关系。

9月14日，安倍执政时期的内阁官房长官菅义伟在自民党总裁选举中击败前外相岸田文雄和自民党前干事长石破茂，当选日本自民党总裁。9月16日，菅义伟正式就任日本首相。他在首次记者会上表示，新政府的首要课题是克服新冠肺炎疫情，继承“安倍经济学”，将恢复经济活力作为重要课题，在外交方面提出以日美同盟为基轴，推进与中国、俄罗斯等国家构建稳定的关系。[①] 10月26日，菅义伟在首次施政演说中再次强调，日本将以日美同盟为基轴，为实现构建“自由与开放的印度洋—太平洋”的目标，继续加强日美同盟。[②]

2021年1月18日，日本首相菅义伟在第204届国会施政方针演说中表示，通过尽快实现日美首脑会谈，加强日美同盟合作，继续推进“自由与开放的印度洋—太平洋”[③]。由此，菅义伟上任后，日本政府继续推动安倍时期的“印太”战略，优先重视和加强日美同盟。拜登也表示《日美安保条约》第五条仍然“适用”于钓鱼岛，在一定程度上满足了日本在安全方面的需求。

菅义伟作为日本首相，任期到2021年9月，其已表示不再参选自民党总裁。首先，菅义伟在自民党总裁选举中得到了党内五大派系的支持，有比较稳定的执政基础。他是在任时间最长的内阁官房长官，也是前任首相安倍晋三最亲密的“战友”。安倍首相的政治业绩中，有相当一部分与菅义伟背后默默无闻的支持和积极配合有关，特别是他在抗击疫情、稳定日本经济方面做出的努力得到一定赞赏。

其次，从内政上看，菅义伟具有相当丰富的执政经验和能力。2020年，日本经济增长率由于受到新冠肺炎疫情的打击而大幅下跌，这是二战结束以来最差的时期，也让安倍执政8年的经济成就回到起点。不过，日本国内对“安倍经济学”的评价还是较高的。安倍政府出台了有史以来规模最大的财

① 「菅内閣総理大臣記者会見」、2020年9月16日、日本首相官邸、http://www.kantei.go.jp/jp/99_suga/statement/2020/0916kaiken.html。

② 「第二百三回国会における菅内閣総理大臣所信表明演説」、2020年10月26日、日本首相官邸、http://www.kantei.go.jp/jp/99_suga/statement/2020/1026shoshinhyomei.html。

③ 「バイデン次期米国大統領との電話会談についての会見」、2020年11月12日、日本首相官邸、https://www.kantei.go.jp/jp/99_suga/statement/2020/1112kaiken.html。

政刺激计划，金额占日本 GDP 的 40% 以上。目前，日本的疫情仍然较为严重。菅义伟继续推进“安倍经济学”，实施货币宽松和更大规模的财政支出政策，并重点关注数字经济、全球自由贸易化等增长战略。

最后，菅义伟在外交上基本继承“安倍路线”，继续推动以美日同盟为核心的“印太”战略，同时稳定与中国、俄罗斯等周边国家的关系。从 2012 年 12 月开始，安倍晋三在执政期间修改“武器出口三原则”、《日美防卫合作指针》以及《防卫计划大纲》，解禁集体自卫权，大幅修改战后日本的专守防卫原则，进一步向正常化国家迈进。同时，美国、印度、澳大利亚以及欧洲等国家对安倍的评价普遍很高，所以对得到安倍支持的菅义伟来讲，在外交上有很多的优势。

当然，菅义伟也有不少弱点：一是菅义伟在自民党内并不属于任何一个派系；二是菅义伟的政治倾向与安倍十分接近，其支持率受到日本舆论对安倍评价的影响。当然最关键的是，为了顺利举办东京奥运会，他必须控制好新冠肺炎疫情，目前，日本新冠肺炎疫情形势仍然严峻，只能“走一步，算一步”，不能乐观。

## 二　拜登上任后日美同盟强化及合作动向

2021 年 1 月，美国新总统拜登上任，结束了“波澜万丈”的特朗普执政时期，开启了民主党执政的新的四年。由于拜登在总统竞选过程中多次表示重视同盟关系、多边机制以及民主价值，因此美国最重要的亚太盟友日本对拜登当选表示期待和支持。1 月 28 日，菅义伟第一时间与拜登通电话并表示，为实现构建“自由与开放的印度洋—太平洋”的目标，加强日美同盟和“美日印澳四边机制”（QUAD），欢迎美国重新加入有关气候问题的《巴黎协定》和世界卫生组织（WTO）。[①] 此次日美首脑之间的通话，是拜

① 「日米首脳電話会談」、2021 年 1 月 28 日、日本外務省、https：//www. mofa. go. jp/m ofaj/na/na1/us/page1_ 000925. html。

登正式就任总统后首次与亚洲国家领导人的通话。

1. 在拜登政府重视同盟关系、多边机制、民主价值的背景下，日本在美国同盟体系中的地位急速上升，将发挥更加主动的作用

2021 年 3 月，美国白宫国家安全委员会公布了拜登政府的《国家安全战略中期指导方针》（Interim National Security Strategic Guidance），将恢复同盟体系设为国家安全战略的最优先事项。拜登总统将中国定位为以“经济、外交、军事以及技术为依靠，持续挑战国际秩序的、具有巨大潜力的竞争者”，强调与北约、澳大利亚、日本以及韩国的同盟关系是美国最大的战略资产。[①] 该文件是美国新政府首次发表的安全方面的政策资料，也是目前了解美国新政府的对外、安全政策的最重要的官方资料。

拜登正式上任以后，通过慕尼黑安全对话、G7 首脑视频会议以及双边之间的首脑通话和高层访问以及多种对话机制，开展了美国新政府的外交活动。在亚太地区，拜登政府通过“美日印澳四边机制”，开始推动“印太”战略。

3 月 12 日，美日印澳四国首脑首次举行视频会议，这也是“美日印澳四边机制”首次举行的首脑会谈。此次首脑会谈达成多项共识，四国首脑为确保印太地区安全与繁荣，共同支持法律支配、航行及上空飞行的自由、和平解决纠纷以及确保领土的完整性，建立美日印澳之间新冠病毒疫苗伙伴关系，并成立新冠病毒疫苗专家工作组、气候变化工作组、新兴技术工作组等，联手积极应对气候变化、疫情以及先进技术及国际标准制定等诸多领域面临的挑战[②]，强化“印太”战略的经济及区域治理功能，从而将对话逐步变成机制。虽然没有明确提到中国，但所提到的内容和观点，基本上是为了牵制中国，例如，强调在东海和南海基于规则的海洋秩序、共同应对挑战等。

---

① *Interim National Security Strategic Guidance*, White House, March 3, 2021, https://www.whitehouse.gov/wp-content/uploads/2021/03/NSC-1v2.pdf.

② 「日米豪印首脳会議ファクトシート」、2021 年 3 月 12 日、日本外務省、https://www.mofa.go.jp/mofaj/files/100159232.pdf。

此外，首脑会谈上强调东盟在亚太地区的中心地位，支持日美韩三边合作。今后，东盟和韩国将成为中美战略博弈的主要争取对象，也是日美联手争取支持的对象。

2. 在中美战略博弈背景下，日本更加跟紧美国，主动发挥影响力，千方百计试图牵制和阻挠中国的发展

中美战略博弈基于两国之间综合国力对比发生变化的结构性因素所引起的国力及地位转移问题，会是一个比较漫长的、复杂的过程。

2021 年 3 月 16 日，日美两国政府在东京召开了外长和防长出席的“日美安全保障协议委员会”（2 +2）会议，并发表了联合声明。[①] 在此次会议上，日美双方将矛头明确对准中国，声明中针对中国的内容如此之多，所用言辞如此之激烈，是前所未有的。主要原因是：第一，拜登政府借此机会表明重视同盟的作用，纠正被特朗普破坏的同盟关系，凸显美日同盟的特殊性，借此紧紧拉住日本以作为其战略帮手；第二，日本借此让美国支持其主要的关切，特别是东海、南海问题，钓鱼岛争端问题，“为虎作伥”，“狐假虎威”，向中国全面施压。

从日本方面来看，菅义伟政府在对华政策上基本上继承了安倍的路线，但在一些方面表现得更为强硬。拜登政府更加强调美国主导下的同盟，这让日本感到满意。此次日美会议发表的联合声明几乎满足了日本所有的安全关切，且美国明确表示站在日本一边，满足了日本的胃口，也让菅义伟在国内有了一定的支持度。

从美国方面来看，拜登政府上台后，承诺要将修复同盟关系放在任期内外交议程的首位，日本是美国最具战略价值的盟友，且在东亚地区具有重要的战略地位，是遏制中国的主要地缘国。同时，日美在加强同盟关系方面的意向与利益基本一致，试图修复特朗普时期所造成的同盟裂痕。

从总体上看，日美两国在涉华问题上的基调基本吻合，即将中国视为地

① 「日米安全保障協議委員会（2 +2）共同発表」、2021 年 3 月 16 日、日本外務省、https：//www. mofa. go. jp/mofaj/files/100161034. pdf。

区秩序乃至国际秩序的“威胁”，指责中国改变地区秩序，争夺海上霸权，以同盟关系为框架，遏制中国发展。

3. “印太”战略将是美日同盟的主要合作领域，实现联手对华进行遏制的战略对接

当前，日本重点关注的是《中华人民共和国海警法》、中国在东海的影响力，以及钓鱼岛争端升级并发生冲突。[①] 美国则更为关注中美之间的战略竞争、现有秩序中中国的挑战与改变、中国的人权问题和价值观问题等。在“印太”战略上，日本希望实现稳定与安全，避免发生对抗，确保地区繁荣发展，而美国则更侧重于确立在印太地区的主导权，遏制中国的所谓“战略扩张”。

对比日美和日韩防长、外长“2＋2”会谈发表的联合声明可以发现，日本利用美国遏华的战略意图日益凸显。中日之间存在钓鱼岛主权争端，加上疫情蔓延，日本在人权、香港、台海等问题上更加积极配合美国，紧跟美国，处处对华施压。

另外，与日本相比，美国在亚太的另一重要盟友韩国为解决朝核问题和构建朝鲜半岛和平机制迫切需要获得美国的支持，早日推动朝美协商和朝韩对话，所以，在驻韩美军防卫费分担上韩国做出让步，并以此为筹码在其他问题上试图得到美国的支持。当然，韩国也有求于中国，所以不会过度跟随美国，以尽量在中美之间保持一定的平衡。

在朝鲜半岛问题上，拜登政府将调整特朗普政府对朝鲜的政策，希望通过加强美日韩三方合作，进一步向朝鲜施压。目前，日本与韩国的关系仍处于冰点，日本担心美国会对日本提出更多要求，让日本在对韩关系上变得被动，这也是日本面临的压力之一，但日韩关系在短期内难以改善，这可能会影响到美国的“印太”战略部署。

---

① 斎藤勝久「日中対峙の尖閣海域:『海警船』に立ち向かう海保巡視船」、『nippon. com』、2021年3月25日、https://www.nippon.com/ja/in-depth/d00698。

## 三　菅义伟首相访美后日美同盟战略对接

2021 年 4 月，日本首相菅义伟正式访问美国，同拜登总统进行了首脑会谈，并发表了共同声明。两国首脑提出日美建立新的“竞争力与韧性的伙伴关系”，声称要“领导可持续、包容、健康、绿色的全球经济复苏”，涵盖经济技术竞争力创新、新冠肺炎疫情及公共卫生治理、气候变化与清洁能源开发等诸多领域。[①] 此次访美的菅义伟是拜登就任美国总统以来与之第一次会见的外国首脑。菅义伟通过访美不仅巩固了此前因抗疫不力而动摇的执政基础，也确实获得了日本国内舆论的正面评价。

1. 在台海、东海以及南海等安全领域，日本积极配合美国采取更加挑衅中国的军事行为，联合施压中国

目前，日本方面在台湾问题上所做的已经不只是在日美防长、外长“2 +2”会谈中的某种表述，而是让台湾问题成为中日之间的“一根刺”，这将造成中日关系严重倒退。这些已经明确反映出日美加深介入台湾问题、进一步将台湾“战略筹码化”，以加大“遏华”“防华”力度。

日本现任防卫大臣、前首相安倍晋三之弟岸信夫被外界认为是“亲台派”。在 3 月美日防长、外长“2 +2”会谈后，他曾声称今后有必要探讨“自卫队能为支援台海地区美军提供什么协助”[②]。那么，“台湾有事”时，日本自卫队能采取何种军事行动呢?

第一，根据“重要影响事态法”，自卫队可能向美军提供后方支援，并进行搜索救助活动（“重要影响事态”）。第二，根据“自卫队法”，在美军发生武力攻击时，可根据集体自卫权进行反击（“存立危机事态”）。第三，根据“自卫队法”，根据个别自卫权使用武力，对日本的攻击进行武力反击

① 「日米首脳共同声明　新たな時代における日米グローバル・パートナーシップ」、2021 年 4 月 16 日、日本外務省、https://www.mofa.go.jp/mofaj/files/100181507.pdf。

② 「防衛大臣記者会見」、2021 年 3 月 23 日、日本防衛省、https://www.mod.go.jp/j/press/kisha/2021/0323a.html。

（“武力攻击事态”）[①]。

2016年，日本“新安保法”实施以来，日本自卫队在事实上已经突破“和平宪法”限制，取得在海外同美军协同作战的集体自卫权。2017年1月，日本中曾根世界和平研究所提出建议，将日本防卫费提高到占GDP的1.2%。日本除了增强本国的防卫能力以外，还通过日美联合军演等，加强对钓鱼岛的“防卫”。

此外，日美将继续坚持有日美澳印四国海军参加的“马拉巴尔”联合军演。同时，日本积极欢迎和推动英国、法国以及德国等西欧国家参与。目前，日本的“印太”战略比较侧重于开发、援助，而美国更加侧重于南海航行自由等传统安全方面。日本过去主要通过支援菲律宾、越南等东南亚国家实现海上警备能力的增强，今后，其会在进一步加大对这些国家的支持力度的同时，加强与它们在经济方面的合作。

2. 经济与技术领域方面，尤其是高端领域及供应链方面的合作成为日美联手对华牵制的经济方面的主要抓手

美日两国在此次首脑联合声明中声称，将在5G、人工智能、量子技术、半导体供应等领域进行共同投资，加强与七国集团（G7）、世界贸易组织（WTO）等的合作，以确保所谓的“民主阵营”在高端科技上的竞争优势。美国总统拜登强调，技术也是中美之间竞争的重要领域。

特朗普时代的美国，打出与中国在高科技上“脱钩”的政策。为了配合美国的这一行动，日本特意提出了“经济安保战略”，重打鼓，另开张，建设一套与美国共成体系的供应链，这是日美经济安保合作的重要内容。这个供应链可能是排除中国后重构的新的链条，而且下一代半导体的开发将是日美技术合作的重点内容。

日美力图将各自新经济技术战略及全球性问题对策“外化”并实现对接，以此作为支撑同盟强化、拓展利益基础的增长点。为此，两国强调在数字经济、先进通信技术等领域增强竞争力；在5G及6G的通信技术方面，

---

① 『読売新聞』、2021年4月18日。

日本将拿出 20 亿美元，美国将拿出 25 亿美元，建立起新的供应链。同时，推进稀土等战略物资方面的日美产业合作，以保障供应链完整。

在日美此次会谈所达成的共识中，携手共同抵制“一带一路”建设是进行经济合作的另一个重要内容。2021 年 3 月 26 日，美国总统拜登向英国首相约翰逊提议，“民主国家”也需要一个基建计划，以与中国的“一带一路”倡议竞争。

日本中曾根世界和平研究所在 2021 年 3 月发表的《美国新政权与日本：日美首脑会谈前的紧急建议》报告中指出[①]，在经济领域，尤其是在高科技领域，日本具有很强的优势，例如，日本所引领的无线接入网络的开放化（O－RAN）能够在 5G 领域对抗华为；同时强调，2019 年 11 月，在日美澳三国启动的支援基础设施建设的“蓝色网点计划”中，日美两国将继续利用此种合作框架，加强对发展中国家进行的基建援助。

3. 围绕新疆、香港等问题的价值观外交，将是日美联手对华牵制的另一个重要领域

日美强调两国作为“民主国家联盟”成员共享所谓“普世价值观”，不仅将政治、安全问题持续意识形态化，还将诸多经济与社会治理议题与价值观因素挂钩，将“以意识形态划线”的领域进一步扩大。2020 年伊始，自民党内部就有人提出制定能够发动人权问题的相关制裁法案，也就是“日本版马格尼茨基法案”[②]。目前，除自民党以外，其他政党的一些政客也开始表示支持。

拜登总统之所以第一个选择会见菅义伟首相，不仅因为美日的同盟关系，而且因为日本是针对中国的最大的盟国。菅义伟访美，终究是美国对华战略的一环，也就是“一步棋”。今后，在对华关系日益严峻的形势下，日本如何缩小日美之间立场的差距，将是最大的难题。目前，双方之间还存在

---

① 久保文明「米国新政権と日本：日米首脳会談前の緊急提言」、2021 年 3 月 31 日、中曽根康弘世界平和研究所、http：//www. iips. org/research/2021/03/31151155. html。

② 2021 年 3 月，日本前防卫大臣中谷元主张，“日本政府应像美国、欧洲那样，对新疆人权问题采取具体行动”。参见『日本経済新聞』、2021 年 3 月 25 日。

不小的分歧，甚至在日本内部也未达成共识。

此次日美首脑会谈最大的焦点是将“台湾”写入联合声明。日媒称，由于美方坚持要写入声明，而日本持慎重的态度，有关这一问题的协调遇到了诸多困难。最终在日美首脑联合声明中还是出现了“日美在强调维持台湾海峡和平与稳定重要性的同时，敦促两岸问题和平解决”的字样。而后半句据说是应日方的强烈要求加上去的。

另外，对于新疆问题，在记者会上，围绕所谓新疆人权问题，七国集团中只有日本没有采取制裁措施，菅义伟指出，“关于日本的立场和应对，已经向拜登总统进行说明，并得到理解”[①]。这也说明美日双方的想法存在一些差异。

## 四　中日关系再次面临重大考验和新的挑战

2020 年 9 月 16 日，菅义伟就任日本首相后，国家主席习近平第一时间致电菅义伟，祝贺他当选日本首相，并表示发展长期稳定、友好合作的中日关系。[②] 菅义伟也在就任后的首次记者会上表示，推进与中国、俄罗斯等国家构建稳定的关系。[③]

突如其来的新冠肺炎疫情，影响了 2020 年中日之间的正常交流与经贸往来，也影响了一些重要政治议程的实现。由于菅义伟应对新冠肺炎疫情不力，加上面临举办东京奥运会的巨大压力，其一方面坚持“安倍路线”，另一方面在对华关系上逐步转向强硬。

由于美国政府更迭，民主党建制派重掌美国外交权柄，日本对美国的期待值升高，外交表现出危险的趋势。日美首脑联合声明中大量涉及拜登政府对华政策的内容。因此，日本将面临很大的经济负担。韩国统一部前长官李

① 「日米共同記者会見」、2021 年 4 月 16 日、日本首相官邸、http：//www. kantei. go. jp/jp/99_ suga/statement/2021/0416kaiken1. html。

② 《习近平致电祝贺菅义伟当选日本首相　李克强向菅义伟致贺电》，2020 年 9 月 16 日，中华人民共和国外交部网站，https：//www. fmprc. gov. cn/web/zyxw/t1815377. shtml。

③ 「菅内閣総理大臣記者会見」、2020 年 9 月 16 日、日本首相官邸、http：//www. kantei. go. jp/jp/99_ suga/statement/2020/0916kaiken. html。

钟爽在接受《日本经济新闻》采访时表示，“如果日本选择与中国对立的道路，那么其经济会受到不小的影响，而且日本赞同美国向中国施压，是一种冒险的选择”①。

根据日本贸易振兴机构（JETRO）的统计，从2007年开始，中国一直是日本最大的贸易伙伴，日本是中国第四大贸易伙伴，仅次于东盟、欧盟、美国。2020年，中日贸易总额为3175.3亿美元②，一直保持3000多亿美元的高水平，其中，中国出口额为1426.6亿美元，进口额为1748.7亿美元。

日本是中国第三大外资来源国。截至2020年底，日本累计对华投资为1189.1亿美元，在中国利用外资国别中排名第一，中国是日本海外投资企业数量最多的国家。最近几年，日本对华直接投资的收益在持续增加，2019年达到2.3万亿日元（约1557亿元人民币），占日本在全世界投资收益的16.1%。从制造业来看，从中国市场获得的收益占日本在全世界投资收益的24.4%。日本企业在中国市场的投资收益率为16.7%，远远高于北美、欧洲以及东盟等其他主要投资对象。

根据日本经济产业省发布的《海外当地法人2020年第二季度调查》，日本海外当地法人的全世界销售额为2024亿美元，同比减少32.2%。但在华日资企业的销售额增长2.8%，主要原因是面向中国市场的销售额大幅增加。中国是海外日资企业唯一恢复增长的国家，面对中国经济的强势复苏与巨大的市场体量，日本企业界并不希望放弃与中国的经济合作。日本前驻美大使杉山晋辅表示，“日本应充分考虑中日之间悠久历史，积极与中国进行对话”③。

## 五　结语

目前，日本附从美国在涉华问题上的消极表态及行动已经触及中日关系

① 李鐘爽「韓国は中国と対立できず」、『日本経済新聞』、2021年4月29日。

② 根据日本贸易振兴机构的统计，2020年，中日贸易额为3049亿美元，其中，日本对华出口额为1413亿美元，对华进口额为1636亿美元，与中方的统计数据有出入。

③『読売新聞』、2021年3月17日。

底线，正在强化对华制衡的举措。在日美强化战略协调、共同制衡中方的背景下，中日关系正处于一个“敏感而危险、复杂”的阶段，应高度警惕日本对华政策的消极性和破坏性。

2022 年是中日邦交正常化 50 周年，两国应认真回顾和总结过去五十年和平友好发展的成功经验和教训，全面展望今后新的 50 年。2021 年 4 月，国务委员兼外交部部长王毅同日本外相茂木敏充通电话时表示，“中日应确保两国关系不折腾、不停滞、不倒退，不卷入所谓大国对抗”[①]。2021 年 10 月，岸田文雄当选日本新首相，表示开启“新时代”，能否改善中日关系，值得关注。如果日方不尽快改变联美遏华的战略方向，不遵守两国此前达成的“互为合作伙伴、互不构成威胁”的政治承诺，那么中日建交 50 周年以及今后 50 年的健康发展将面临严峻的考验和新的重大挑战。

① 《王毅同日本外相茂木敏充通电话》，中华人民共和国外交部网站，2021 年 4 月 5 日，https：//www. fmprc. gov. cn/web/wjbzhd/t1866937. shtml。

# B.9
# 中澳经贸合作的艰难推进与面临的问题

屈彩云 *

**摘　要：** 2020年，中澳经贸实现微弱增长，但增长幅度较前几年呈现的下降趋势非常明显。而且，中澳经贸合作中存在的一些问题日益凸显。中澳贸易的不平衡结构仍然存在，中国仍处于贸易逆差状态。中澳贸易摩擦不断加剧，对彼此发起了反倾销、反补贴调查。其中，中国对自澳大利亚进口的大麦、相关红酒征收反倾销税和反补贴税。中澳经贸投资的不平衡状态日趋严重:中国对澳投资大幅下滑，而澳大利亚对华投资持续增加。这与澳大利亚政府对中国企业投资采取歧视性政策、限制中国企业投资有很大的关系。中澳经贸合作现状反映了两国政治关系的变化。澳大利亚政府对华采取的消极政策和其负面言行严重损害了中澳关系。中澳经贸合作的发展需要稳定、良好的双边政治关系来推动。中澳政治关系的改善需要澳大利亚具有正确与客观的对华认知。

**关键词：** 中澳关系　经贸合作　新冠肺炎疫情　贸易摩擦

近两年，中澳关系波折不断，特别是2020年以来呈现政冷经冷的状态。澳大利亚政府的对华不友好言行和干涉中国内政的做法导致中澳两国关系骤

---

* 屈彩云，博士，中国社会科学院澳大利亚新西兰与南太平洋研究中心、亚太与全球战略研究院助理研究员，主要研究方向为澳大利亚外交。

然降温，甚至降至两国建交以来的历史冰点。中澳政治关系紧张化的不断升级，打破了长期以来中澳经贸合作的良好氛围。另外，新冠肺炎疫情发生以来，世界经济呈现衰退状态，使中澳经贸合作的外部环境变得更加严峻。中澳经贸合作在各种因素的影响下有所推进，但面临一些日趋突出的问题。

## 一　中澳经贸合作增长幅度下降

2020 年，世界经济受疫情影响，普遍陷入不景气状态之中。中国经济同比增长速度为 2.3%，是全球经济体中唯一实现正增长的大国。澳大利亚经济同比增速为 -1.1%，出现 30 年来的首次衰退。同时，2020 年，中澳经济摩擦不断，双方政治关系持续紧张，影响双方的经贸合作。根据澳大利亚统计局的统计，2020 年，中澳两国双边货物贸易总额为 2296.23 亿澳元，同比增长 0.88%。中国对澳出口额为 844.35 亿澳元，增长 6.54%；中国从澳进口额为 1451.88 亿澳元，下降 2.15%。中国仍是澳大利亚最大的贸易伙伴。

相较于前几年中澳货物贸易快速增长的态势，2020 年，中澳货物贸易的增长幅度下降得非常明显。中澳自贸协定的达成对于促进两国经济合作与贸易增长发挥了重要作用。2017 ~ 2019 年，中澳货物贸易总额增长迅速，从 1362.6 亿美元增至 1696.2 亿美元。2020 年，中澳两国货物贸易的增长幅度直线下降（见图 1）。

2020 年，中澳之间的贸易逆差为 607.53 亿澳元，比 2019 年下降了 17%。2021 年初，中澳经贸合作仍呈现中国对澳出口微弱增长、从澳进口下降的态势。2021 年 1 ~ 2 月，中国对澳出口额共 135.47 亿澳元，2 月较 1 月增长了 1%；其中，中国对澳出口的公路车辆的金额增长了 48%，服装类的金额增长了 26%。2021 年 1 ~ 2 月，中国从澳进口额共 236.9 亿澳元，2 月较 1 月下降了 8%；其中，中国从澳进口的金属矿石的金额下降了 12%，小麦下降了 69%，运输设备下降了 97%。[①]

① 数据来源于澳大利亚统计局。

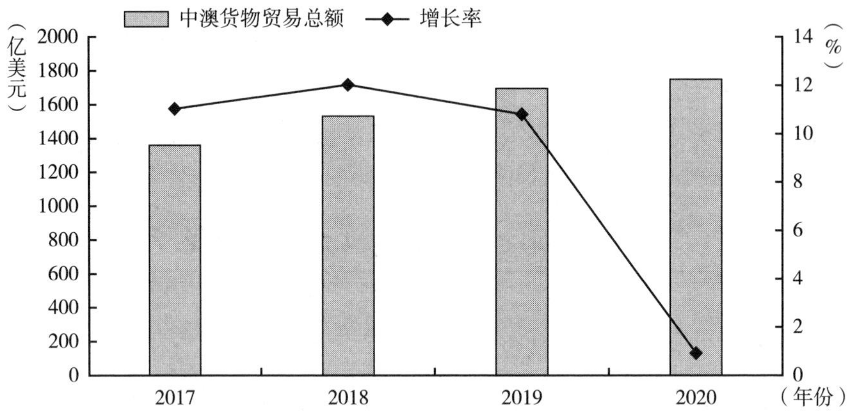


**图1　2017～2020年中澳货物贸易变化**

资料来源：中华人民共和国商务部、澳大利亚统计局。

中澳在投资领域发展不平衡并呈加剧态势。中国对澳投资近几年持续下降，2018年同比下降了36.1%，2019年同比下降了56.6%。[①] 2020年，中国对澳投资进一步下降。根据澳大利亚国立大学东亚经济研究局（the East Asian Bureau of Economic Research of Australian National University）的统计，2020年，中国对澳投资为10亿澳元，同比下降了61%；其中，房地产占45%，矿业占40%，制造业占15%。[②] 中国对澳投资下降到2015年以来的最低水平。与此形成对比的是，澳大利亚对华投资持续增长，2018年、2019年同比分别增长4.6%、48.3%。[③]

旅游业是中澳两国服务贸易的重要组成部分。2020年，澳大利亚国内发生多起针对亚裔的种族歧视和暴力事件。澳大利亚洛伊国际政策研究所（Lowy Institute for International Policy）做了关于2020年澳大利亚的民意调查。调查结果显示，在2020年，近1/5的澳大利亚华人遭受种族主义威胁

① 数据来源于中华人民共和国商务部。

② "Chinese Investment in Australia Plunges to Record Low," Australian National University, https://www.anu.edu.au/news/all-news/chinese-investment-in-australia-plunges-to-record-low.

③ 数据来源于中华人民共和国商务部。

或攻击；超过1/3的澳大利亚华人认为他们在2020年受到了种族歧视；37%的澳大利亚华人认为因自己的族裔背景而受到差别对待。[①] 2020年6月5日，中国文化和旅游部发布了“赴澳大利亚旅游安全提醒”；6月9日，中国教育部发布了赴澳留学预警。中国赴澳旅游人数减少。根据澳大利亚统计局的统计，2020年，中国短期赴澳旅游人数为20.8万人次，从澳大利亚第一大游客来源国降至第二大游客来源国。

在全球经济衰退、两国关系持续紧张和僵化、经济争端不断等因素的影响下，中澳两国贸易仍实现微弱增长。这主要是源于双方贸易结构的高度互补性和长期建立的紧密经贸纽带。但是，中澳经贸合作中的一些问题日益突出，如中澳两国贸易的不平衡结构仍然存在、中澳经贸投资的不平衡性日趋严重、贸易摩擦持续升级等。

## 二　中澳贸易摩擦加剧

2020年，中澳两国经贸关系的一个显著变化是两国经济争端不断、贸易摩擦加剧。中澳在牛肉、原木等领域产生贸易分歧。2020年5月，出于检验检疫方面的要求，中国禁止从澳大利亚四家牛肉加工企业进口牛肉；11月因检测出自澳大利亚昆士兰州进口的12批原木存在林木害虫，中国暂停从该地进口原木。中澳在大麦、红酒、金属制品等领域发起反倾销、反补贴调查，贸易摩擦不断升级。

大麦是澳大利亚出口到中国的主要农产品之一，在中国进口的大麦中占据绝对比重，在中国国内市场占据主导地位，对中国国内大麦产业造成了很大的冲击。2018年10月29日，中国国际商会代表国内大麦产业向中国商务部提交两份申请书，提出“对原产于澳大利亚的进口大麦进行反倾销调查、反补贴调查的请求”。中国商务部于2018年11月19日、12月21日分

① “One in five Chinese - Australians Physically Threatened or Attacked in the Past 12 Months according to a New National Survey,” Lowy Institute, https: //www.lowyinstitute.org/news - and - media/news.

别发布了对原产于澳大利亚的进口大麦进行反倾销、反补贴立案调查的公告。2020 年 5 月 18 日，中国商务部发布关于自澳大利亚的进口大麦反倾销调查最终裁定和反补贴调查最终裁定的公告，认为原产于澳大利亚的进口大麦存在倾销和补贴，国内大麦产业受到实质损害，并且倾销与实质损害之间、补贴与实质损害之间存在因果关系。[①] 根据最终裁定结果，中国自 2020 年 5 月 19 日起对原产于澳大利亚的进口大麦征收反倾销税和反补贴税，反补贴税的税率为 6.9%。[②]

对于该贸易摩擦，中国商务部部长钟山回应道：中国对原产于澳大利亚的进口大麦发起反倾销调查和反补贴调查是依据中国法律和世界贸易组织规则的；从中澳建交至 2020 年 5 月 25 日，中国对澳大利亚发起的贸易救济调查只有这 1 起，而同期澳大利亚对中国发起的贸易救济调查有 100 起，仅 2020 年以来就对华发起了 3 起。[③] 中国仅发起 1 次贸易救济调查，充分表明了中国在处理与澳大利亚经贸争端中所坚守的慎重与克制原则。对于中国采取的贸易救济措施，澳大利亚于 2020 年 12 月 16 日向世界贸易组织提出申诉。

葡萄酒是澳大利亚向中国出口的重要产品之一。中澳自贸协定生效以来，澳大利亚葡萄酒以价格优势在中国进口葡萄酒市场占据很高的份额，对中国国内葡萄酒市场造成很大冲击。2020 年 7 月 6 日，中国酒业协会代表国内葡萄酒产业向中国商务部提交了《对原产于澳大利亚的进口装入 2 升

---

① 《商务部公告 2020 年第 14 号　关于原产于澳大利亚的进口大麦反倾销调查最终裁定的公告》，中华人民共和国商务部网站，http://www.mofcom.gov.cn/article/b/e/202005/20200502965862.shtml；《商务部公告 2020 年第 15 号　关于原产于澳大利亚的进口大麦反补贴调查最终裁定的公告》，中华人民共和国商务部网站，http://www.mofcom.gov.cn/article/b/e/202005/20200502965863.shtml。

② 《商务部公告 2020 年第 14 号　关于原产于澳大利亚的进口大麦反倾销调查最终裁定的公告》，中华人民共和国商务部网站，http://www.mofcom.gov.cn/article/b/e/202005/20200502965862.shtml；《商务部公告 2020 年第 15 号　关于原产于澳大利亚的进口大麦反补贴调查最终裁定的公告》，中华人民共和国商务部网站，http://www.mofcom.gov.cn/article/b/e/202005/20200502965863.shtml。

③ 《"聪明的外商一定不会放弃中国庞大的市场"——商务部长钟山回应经贸热点问题》，新华网，http://www.xinhuanet.com/2020-05/25/c_1126031972.htm。

及以下容器的葡萄酒进行反倾销调查的申请书》《对原产于澳大利亚的进口装入2升及以下容器的葡萄酒进行反补贴调查的申请书》。在这两份申请书中，中国酒业协会就原产于澳大利亚的进口装入2升及以下容器的葡萄酒（简称“澳相关红酒”）从2015年至2019年出口至中国的情况进行了详细的统计和分析。

2015~2019年，中国进口红酒总量不断增加，2017年为5.523亿升，达到这五年之中的最高值，此后有所回落，2019年为4.560亿升；澳相关红酒的进口量呈大幅增长态势，从0.567亿升增至1.208亿升，特别是在中国进口红酒总量有所下降的2018年、2019年，澳相关红酒的进口量仍持续上升，分别达到1.178亿升、1.208亿升，都为2015年的2倍多；中国国内红酒总产量呈明显下降态势，从11.611亿升降到4.515亿升，2019年比2015年减少61.11%（见图2）。

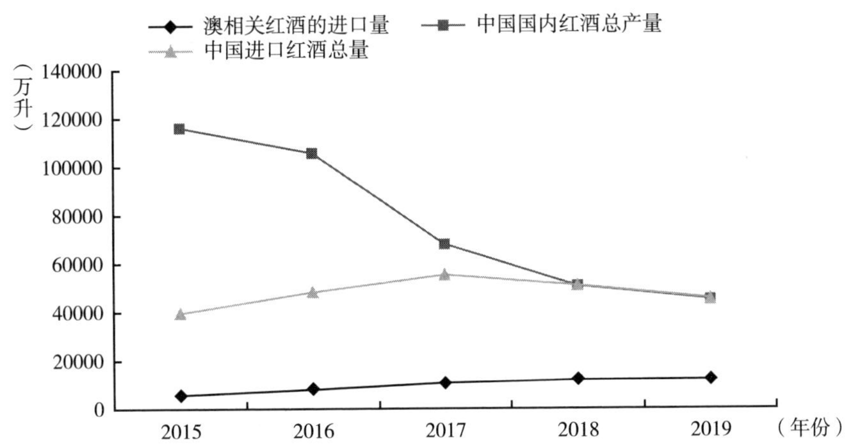


**图2　2015~2019年澳相关红酒的进口量、中国国内红酒总产量、中国进口红酒总量**

资料来源：中国酒业协会《中华人民共和国葡萄酒产业反倾销调查申请书》（公开文本），2020年7月6日，http://images.mofcom.gov.cn/trb/202008/20200818082654381.pdf。

2015~2019年，澳相关红酒的进口量占中国进口同类产品总量的比例不断提升，从14.31%提升到26.49%，2019年的占比为1/4之多；其占中国国内同类产品总产量的比例上升迅速，从4.88%提升到26.76%，2019年的占比也超过1/4；其占中国市场份额的比例不断提高，从3.66%提高到13.36%，2019年达到最高值（见图3）。

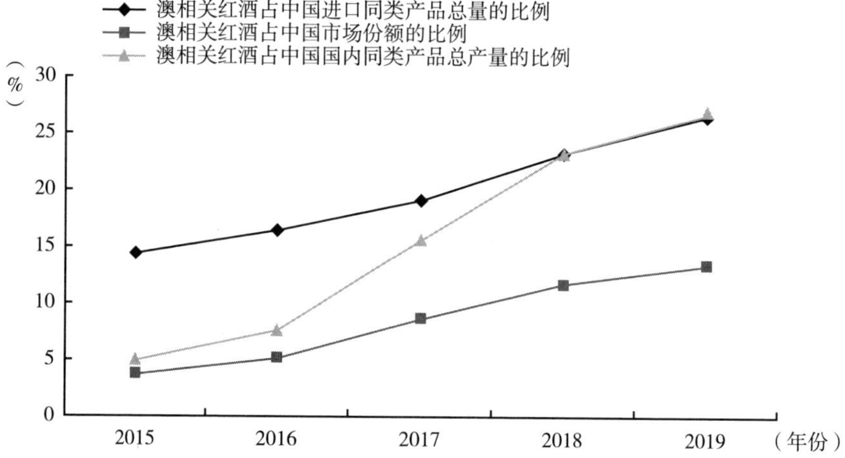


**图3　2015～2019年澳相关红酒占中国进口同类产品总量、中国市场份额的比例及占中国国内同类产品总产量的比例**

资料来源：中国酒业协会《中华人民共和国葡萄酒产业反倾销调查申请书》（公开文本），2020年7月6日，http：//images.mofcom.gov.cn/trb/202008/20200818082654381.pdf。

但是，2015～2019年，澳相关红酒的进口价格呈下降态势。2015年1万升为775.9美元；2018年1万升已降至609.0美元；2019年虽然比2018年有所提升，即1万升提高到672.3美元，但相较于2015年仍处于明显的下降状态，累计下降13.36%。与此同时，中国国内红酒价格也呈下降态势，2015年1瓶为305元，2016年1瓶为310元，此后直线下降，2019年则下降到1瓶215元（见图4）。2017年澳相关红酒的进口价格比2016年下降5.67%，中国国内红酒价格下降14.81%；2018年澳相关红酒的进口价格比2017年下降5.54%，中国国内红酒价格下降20.74%；2019年澳相关红酒的进口价格比2018年上涨10.39%，中国国内红酒价格上涨2.64%。相较2015年，2019年，澳相关红酒进口价格的下降幅度为13.36%，而中国国内红酒价格的下降幅度达到29.71%。中国酒业协会认为，澳相关红酒与中国国内同类产品之间的价格具有明显的关联性。尤其是，在二者产品属于同类产品并可以互相替代，且产品价格对下游用户的采购选择具有重要影响的情况下，随着进口数量的大幅增长、市场份额的提高，澳相关红酒进口价格的大幅下降必然会给国内同类产品带来极大的降价压力，并最终导致国内同类产品在申请调查期内同步下滑，价格上涨空间受到了极大的抑制。①

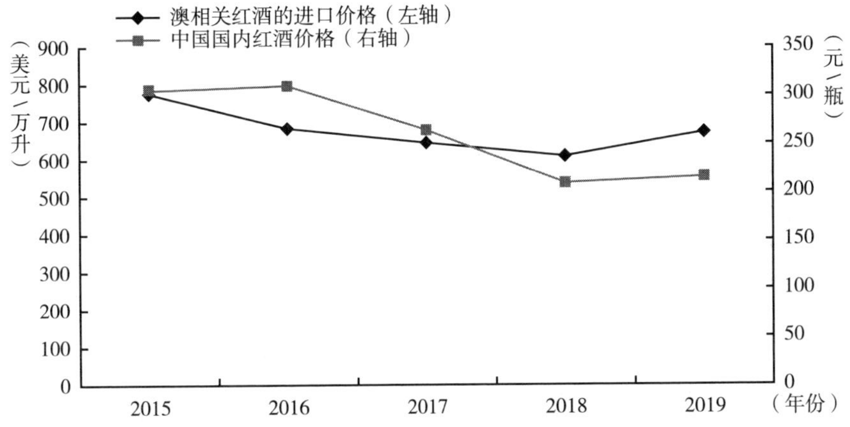


**图 4 2015～2019 年澳相关红酒的进口价格与中国国内红酒价格**

注：中国国内红酒价格为高档红酒价格与中低档红酒价格的平均数。

资料来源：中国酒业协会《中华人民共和国葡萄酒产业反补贴调查申请书》（公开文本），2020 年 7 月 6 日，http：//images. mofcom. gov. cn/trb/202008/20200831082300247. pdf。

2015～2018 年，澳相关红酒与中国国内同类产品的价格差额呈直线下降态势，从 1480. 4 元/万升缩减到 601. 1 元/万升（见图 5）。2019 年，这一价格差额大幅上涨，但相较于 2015 年仍缩减了 9%。同时，受价格下降的影响，中国国内同类产品的利润额也呈持续下滑的态势，从 2015 年的 52. 14 亿元一直下滑至 2019 年的 10. 58 亿元；利润额下滑的幅度不断增大，2018 年的下滑幅度最大，比 2017 年下滑 62. 43%，2019 年比 2015 年减少了

① 中国酒业协会：《中华人民共和国葡萄酒产业反倾销调查申请书》（公开文本），2020 年 7 月 6 日，第 55 页，http：//images. mofcom. gov. cn/trb/202008/20200818082654381. pdf；中国酒业协会：《中华人民共和国葡萄酒产业反补贴调查申请书》（公开文本），2020 年 7 月 6 日，第 79 页，http：//images. mofcom. gov. cn/trb/202008/20200831082300247. pdf。

79.71%。

在澳相关红酒进口量不断增长、占中国市场份额的比例不断提升的情况下，价格却呈总体下降的趋势，这对中国国内同类产品的生产和经济环境造成影响。中国酒业协会认为，原产于澳大利亚的进口葡萄酒产品在国内市场存在明显的倾销和补贴行为，并且已经对中国国内产业造成了实质损害。①

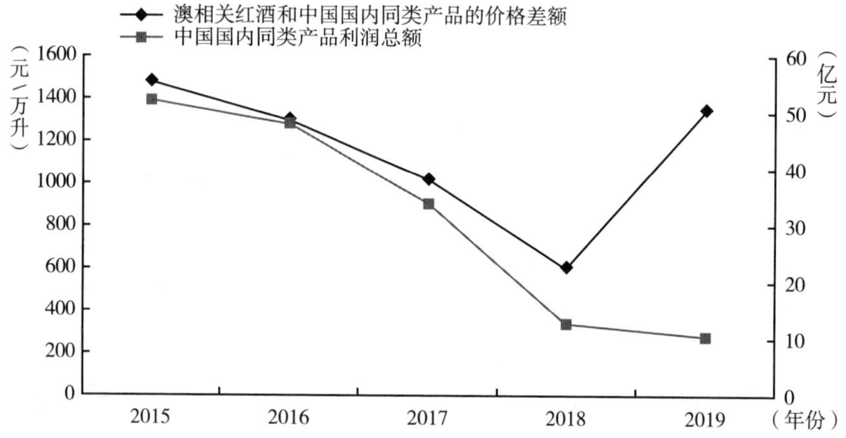


**图5　2015~2019年澳相关红酒和中国国内同类产品的价格差额及中国国内同类产品利润总额**

资料来源：中国酒业协会《中华人民共和国葡萄酒产业反补贴调查申请书》（公开文本），2020年7月6日，http://images.mofcom.gov.cn/trb/202008/20200831082300247.pdf。

中国商务部在经过初步审查后，确认中国酒业协会提出的反倾销调查申请符合《中华人民共和国反倾销条例》的相关规定，并于2020年8月18日发布《商务部公告2020年第34号　关于对原产于澳大利亚的进口相关葡萄酒进行反倾销立案调查的公告》。8月27日，中国商务部与澳大利亚政府就反补贴调查事项进行了磋商，并于8月31日发布了《商务部公告2020年第

① 中国酒业协会：《中华人民共和国葡萄酒产业反倾销调查申请书》（公开文本），2020年7月6日，第75页，http://images.mofcom.gov.cn/trb/202008/20200818082654381.pdf；中国酒业协会：《中华人民共和国葡萄酒产业反补贴调查申请书》（公开文本），2020年7月6日，第100页，http://images.mofcom.gov.cn/trb/202008/20200831082300247.pdf。

35 号 关于对原产于澳大利亚的进口相关葡萄酒进行反补贴立案调查的公告》。此后，中国商务部于 11 月 27 日和 12 月 10 日分别发布《商务部公告 2020 年第 59 号 关于对原产于澳大利亚的进口相关葡萄酒反倾销调查初步裁定的公告》和《商务部公告 2020 年第 58 号 关于对原产于澳大利亚的进口相关葡萄酒反补贴调查初步裁定的公告》，于 2021 年 3 月 26 日发布《商务部公告 2021 年第 7 号 关于对原产于澳大利亚的进口相关葡萄酒反补贴调查最终裁定的公告》，认为原产于澳大利亚的进口葡萄酒产品存在倾销和补贴，国内相关产业受到实质损害，而且倾销与实质损害之间、补贴与实质损害之间存在因果关系。[①] 之后，中国商务部就该申请调查产品的倾销与倾销幅度、补贴与补贴金额、损害与损害程度、倾销与损害之间的因果关系、补贴与损害之间的因果关系继续进行深入调查。2021 年 3 月 26 日，中国商务部发布了关于该反倾销调查申请和反补贴调查申请的最终裁定结果，结论与初步裁定结果完全一致。根据最终裁定结果，从 2021 年 3 月 28 日起，中国商务部对原产于澳大利亚的进口装入 2 升及以下容器的葡萄酒征收反倾销税。[②] 为避免双重征税，经中国国务院关税税则委员会同意，商务部决定不对原产于澳大利亚的进口相关葡萄酒征收反补贴税。[③]

另外，澳大利亚也对自中国进口的部分产品展开反倾销调查。2019 年 3 月 18 日，澳大利亚反倾销委员会对自中国进口的电力变压器进行反倾销立案调查。2020 年 1 月 31 日，澳大利亚反倾销委员会（Anti-dumping and

---

① 《商务部公告 2020 年第 59 号 关于对原产于澳大利亚的进口相关葡萄酒反倾销调查初步裁定的公告》，中华人民共和国商务部网站，http：//www. mofcom. gov. cn/article/b/e/202011/20201103018689. shtml；《商务部公告 2020 年第 58 号 关于对原产于澳大利亚的进口相关葡萄酒反补贴调查初步裁定的公告》，中华人民共和国商务部网站，http：//www. mofcom. gov. cn/article/b/e/202012/20201203021646. shtml.

② 《商务部公告 2021 年第 6 号 关于对原产于澳大利亚的进口相关葡萄酒反倾销调查最终裁定的公告》，中华人民共和国商务部网站，http：//www. mofcom. gov. cn/article/zwgk/zcfb/202103/20210303047613. shtml.

③ 《商务部公告 2021 年第 7 号 关于对原产于澳大利亚的进口相关葡萄酒反补贴调查最终裁定的公告》，中华人民共和国商务部网站，http：//www. mofcom. gov. cn/article/zwgk/zcfb/202103/20210303047618. shtml.

Countervailing System）公布对进口自中国的变压器进行反倾销调查申请的最终裁定结果，认为该产品不存在倾销行为或倾销微量，且未对澳大利亚国内产业造成实质性损害，并终止对该产品的反倾销调查。① 2020 年 1 月 6 日，澳大利亚的一家铝塑制品有限公司（Aluminium Shapemakers Pty Ltd.）向澳大利亚反倾销委员会提出对自中国进口的铝挤压制品进行反倾销调查的申请。2 月 13 日，澳大利亚反倾销委员会对自中国进口的铝挤压制品进行反倾销立案调查。2021 年 3 月 17 日，澳大利亚反倾销委员会发布对自中国进口的铝挤压制品反倾销的最终裁定结果，认为申请调查的两家中国企业不存在倾销行为，未对澳大利亚国内产业造成实质性损害，决定终止对中国涉案产品的反倾销调查。②

贸易摩擦与分歧是2020 年中澳经济关系发生变化的重要现象。这不仅影响两国经贸合作的持续推进和稳定发展，也给两国经济关系的顺利发展增添了不确定性。

## 三　澳大利亚外资政策改革及对华采取歧视性投资政策

2020 年，澳大利亚调整了贸易投资政策，进一步收紧外资并购和收购的审查制度。3 月 29 日，澳大利亚政府宣布临时调整《外资审查框架》，在新冠肺炎疫情期间开始实施新的外资审查政策，防止投机收购现象，特别是防止外国“趁机收购国家关键资产和技术”，以保护澳大利亚的国家利益。

① “Anti-Dumping Notice No. 2020/010 Power Transformers Exported to Australia from the People's Republic of China Termination of Investigation No. 507,” https://www.industry.gov.au/sites/default/files/adc/public-record/507_-_077_-_notice_adn_-_adn_2020-_010_notice_of_termination_of_an_investigation.pdf.

② “Anti-Dumping Notice No. 2021/38 Aluminium Micro-extrusions Exported to Australia from the People's Republic of China by Guangdong Jiangsheng Aluminium Co. Ltd and Guangdong Zhongya Aluminium Co. Ltd Termination of Investigation No. 542,” https://www.industry.gov.au/sites/default/files/adc/public-record/542_-_027_-_notice_adn_-_adn_2021-038_-_termination_of_investigation_542.pdf.

这一新的外资审查政策提出两项重要规定："一是根据《1975 年外资并购及收购法》拟对澳大利亚进行的所有外国投资，无论其投资性质、金额如何，均需获得澳大利亚外国投资审查委员会（Foreign Investment Review Board）的审批，外资收购审查的门槛降至零。二是为了确保外国投资审查委员会有足够的时间进行审批，现有的和新的收购申请的审批时间将从 30 天延长至 6 个月；澳大利亚政府将优先考虑保护和支持澳大利亚商业和就业的紧急投资申请。"[①] 澳大利亚提高了外国投资的门槛，加强了对外国投资提案的监督。这是澳大利亚在疫情期间实施的限制外资收购并购的临时措施。

2020 年 6 月 5 日，澳大利亚政府宣布对《1975 年外资并购及收购法》进行最重大的改革，强化现有投资审查体系，应对国家安全风险。这项外资改革将取代从 3 月 29 日起实施的、在疫情期间的外资审查临时政策。其中，改革的关键要点如下。[②] 一是出台针对外国投资者的新国家安全测试措施，外国投资者在启动或收购"敏感的国家安全业务"涉及直接权益时，无论投资价值如何，都必须获得批准。二是赋予国库部部长有时限的"召回权"，使其能够审查在与"敏感的国家安全业务"有关的拟议收购之外引发国家安全风险的收购。三是设立一种国家安全的"最后手段权"，赋予国库部部长在特殊情况下以国家安全为由下令进行处置的权力。四是进行更有力与更灵活的执法选择，进行更高的民事和刑事处罚。五是简化被动投资者和非敏感企业投资的审批程序。前四项改革措施意味着涉及"敏感行业"所有外国投资，都需要进行澳大利亚国家安全测试和获得批准，而"召回权"和"最后手段权"将使对澳大利亚的外国投资面临更大的风险。一旦澳大利亚国库部部长认为某项外国投资有国家安全风险，则会强制外国企业出售所持有的股份。澳大利亚推进外国投资改革重要的是确立了国家安全行为申

① "Changes to Foreign Investment Framework," The Treasury of Australian Government, https://ministers. treasury. gov. au/ministers/josh – frydenberg – 2018/media – releases/changes – foreign – investment – framework.

② "Major Reforms to Australia's Foreign Investment Framework," The Treasury of Australian Government, https://ministers. treasury. gov. au/ministers/josh – frydenberg – 2018/media – releases/major – reforms – australias – foreign – investment – framework.

报制度，赋予了国库部部长更大的权力，设定了严厉的民事与刑事处罚，提高和加大了国家安全审查的标准和力度。这意味着澳大利亚进一步收紧了外国投资规则与制度。

2020 年 7 月 31 日，澳大利亚国库部发布《2020 年外国投资改革（保护澳大利亚国家安全）法》草案，并向社会大众征询意见。9 月 18 日，澳大利亚政府发布《2020 年外国投资改革（保护澳大利亚国家安全）条例》和《2020 年外国收购和接管费征收条例》草案。12 月 9 日，澳大利亚议会通过了前者，其从 2021 年 1 月 1 日起实施。澳大利亚政府宣称："将继续欢迎外国投资，因为它提供了巨大的利益，但也要确保投资不违反国家利益。"① 从 2021 年 1 月 1 日起，澳大利亚政府取消在疫情期间实施的零元外资审查门槛。但是，对"敏感的国家安全业务"的投资进行强制性审查，继续保持零元外资审查门槛。澳大利亚政府出台的一些外国投资政策，为外国投资者在并购或收购澳方企业时设置了极为严格的审查制度，增大了外国企业对澳投资的困难。

澳大利亚对外国投资政策的调整和改革，对中国企业投资澳方产生不利影响。长期以来，中国对澳投资主要集中在矿业、能源公共事业、交通业、金融业、房地产业、建筑业、农业等领域。澳大利亚自 2020 年 6 月 5 日以来扩大了对外国投资的审查范围，对涉及电信、能源、技术、国防等敏感领域的国有投资、民间投资进行国家安全测试。近几年来，澳大利亚对中国企业赴澳投资采取歧视性政策，以所谓国家安全为由阻止中国企业对澳投资。2020 年，又有几家中国企业赴澳投资遭到拒绝。

澳大利亚狮子乳品饮料公司（Lion Dairy and Drinks，LDD）是日本麒麟（Kirin）集团控股的子公司。日本于 2007 年收购澳大利亚国家食品公司（National Food）、2009 年收购澳大利亚 Lion Nathan，并将其合并为 LDD。2019 年，日本麒麟集团决定出售 LDD 的股份。中国蒙牛乳业有限公司计划

① "Major Reforms to Australia's Foreign Investment Framework Pass the Parliament," The Treasury of Australian Government, https://ministers.treasury.gov.au/ministers/josh - frydenberg - 2018/media - releases/major - reforms - australias - foreign - investment - 0.

以6亿澳元竞购日本麒麟集团控股的澳大利亚狮子乳品饮料公司。从2019年12月4日起，澳大利亚竞争和消费者委员会（Australian Competition and Consumer Commission，ACCC）对该收购提案进行了为期55天的审核和评估，调查该收购提案是否会对澳大利亚吉普斯兰地区（Gippsland）奶农购买生牛乳的竞争产生影响。2020年2月21日，澳大利亚竞争和消费者委员会公开宣布："在仔细考虑对竞争的潜在影响后，ACCC不会反对中国蒙牛乳业有限公司收购澳大利亚狮子乳品饮料公司的提案。"① 澳大利亚竞争和消费者委员会认为，"该收购的总体水平相对较低，其在吉普斯兰地区收购的生牛乳不到25%，而且蒙牛与LDD的合并将受到萨普托（Saputo）、恒天然（Fonterra）乳品加工商以及一些较小的生牛乳加工商的限制"，因此"拟议的收购不太可能大幅减少吉普斯兰地区生牛乳收购的竞争"。② 澳大利亚竞争和消费者委员会专员兼并购委员会主席史蒂芬·里奇韦（Stephen Ridgeway）向《悉尼晨报》表示："在监管机构的审查过程中，业内对蒙牛—狮子交易几乎没有任何反对意见。农民和其他市场参与者以及制造商都很清楚，他们认为这不会是一个问题。"③ 中国蒙牛乳业有限公司收购澳大利亚狮子乳品饮料公司得到了澳大利亚竞争和消费者委员会的批准。根据《澳大利亚金融评论》的报道，澳大利亚外国投资审查委员会对于这项收购提案提出了批准的建议，但澳大利亚国库部部长乔什·弗赖登伯格（Josh Frydenberg）提出否决提议，拒绝中国蒙牛乳业有限公司收购澳大利亚狮子乳品饮料公司。

---

① "Mengniu Deal to Buy Lion Dairy & Drinks Not Opposed," Australian Competition and Consumer Commission, https://www.accc.gov.au/media-release/mengniu-deal-to-buy-lion-dairy-drinks-not-opposed.

② "China Mengniu Dairy Company Limited-Lion-Dairy & Drinks Pty Ltd," Australian Competition and Consumer Commission, https://www.accc.gov.au/public-registers/mergers-registers/public-informal-merger-reviews/china-mengniu-dairy-company-limited-lion-dairy-drinks-pty-ltd.

③ "ACCC Clears Chinese Takeover of Brands Like Dairy Farmers and Big M," The Sydney Morning Hearld, 21 February 2020, https://www.smh.com.au/business/companies/accc-clears-chinese-takeover-of-brands-like-dairy-farmers-and-big-m-20200221-p5430f.html.

澳大利亚建筑公司（Probuild）是南非威尔逊·贝利·霍尔姆斯－奥夫孔（Wilson Bayly Holmes-Ovcon ，WBHO）的子公司，由于在澳拓展市场失利，南非威尔逊·贝利·霍尔姆斯－奥夫孔拟出售 Probuild 的股份。2020 年 6 月 3 日，中国建设集团提出以 3 亿澳元竞购南非威尔逊·贝利·霍尔姆斯－奥夫孔在澳大利亚建筑公司的 88% 的股份的提案。10 月 28 日，南非威尔逊·贝利·霍尔姆斯－奥夫孔发布一则声明，就该收购提案进展情况表示："拟议交易进展良好，谈判取得实质性进展。澳大利亚建筑公司管理层一直密切参与拟议交易，并致力于成功完成最终拟定交易的步骤。"① 12 月 9 日，南非威尔逊·贝利·霍尔姆斯－奥夫孔发布声明强调："关于一家大型国际建筑集团与民用服务公司的收购要约仍在谈判之中，如交易成功完成，可能对本公司证券的价格产生重大影响。"② 虽然经过半年的谈判，双方已达成实质性协议，但是该项收购提案仍遭到来自澳大利亚政府的阻挠。2021 年 1 月 11 日，南非威尔逊·贝利·霍尔姆斯－奥夫孔发布一则声明，表示："澳大利亚建筑公司的潜在收购方告知 WBHO，鉴于澳大利亚外国投资审查委员会的建议——澳大利亚联邦政府以国家安全为由拒绝其收购澳大利亚建筑公司的申请，它已撤回向澳大利亚外国投资审查委员会提交的投资申请。"③ 鉴于澳大利亚联邦政府的阻力，中国建设集团最终撤回收购提案。

澳大利亚政府对中国企业投资采取歧视性政策和不公平待遇、限制中国企业赴澳投资、将经贸合作政治化的做法，与澳方宣称的市场经济原则和自由竞争原则相悖，与中澳努力达成的自贸协定的精神相悖，与中澳长期以来构建的紧密合作的经济架构相悖。这不仅影响了中国企业对澳大利亚的投资

① Wilson Bayly Holmes-Ovcon，"Update Recarding Potential Probuild Transaction and Cautionary Announcement，" https：//www. wbho. co. za/update – regarding – potential – probuild – transaction – and – cautionary – announcement/.

② Wilson Bayly Holmes-Ovcon ，"Renewal of Cautionary Announcement，" https：//www. wbho. co. za/renewal – of – cautionary – announcement/.

③ Wilson Bayly Holmes-Ovcon ，"Withdrawal of Cautionary Announcement，" https：//www. wbho. co. za/wp – content/uploads/2021/01/SENS – Withdrawal – of – Cautionary – announcement/.

信心，而且损害了澳大利亚在中国企业心目中的形象，更破坏了中澳经贸合作的良好环境，从而影响中澳经贸关系稳定发展。

## 四 结语

2020 年，中澳两国经贸合作受到疫情、双方政治关系紧张、贸易摩擦等因素的影响，虽然实现了增长，但增长幅度明显下降。中澳经贸合作中存在的一些突出问题呈现日益加剧的态势。

中澳贸易摩擦是双方经贸活动往来中不可避免会产生的现象，也是双方经贸合作结构运行调适过程中必然会出现的问题。贸易摩擦的解决需要双方进行更好的对话、沟通与协商。然而，澳大利亚政府对华采取的消极政策和其负面言行严重损害了中澳关系，使两国对话的大门无奈关闭。

经贸投资是国与国之间实现互利共赢的重要路径。中澳两国之间的经贸投资在推动当地经济发展、为当地创造就业岗位、惠及当地民生、促进双方文化交流方面发挥了重要作用。为外国投资者提供公平、开放和非歧视的投资环境，是反映一国市场开放度的指标之一，也是一国为推进贸易投资创建的基本条件。澳大利亚应摒弃偏见，客观认识中国企业的赴澳投资行为，创造公平、开放和非歧视的投资环境，推进中澳贸易、投资领域进行务实合作。

中澳经贸合作现状反映了两国政治关系的变化。中澳两国的相互信任并没有随着两国经济关系的深化得到加强。随着中国的快速发展，澳大利亚国内一部分人的对华认知逐渐改变，不时发出“中国威胁”的论调。澳大利亚政府在对华政策方面，一边希望加强与中国的经贸合作，另一边又试图与美日印等国合作来“平衡”中国。这一对华外交思维不仅使澳大利亚陷入自相矛盾的逻辑中，也会严重损害中澳关系。

中澳经贸合作需要良好的政治氛围和环境。中澳政治关系的改善需要澳大利亚秉持正确与客观的对华认知。中国外交部部长王毅曾指出：“澳方应该认真思考一个问题：中国到底是澳方的威胁还是伙伴？如果澳

方把中国视为威胁，中澳关系如何得以改善？如果澳方把中国作为伙伴，我们就有对话合作的基本前提。我们还是希望中澳关系能够回到正常健康发展的轨道。”①

---

① 王毅：《希望澳大利亚认真思考中方到底是威胁还是伙伴》，中华人民共和国外交部网站，2021 年 2 月 22 日，https：//www. mfa. gov. cn/web/wjbzhd/t1841329. shtml。

# B.10
# 后疫情时代的印度尼西亚务实外交

许利平*

**摘　要：** 务实外交一直是印度尼西亚佐科政府外交的主要特点。佐科政府的务实外交有着深刻的思想渊源，行为逻辑与佐科总统本人行事风格密切相关。日益严峻的疫情形势对佐科政府的务实外交造成诸多压力。后疫情时代，佐科政府通过抗击疫情合作、经济外交、侨民保护、大国平衡、穿梭外交等措施，扎实推进务实外交，并取得了一定的实效。面对疫情和世界局势的不确定性，佐科政府的务实外交还面临一些挑战。

**关键词：** 佐科政府　务实外交　后疫情时期　经济外交

突如其来的新冠肺炎疫情对包括印度尼西亚在内的全球各国造成了前所未有的冲击。印度尼西亚佐科政府通过强化地区大国身份，奉行独立、积极的外交政策，实施灵活、自主的务实外交，寻求国际合作，尝试将疫情影响降到最低程度，并取得了一定实效。本报告拟从历史与现实角度探讨后疫情时代佐科政府的务实外交。

## 一　佐科政府推行务实外交的思想渊源与行为逻辑

佐科政府的务实外交有着深刻的思想渊源，行为逻辑与佐科总统本人的行事风格密切相关。

* 许利平，博士，中国社会科学院亚太与全球战略研究院研究员，主要研究方向为东南亚政治与国际关系、非传统安全、亚太社会与文化。

### （一）苏加诺民族主义思想是务实外交的出发点

苏加诺是印度尼西亚的开国总统，被称为“独立之父”。他于1901年6月6日出生在爪哇的一个贵族家庭。他的父亲曾任二级乡村小学的校长。苏加诺在小学和中学时期接受荷兰教育。在这期间，他广泛阅读外国著作，如马克斯·韦伯、杰斐逊、马克思等人的著作，接受先进的思想。在泗水求学期间，他广泛接触了一些民族主义者和共产党人，这对他的民族主义思想产生极大影响。

荷兰人对印度尼西亚进行了数百年的殖民统治，不断掠夺印度尼西亚的自然资源和廉价的劳动力，并把印度尼西亚变成欧洲商品的倾销市场，而广大印度尼西亚人民则生活在贫困痛苦之中。从小体会到荷兰殖民侵略的危害，苏加诺从中学就开始参加反抗荷兰殖民主义的爱国运动。大学毕业后，他通过组织政党、发动群众，建立统一的抗荷阵线，为民族主义思想的形成积蓄了无尽的能量。

《苏加诺自传》中写道，就政治而言，加诺兄是一个民族主义者。[①] 苏加诺认为，民族主义就是建国五基，即民族主义、国际主义或人道主义、协商制或民主、社会繁荣、信仰神道。按照苏加诺民族主义思想，民族主义是建立民族政权的生命，要重建自己的国家，以使印度尼西亚民族受到尊重。

受苏加诺民族主义思想的影响，佐科政府的务实外交强调“印度尼西亚优先”，突出国家的内政和外交要以印度尼西亚人民的利益优先，民族振兴、赢得尊重作为务实外交的主要目标。可以说，苏加诺民族主义思想是佐科政府务实外交的主要思想基础，也是务实外交正当性的来源。

### （二）务实外交的行为逻辑与佐科总统的个人风格密切相关

佐科总统不属于印度尼西亚的传统政治精英，从某种程度上讲，他来自“草根”。儿童时代，他和家人住在河堤上的破旧房子里，由于洪水泛滥或

---

① 黄昆章：《试论苏加诺》，《东南亚研究资料》1980年第1期。

环境整治，多次被迫搬家；大学毕业后，从事家具生意，曾经处在破产的边缘。后来，他获得政府资金扶持才“起死回生”，家具生意开始逐渐红火。他仅用不到 10 年的时间，从家具商成为市长，再从省长成为总统，实现了华丽转身，创造了印度尼西亚现代政治的奇迹。

佐科总统华丽转身的秘诀之一就是他务实的风格。他有一句重要的格言：“我是打工者，不是政治家。我只知道，除了工作，还是工作。我不管别人如何评价，污蔑也好，棒杀也好，捧杀也好，我都不在乎，重要的是工作”。[①] 自 2014 年上任以来，走基层是他的主要工作。通过走基层，他了解基层实际情况，解决基层实际问题，这是他的务实风格的具体体现。

正是佐科总统的务实个人风格，造就了务实外交的行为逻辑。佐科总统的前任——苏西洛总统的重要外交理念为“千友零敌”，即对外广交朋友。这被比喻为“宁要 1000 个朋友，也不要任何敌人”。这一理想化的外交理念在当时被一些印度尼西亚的国内精英所诟病。这些精英认为，“千友零敌”外交理念并没有给印度尼西亚带来现实的国家利益，反而使印度尼西亚疲于应付繁杂的国际事务，消耗了的大量国家资源。

针对上述批评，佐科总统表示：“凡是给印尼人民带来巨大实惠的国家，印尼就应该与其多亲近、多交往，而那些没有给印尼人民多少实惠的国家或损害印尼人民利益的国家，印尼则敬而远之。”[②] 这表明，佐科政府将对“千友零敌”外交理念进行部分修正，更加强调现实利益，即更加强调务实外交。

## 二　日益严峻的疫情形势对佐科政府务实外交产生压力

自 2020 年 3 月 2 日印度尼西亚发现两例新冠肺炎病例以来，确诊病例

① 许利平等：《从贫民窟到总统府——印尼传奇总统佐科》，社会科学文献出版社，2015，第 191 页。

② 许利平等：《从贫民窟到总统府——印尼传奇总统佐科》，社会科学文献出版社，2015，第 150 页。

不断攀升。截至2020年4月15日，印度尼西亚“感染新冠肺炎病例总数达到158.9359万例，死亡43.073人”,[①] 为东南亚之最。日益肆虐的新冠肺炎疫情对印度尼西亚的经济、社会等造成负面冲击，给佐科政府务实外交带来了巨大的压力。

首先，在经济上，印度尼西亚股市、债市和汇市价格全面下挫，印尼盾一度大幅贬值，成为亚洲表现最差的货币。根据印度尼西亚中央银行的统计，“2020年，印尼盾平均贬值2.66%，14515印尼盾可兑换1美元”[②]。

疫情造成国内消费、海外投资以及政府建设预算大幅削减，使印度尼西亚经济增长率大幅萎缩。根据印度尼西亚中央统计局在2021年2月5日发布的报告，“2020年，印度尼西亚经济萎缩2.07%。其中，农业、林业、渔业的萎缩率最高，达到20.15%”[③]。由于农业、林业、渔业吸纳了大量就业人口，印度尼西亚失业人数高企。2021年3月10日，印度尼西亚劳工部部长伊达表示，“疫情期间，印度尼西亚的失业率从4.9%提高到7%，即失业人数增加到970万人”[④]。

其次，在社会上，一些极端组织伺机作案，影响社会安定。社会安定存在一定的隐忧。由于出现大量的失业人口，社会管控难度提升，部分无政府主义的仇富团伙试图制造事端，引起社会动荡。他们在公共场合的墙壁或电线杆上胡乱喷漆，乱贴标语，比如“杀死富人”“危机状态，纵火抢劫”“与其等死不如反抗”等。同时，他们利用社交媒体策划行动，并煽动民众

---

① “Kasus COVID - 19 di RI 15 April Jadi,” https：//news. detik. com/berita/d - 5533693/kasus - covid - 19 - di - ri - 15 - april - jadi - 1589359? _ ga = 2. 244677253. 1810333135. 1618480311 - 205134023. 1589244643，访问时间：2021年4月1日。

② “BI Catat Kurs Rupiah Melemah 266 Persen Sepanjang 2020,” https：//www. merdeka. com/uang/bi - catat - kurs - rupiah - melemah - 266 - persen - sepanjang - 2020. html，访问时间：2021年3月2日。

③ https：//www. kemenkeu. go. id/publikasi/berita/ini - pertumbuhan - ekonomi - indonesia - 2020/，访问时间：2021年3月15日。

④ “Pandemi Covid - 19，Jumlaah Pengangguran di Indonesia Naik 9，7 Juta Orang,” https：//regional. kompas. com/read/2021/03/10/160618878/pandemi - covid - 19 - jumlah - pengangguran - di - indonesia - naik - 97 - juta - orang，访问时间：2021年3月1日。

制造骚乱。2020 年 4 月 11 日，印度尼西亚警方在雅加达卫星城将三名主要嫌疑人抓获。

2020 年，印度尼西亚的极端主义和恐怖主义分子制造的事端明显减少。印度尼西亚全国反恐民意调查机构的报告显示，“2020 年，印度尼西亚极端主义潜在指数为 14，比 2019 年的 38.4 下降 12.2%”[①]。但极端主义女性化、极端主义城市化、极端主义年轻化的趋势不可忽视。由于这些极端主义分子的隐蔽性更强，一旦制造极端恐怖事件，破坏性就更强。

最后，在政治上，疫情影响地方选举。根据印度尼西亚选举委员会安排，2020 年地方选举原定于 9 月 23 日举行，有 220 场地方选举，包括 9 个省、224 个县和 37 个市的地方首长选举。3 月 23 日，印度尼西亚选举委员会秘书长表示推迟地方选举的准备工作。4 月 15 日，印度尼西亚国会第二委员会同意内政部和选举委员会的建议，将 2020 年地方选举日期推迟到 12 月 9 日。

2020 年的地方选举对于 2024 年的大选将产生重要影响。在这次地方选举中，各大政党推出各自的候选人甚至政治新秀，以检验他们受选民的支持程度。同时，各大政党通过“合纵连横”，为 2024 年大选做一次预热。这次地方选举的举行考验了佐科政府的执政能力，毕竟选举存在疫情扩散的风险。

## 三　后疫情时代佐科政府务实外交的主要特点

后疫情时代，有效控制疫情和复工复产是佐科政府实施务实外交的主要目的。为了达到上述目的，佐科政府开展了丰富多彩的务实外交活动，从一定程度上讲，这实现了佐科政府务实外交的主要目的。

### （一）推动疫苗合作成为务实外交的优先方向

作为世界人口第四大国家，受医疗水平和地理分布广阔等因素限制，印

① “Survei BNPT Menemukan Potensi Radikalisme 2020 Menurun,” https://nasional.tempo.co/read/1415260/survei-bnpt-menemukan-potensi-radikalisme-2020-menurun/full&view=ok，访问时间：2021 年 4 月 5 日。

度尼西亚在抗击新冠肺炎疫情时显得有些力不从心。在此背景下，开展抗击新冠肺炎疫情的国际合作是印度尼西亚政府的不二选择。抗击疫情的国际合作从疫苗合作开始，这成为佐科政府务实外交的优先方向。

印度尼西亚开创性地与中国开展疫苗合作，取得了巨大实效。

疫情暴发以来，习近平主席与佐科总统三次通电话，就开展疫苗合作达成诸多共识。2020 年 8 月 31 日，习近平主席在与佐科总统通电话时指出，“中方支持两国企业开展疫苗研发、采购、生产等合作，为疫苗在两国和全球的可及性和可负担性作出贡献。双方要继续团结抗疫，共同推动构建人类卫生健康共同体”①。

2020 年 8 月 20 日，印度尼西亚外长蕾特诺应邀访问中国，在三亚同国务委员兼外长王毅会谈。王毅表示，“中印尼疫苗合作走在地区国家前列，上周双方已合作在印尼启动疫苗三期试验。中方支持企业同印尼全方位开展疫苗研发和使用合作，共同打造卫生健康共同体”。② 印度尼西亚外长蕾特诺表示，“希望新冠疫苗公平、可及、经济地惠及发展中国家，中国的支持和作用对于实现这一目标至关重要”③。

通过高层互动与两国外交部门的密切沟通，中国科兴疫苗大规模出口到印度尼西亚，并且该公司部分转移生产技术，在印度尼西亚进行本土生产，印度尼西亚成为地区疫苗生产中心。为了在印度尼西亚大规模注射科兴疫苗，佐科总统第一个注射科兴疫苗，为全民做示范。

此外，印度尼西亚通过双边外交渠道购买了英国阿斯利康、德国辉瑞和阿联酋公司的疫苗，并通过多边外交渠道，获得了世界卫生组织提供的疫苗。

---

① 《习近平同印尼总统佐科通电话》，中华人民共和国中央人民政府网，http://www.gov.cn/xinwen/2020-08/31/content_5538881.htm，访问时间：2021 年 4 月 1 日。

② 《王毅同印尼外长蕾特诺在海南保亭举行会谈》，中华人民共和国中央人民政府网，http://www.gov.cn/guowuyuan/2020-08/21/content_5536307.htm，访问时间：2021 年 3 月 2 日。

③ 《王毅同印尼外长蕾特诺在海南保亭举行会谈》，中华人民共和国中央人民政府网，http://www.gov.cn/guowuyuan/2020-08/21/content_5536307.htm，访问时间：2021 年 3 月 2 日。

## （二）深化经济外交为务实外交的核心内容

佐科政府十分重视经济外交工作。首先，建立经济外交工作小组。该小组由外交部副部长领衔，由贸易、投资、旅游与发展合作部门的自身外交官员组成，旨在加强各个部门的协调与统筹，有效完成经济外交任务。其次，建立有关经济外交的官方网站，及时发布经济外交活动相关信息，促进印度尼西亚与世界其他国家的经济交流与合作。最后，建立官方数据库，其中包括印度尼西亚与世界151个国家的贸易和投资的数据，以作为促进印度尼西亚与他国进行投资和贸易活动的参考。

为了全面推进2020年的经济外交，印度尼西亚外长蕾特诺与工商协会主席罗山·罗斯拉尼于2020年1月7日共同主持召开网络工作组会议，印度尼西亚132个驻外代表处的代表和很多国内企业家参加了这次会议。蕾特诺强调，"2020年经济外交的重点是开拓新的市场，比如非洲、南亚、拉丁美洲"①。为此，印度尼西亚外交部通过既有的论坛，广泛联系相关企业家与外交官，加强印度尼西亚企业与这些新市场的联系。

此外，印度尼西亚外交部还与其他关键部门建立中长期合作关系，以提升经济外交的有效性。2020年5月19日，印度尼西亚外长与中央银行行长签署两个部门的谅解备忘录，旨在通过有效的经济外交，强化和提升印度尼西亚在国际合作中的作用和地位，以维护印度尼西亚的国家利益。按照谅解备忘录的计划，双方"主动塑造国际社会对印度尼西亚经济的积极态度，以便吸引投资和贸易，促进对印度尼西亚经济政策的理解；明确印度尼西亚的角色定位，提升印度尼西亚在双边、多边和国际层面的作用；加强国际交往，维护国家利益；加强信息和数据的交换以便制定经济政策；提高人力资源水平"②。这项合作为

① "2020, Indonesia Intensifkan Diplomasi Ekonomi," https：//rri. co. id/ekonomi/768121/2020 - indonesia - intensifkan - diplomasi - ekonomi，访问时间：2021年3月2日。

② "BI dan Kemlu RI Perkuat Kerja Sama Diplomasi Ekonomi," Bisnis Liputan6. com，https：//www. liputan6. com/bisnis/read/4259556/bi - dan - kemlu - ri - perkuat - kerja - sama - diplomasi - ekonomi，访问时间：2021年3月2日。

期三年，根据双方意愿可再延长。

以双边或多边经贸协定为抓手，深化印度尼西亚与相关国家的经贸合作，是2020～2021年印度尼西亚经济外交的新特点。首先，利用“印度尼西亚—澳大利亚全面经济伙伴关系协定”（IA-CEPA），提升双边经贸合作水平。该协定于2019年3月4日签署，旨在利用澳大利亚廉价的原材料，提升印度尼西亚的工业产品和农业产品的附加值，将印度尼西亚打造成地区加工业中心，并使其成为全球价值链的重要组成部分，向第三国出口商品。澳大利亚是印度尼西亚的主要投资者，约400家澳大利亚企业在印度尼西亚投资兴业，涉及矿业、农业、基础设施、金融、卫生、食品、饮料和交通等领域。

在IA-CEPA框架下，印度尼西亚外交部联合贸易部、合作社部以及中小企业协会于2020年10月6～8日举办“印度尼西亚出口澳大利亚产品证书与标准视频培训会议”。在此次会议中，有450名印度尼西亚企业家注册，每个分论坛进行讨论时至少有160名企业家参加。

2020年10月12日，印度尼西亚外交部举办“商务视频会议”，40名印度尼西亚企业家和澳大利亚九大优先领域的进口商出席，目的是促进印度尼西亚几大优先领域对澳大利亚的出口。这几大领域分别为家具、复合木材、服装、麻袋、胶鞋、肥料、手机、电视视觉设备等。

其次，通过“印度尼西亚—欧洲自由贸易联盟全面经济伙伴关系协定”（IEFTA-CEPA），增加对欧洲的棕榈油出口量。2018年12月，印度尼西亚与欧洲自由贸易联盟的瑞士、冰岛、挪威和列支敦士登四国签署全面经济伙伴关系协定。该协定旨在提高货物贸易与服务贸易水平，增加投资和提升工业生产能力。该协定使印度尼西亚6000～8000种商品在出口到欧洲四国时享受零关税待遇。2020年，印度尼西亚与欧洲四国的贸易额为34亿美元，其中，印度尼西亚的贸易顺差为16亿美元，棕榈油占不小比重。2018年6月，欧洲议会和欧洲理事会通过了修改后的可再生能源指令，制定了2030年实现可再生能源使用比例至少达到32%的目标，为此，将逐步淘汰并禁止在运输燃料中使用造成植物破坏的生物燃料。这一决定使印度尼西亚对欧洲的棕榈油出口量大幅下降。

印度尼西亚是世界上最大的棕榈油生产国，欧洲是其第三大出口目的地。根据印度尼西亚棕榈油协会的统计，“2019年，印度尼西亚棕榈油产量为5180万吨，比2018年增长了9%。2019年，棕榈油出口量为3570万吨，比2018年增长4%，出口额为190亿美元，比2018年减少17%”①。

瑞士一个公民社会组织强烈反对进口棕榈油，认为印度尼西亚的棕榈油破坏了环境。印度尼西亚外交部利用“印度尼西亚—欧洲自由贸易联盟全面经济伙伴关系协定”在瑞士进行全民公投的机会，不断在瑞士游说、做工作。2021年3月7日，瑞士通过全民公投通过了该协定。② 这为印度尼西亚增加对欧洲四国的棕榈油出口量扫除了障碍。

最后，积极参加区域经贸便利化谈判，推动印度尼西亚更深层次地融入区域一体化进程。

2020年11月，“区域全面经济伙伴关系协定”（RCEP）的签署是亚太地区一体化取得重要进展的标志性事件。作为其中一方，印度尼西亚积极参与协定的协商与谈判。针对印度对协定的疑虑，印度尼西亚与泰国一起与印度进行沟通。虽然最后印度决定不参加RCEP，但印度尼西亚对RCEP的最终达成发挥了建设性作用。

为了推动复工复产，2020年6月4日，印度尼西亚与其他东盟国家一道，参与制定和通过《河内行动计划》。根据该计划，“东盟各国要保持市场开放，保障粮食安全，恢复地区供应链并增强供应链的可持续性；避免采用新的、不必要的非关税壁垒；夯实促进东盟内部贸易便利化的基础，促进供应链衔接；充分利用电子商务技术，为企业特别是小微企业继续经营提供扶持”。③

---

① “Refleksi Industri Kelapa Sawit 2019 dan Prospek 2020,” https://gapki.id/news/16190/refleksi-industri-kelapa-sawit-2019-dan-prospek-2020，访问时间：2021年3月2日。

② “Hasil Referendum: Publik Swiss Dukung Perjanjian Indonesia EFTA CEPA-Kementerian Koordinator Bidang Perekonomian Republik Indonesia ,” https://ekon.go.id/publikasi/detail/2426/hasil-referendum-publik-swiss-dukung-perjanjian-indonesia-efta-cepa，访问时间：2021年3月1日。

③《东盟抗击新冠肺炎经贸部长特别会议举行　通过河内行动计划》，人民网，http://world.people.com.cn/n1/2020/0604/c1002-31735719.html，访问时间：2021年3月2日。

## （三）强化海外侨民保护为务实外交的重要支柱

随着地区一体化和全球化程度进一步加深，作为世界人口大国，印度尼西亚的海外侨民数量不断增加。根据印度尼西亚外交部的统计，“2007 年，海外侨民仅为 31.41354 万人，2010 年上升为 335.3631 万人”①。其中，“60% 为家政服务人员，6% 为职业海员，20% 为学生，并且约 6% 的海外侨民与外国人结婚”②。

近年来，印度尼西亚海外侨民权益被侵害的事件出现增加趋势，应对这类事件成为印度尼西亚领事保护和开展务实外交的一项日益紧迫的工作。在最近几年的外交工作的总结中，海外侨民保护成为年度外交工作总结的一项重要内容。

2020 年，海外侨民工作十分繁重。根据印度尼西亚外交部的统计，“2020 年，印度尼西亚政府处理超过 5.4 万起涉及海外侨民保护的案件。这一数字是 2019 年的 1 倍”③。受新冠肺炎疫情冲击，“2020 年，有 17 万名海外侨民回国，外交部门发放超过 50 万件救济生活物资，有 2400 名海外侨民感染新冠肺炎，得到使馆的照顾”④。

2020 年，海员权益受损事件突出，处理相关事件成为印度尼西亚外交部一项十分艰巨的工作。印度尼西亚外交部礼宾与领事司司长安迪透露，“2020 年，捕鱼船涉及侵害海员权益事件达到 1451 起，这还不包括在商船

① Paramitaningrum, Richa V. Yustikaningrum, Galuh Dian Prama Dewi, “Model Diplomasi Perlindungan Pemerintah Indonesia terhadap Warga Negara Indonesia Pekerja Sektor Formal dan Informal di Luar Negeri,” *Global& Strategis*, Th. 12, No. 1, Januari-Juni 2018, hal. 18. , 访问时间：2021 年 3 月 2 日。

② Paramitaningrum, Richa V. Yustikaningrum, Galuh Dian Prama Dewi, “Model Diplomasi Perlindungan Pemerintah Indonesia terhadap Warga Negara Indonesia Pekerja Sektor Formal dan Informal di Luar Negeri,” *Global& Strategis*, Th. 12, No. 1, Januari-Juni 2018, hal. 18, 访问时间：2021 年 3 月 2 日。

③ https：//id. berita. yahoo. com/diplomasi－ri－2020－perlindungan－wni－151402380. html，访问时间：2021 年 3 月 2 日。

④ https：//id. berita. yahoo. com/diplomasi－ri－2020－perlindungan－wni－151402380. html，访问时间：2021 年 3 月 2 日。

工作的海员侨民。2019 年为 1095 起，2018 年为 1079 起”[①]。2020 年，海员权益受损事件突然增加与新冠肺炎疫情有关。受新冠肺炎疫情影响，全球渔业捕捞受到打击，从事渔业捕捞的企业不能满足海员的基本需要，海员的权益被侵害。这些权益损害行为包括减少或停发工资、施加暴力、致死等。

针对海员权益受损事件，印度尼西亚外交部通过法律途径提供相关援助，提醒海员增强防范意识，敦促海员签订规范化的工作合同，以及通过外交渠道争取权益。

## （四）实施大国平衡战略为务实外交的重要保障

作为地区强国、东盟的重要成员，印度尼西亚实施大国平衡战略符合国家利益，这也是推进务实外交的重要保障。面对“百年未有之大变局”，特别是在中美战略博弈日益加剧的背景下，“选边站队”不符合印度尼西亚的根本利益，实施大国平衡战略是其务实的选择。

首先，大国平衡战略基于印度尼西亚自身的实力。印度尼西亚是东南亚最大的经济体，为世界第四的人口大国，又是穆斯林数量最多的国家，并且是二十国集团、亚太经合组织等国际或地区组织的重要成员。这些重要实力地位和身份价值，决定了任何大国难以左右或撼动印度尼西亚不进行“选边站队”的立场。

其次，大国平衡战略也基于印度尼西亚的历史教训。在冷战时期，印度尼西亚曾经实施过“选边站队”或“一边倒”政策，结果都失败了。苏加诺总统时期，曾经一边倒向苏联，结果其政权遭到西方颠覆。苏哈托总统时期，曾经一边倒向美国，后来因腐败缠身，在亚洲金融危机的冲击下黯然下台。

最后，大国平衡战略符合务实外交的目标。实施大国平衡战略，乘大国相互竞争之机，印度尼西亚可以获得更多投资或更加便利的贸易、服务等，

① https：//id. berita. yahoo. com/kemlu - kasus - abk - di - kapal - 040553642. html，访问时间：2021 年 3 月 5 日。

这更加有利于其快速实现工业化、现代化目标。

2020 年，美国特朗普政府高官多次高调访问雅加达，在南海和新疆等议题上不断抹黑中国，游说印度尼西亚在中美之间“选边站队”，印度尼西亚高官对美国的游说采取低调处理态度，不按照美国的套路处理对华关系。

2021 年 4 月初，印度尼西亚外长、国企部部长和贸易部部长联袂访华，探讨与中国开展全方位合作，特别是在健康码互认、“一带一路”、数字经济、大数据、云计算、5G、智慧城市建设合作等方面达成共识。

为了在中日之间采取平衡战略，2021 年 3 月 30 日，印度尼西亚和日本外长和防长在东京举行“2 +2” 会谈。这是两国自 2015 年 12 月以来第二次举办此类会谈。双方讨论海上安全合作等议题。日媒称此举是为了对抗中国的影响力；印度尼西亚则强调并非针对中国，实际上，这是其大国平衡战略的组成部分。

### （五）开展穿梭外交为务实外交奠定基础

作为东盟最大的国家，印度尼西亚时常在东盟处于关键时刻扮演协调者与监督者的角色。无论是柬埔寨和平进程、泰柬边境冲突，还是南海问题、缅甸问题等，印度尼西亚都通过开展穿梭外交，倾听各方意见，调和各方矛盾，最终使问题朝着和平解决的方向发展。

2021 年 2 月 1 日，缅甸军方再度接管政权，成为 2021 年东南亚政治最大的“黑天鹅事件”。2 月 1 日，印度尼西亚外交部发表“四点声明”，敦促缅甸各方尊重《东盟宪章》基本原则，借助现存的法律框架解决彼此分歧。2 月 5 日，佐科总统和马来西亚总理穆希丁共同呼吁，尽快召开东盟外长特别会议，探讨缅甸局势。

在佐科总统的指示下，蕾特诺外长开展穿梭外交。她先访问东盟主席国文莱，然后访问新加坡和泰国。在泰国，她与缅甸军方指定的外长进行了坦诚的交流。此外，蕾特诺外长还与中国、美国、日本、印度、澳大利亚等国外长通电话，交流对缅甸局势的看法，寻找破解缅甸政治困局的路径。

鉴于缅甸局势不断升温，暴力活动持续增加，佐科总统呼吁召开东盟特别峰会，讨论缅甸问题。2021 年 4 月 24 日，东盟各国首脑聚集在雅加达商讨缅甸局势，缅甸军方代表敏昂莱首次出国参加这样的峰会，期待这样的峰会对缅甸局势稳定具有积极的作用。对于缅甸局势，虽然东盟成员国存在一定的分歧，但印度尼西亚通过开展穿梭外交，对于缅甸问题的回稳降温发挥了建设性作用，得到国际社会的一致好评。

总之，面对不确定性的新冠肺炎疫情，印度尼西亚通过开展务实外交，积极应对疫情，从多个渠道获得疫苗，达成了更多的贸易协定，保护了海外侨民。同时，通过开展穿梭外交，树立了印度尼西亚积极负责任的地区大国形象，为务实外交的开展奠定了坚实基础。当然，务实外交还面临不少挑战，比如国内民粹主义上升、极端主义铲而不绝、国际局势错综复杂等。2022 年，印度尼西亚担任二十国集团主席国，我们相信印度尼西亚将在这个多边国际舞台上，通过务实外交让多边主义进一步走深、走实，促进世界经济保持可持续增长，这不仅有利于印度尼西亚自身发展，也有利于整个地区乃至全世界发展。

# 地区热点

Regional Issues

## B.11

## 新冠肺炎疫情、中美博弈与亚太地区格局的演进

高 程　叶海林*

摘　要：新冠肺炎疫情的出现使2020年亚太地区的发展面临极大的不确定性，这种不确定性与地区传统因素相互交织，给地区政治格局、经济形势和社会思潮演化带来新的变数，原有的传统热点问题激化，新议题叠加。地区热点问题的演变动向深刻反映出中国作为亚太地区主要行为体进行策略选择对地区结构态势变化的影响和产生的关联效应。在当前及未来一段时间，亚太地区国际关系和地区格局的动态调整均将不同程度地受到中美关系走势的影响。中国在经济、公共卫生、文化等方面的地区影响力进一步提升，周

* 高程，中国社会科学院亚太与全球战略研究院研究员，主要研究方向为中国周边战略、亚太地区大国博弈；叶海林，中国社会科学院亚太与全球战略研究院副院长、研究员，主要研究方向为周边外交、战略学。

边国家对中国未来扮演好积极的地区大国这一角色的期待值增加。美国的影响力呈现下降态势，但在工具性方面依然保持强势，只是内容性方面有所下降；与此相反，中国的对外影响力在工具性方面仍有很大提升空间，在内容性方面整体向好。

关键词：新冠肺炎疫情　中美战略博弈　亚太国际关系　亚太区域秩序　中国周边战略

## 一　新冠肺炎疫情对亚太地区局势的影响

2020年，新冠肺炎疫情在全球范围内蔓延，是对全球政治、经济等领域造成巨大影响的公共卫生安全事件。截至2020年12月，全球范围内已经有超过7500万人感染新冠肺炎，超过160万人死亡。[①] 亚太地区特别是东亚国家虽然在应对疫情方面表现突出，但受到全球疫情长期严峻局面的影响，亚太地区仍然面临应对疫情的巨大压力，正常的人员往来和经济活动难以恢复。

首先，疫情对作为全球治理体系重要组成部分的世界公共卫生机制造成巨大冲击。由于自身权限先天不足，世界卫生组织（WHO）在抗击疫情过程中暴露出调动全球公共防疫资源乏力的问题。美国一年内完成了从指责WHO职责失当、拒绝缴纳会费到退出该组织的一系列破坏性操作，更是对世界卫生组织的行动能力造成重大伤害。其次，在地区治理层面，疫情暴发之初，亚太区域内没有成熟的公共卫生安全防控协调合作机制。以往被认为在亚太地区具有协调与平衡作用的东盟，没有足够的能力为该地区提供强大

① "Johns Hopkins University & Medicine," https：//coronavirus. jhu. edu/，访问时间：2020年12月19日。

的医疗物资和资金支持。东亚地区能够有效控制疫情蔓延，一方面是因为地区内国家及时建立了相关特别机制；另一方面要归功于域内主要大国利用自身产业优势为地区提供医疗物资等公共物品并分享防控经验。它们主要依托的还是传统的双边合作途径，区域机制作用有限。最后，在国家层面，亚太地区不同国家采取不同措施应对新冠肺炎疫情，部分东亚国家较快、较好地实现了对疫情的控制。

新冠肺炎疫情作为2020年亚太地区最大的突发事件，不但影响了区域内主要国家的发展空间，而且对地区格局产生了影响。一方面，西方国家借助新冠肺炎疫情污名化中国，并对中国进行意识形态、经济制度、政治体制等层面的攻击，这对中国的国际形象造成一定的负面影响。此外，新冠肺炎疫情本身也对中国经济发展造成一定的负面效应。但作为疫情综合性影响的另一方面，由于中国积极应对疫情，在世界主要经济体中，率先恢复工业生产秩序，中国有能力为亚太地区周边国家提供医疗卫生公共产品，这又进一步提升了中国的国际形象和在亚太区域的影响力。不仅如此，受新冠肺炎疫情这一突发事件的影响，亚太地区旧有的以美国为终端的产业链受到冲击，加速了中国主导的地区价值链、产业链的重构进程。

新冠肺炎疫情同样对整个亚太地区的经济格局产生影响，在应对公共安全危机之际，原本以经济合作为主的地区合作议题开始被赋予安全化内涵。区域事务呈现碎片化趋势，区域内不同的社会价值观、意识形态相互撞击；原有的区域经济合作遭到破坏，美国、日本等国加快了制造业回流进程，区域产业链和价值链受到冲击。受新冠肺炎疫情影响，亚太区域内原有的结构性矛盾进一步暴露且更加难以调和，风险管控难度进一步提升，这同时也促进提出诸如地区公共卫生健康合作、地区经济复苏、地区产业链和价值链升级等新的议题，这些议题的提出与解决又为促进区域经济体进一步深化合作提供了空间。

## 二　中美亚太博弈的态势与影响

2020 年，中美在亚太地区的博弈烈度有所增强，领域进一步拓展。中美把 2018 年以贸易摩擦为代表的经济领域的问题扩展到高新技术、文化创新、法律和价值观等领域，军事关系渐趋紧张，海空冲突风险增加。

### （一）中美亚太博弈由以经济冲突为主转向以安全对抗为主

在经济领域，虽然 2020 年中美签署第一阶段经贸协议，中国被美国移出“汇率操纵国”名单，但是美国总统特朗普在多个场合多次声明美国保留与中国经济“脱钩”的政策选项，并在知识产权领域对中国进行无端指责，再次将中国列入“优先观察名单”。①

与贸易摩擦并行，中美在通信技术领域的竞争愈发尖锐。继美国商务部在 2019 年将华为公司及其 114 家海外机构列入“实体清单”之后，2020 年，美国商务部更是出台文件，以保护美国国家安全为由，严格限制华为使用美国的技术、软件设计和芯片，试图将华为赶出美国主导的全球通信技术体系，从而在 5G 等新的通信技术与通信标准领域维护自身绝对优势。不仅如此，继 2019 年取消对中国移动在美国提供服务的授权后，2020 年，美国联邦通讯委员会又取消了对中国电信在美业务的授权，并将撤销中国联通在美业务运营纳入议程。2021 年初，特朗普命令启动中国三大通信运营商在美股退市的程序。尽管新形势下中美竞合关系带来的中美“脱钩”现象持续发酵，中国经济可持续发展的外部环境日渐复杂，然而客观上这种环境变化也为中国重构价值链和产业链、拓展自身终端产品的消费市场创造了条件。

在传统安全领域，中美在南海的博弈升级。美国以所谓“航行自由”

① “USTR Releases Annual Special 301 Report,” https：//ustr. gov/about – us/polic y – offices/press – office/press – releases/2020/april/ustr – releases – annual – special – 301 – report – intellectual – property – protection – and – review – notorious，访问时间：2020 年 12 月 25 日。

为名，加大在中国南海水域的航行频度和力度，并对中国大陆沿海地区进行抵近侦察，美国还就南海问题对中国有关官员和企业进行制裁。中美博弈升级背景下，台海问题进一步激化。美国等西方国家利用新冠肺炎疫情，试图使中国台湾地区参与只有主权国家才能参加的世界卫生组织的活动。此外，2020 年，美国对中国台湾地区进行六次军售，特朗普政府成为美国历史上对台军售数额最大的单届政府。在军控领域，美国退出《中导条约》和《开放天空条约》，却多次要求中国参加中美俄三方军控谈判，试图以此为借口逃避自身所应当承担的核裁军责任。

中美安全冲突风险加剧的直接后果是亚太区域内冲突张力加大，安全诉求与关切被纳入中美双边关系框架内的经济议题、科技议题、文化议题等诸多领域。受中美关系进一步紧张的影响，区域内成员对在中美之间保持平衡的政策灵活度下降，左右逢源的外交操作空间不断被挤压。区域内一些国家虽然不愿意在中美之间“选边站队”，最终却不得“不站队”的现象开始出现。关于是否要在中美之间“选边站队”以及做出怎样的选择问题，域内国家没有也不可能达成一致意见，包括东盟在内的区域一体化机制内部出现明显分歧，区域事务碎片化程度上升。

一方面，中美矛盾激化加深了亚太地区国家对于地区局势的安全焦虑，也使中国和平发展的外部环境变得具有更大的不确定性；另一方面，中国通过在多个领域与美国展开正面博弈，不但维护了中国在相关领域的国家利益，也提高了中国自身处理外部安全危机的能力，增强了中国参与大国竞争的战略韧性，增强了中国对周边事务的影响力和话语权。南海问题上，东盟国家包括有关声索国在内都不愿意公开表态“站队”，从一个角度反映出中国区域影响力的上升。挑战与机遇并存的辩证法也可以用来评估中美在涉港、涉台等问题上的较量，美国加大干预力度，显示出美国制约中国发展的手段由多样化向极端化转变，但美国的极端手段在效果上的有限性也为中国更好地解决香港问题、台湾问题提供了更广阔的空间和更多的政策选项，增强了中国应对美国极限施压的信心和恒心。

## （二）美国企图阻挠“香港国安法”实施

2020年6月30日，《中华人民共和国香港特别行政区维护国家安全法》（简称“香港国安法”）由全国人大常委会通过，并于7月1日在香港特别行政区正式公布实施，该法公布后立刻引起国际社会的极大关注。该法是中国全国人大根据香港维护国家主权与安全的实际需求所采取的立法行动，是为了打击不法分子在香港企图分裂国家的行为。以美国为首的西方国家对中国内政指手画脚，不但大肆煽动，给乱港分子加油打气，甚至还对中国发起所谓“制裁”行动。6月29日，美国国务卿蓬佩奥称美国将停止向香港出口国防装备和部分高科技产品。[①] 次日，他又在新闻发布会中煽动对立，妄称“香港国安法”破坏了香港的自治和“一国两制”，并且违反对英国、世界卫生组织以及世界贸易组织的国际承诺和相关协议。[②] 美国甚至在“香港国安法”实施以前，就对涉及该法的政府官员实施签证限制。

美国如此热衷于插手中国香港事务，主要是基于如下原因。第一，美国不愿意放弃香港这个有助于其干涉中国内政、对华采取颠覆行动的桥头堡。自新中国成立以来，美国就一直把香港作为对内地进行渗透、颠覆和破坏活动的前沿地带。利用在港培育多年的代理人，里应外合打“香港牌”，是美国等西方国家牵制中国的既定策略。“香港国安法”实施后，外国代理人的空间将被最大限度地压缩，美国显然不愿意看到香港恢复正常的社会秩序，更不甘心“香港国安法”实行后他们的代理人的破坏活动受到限制。阻挠“香港国安法”，就是为了保留香港西方代理人集团对内地发起颠覆性破坏行动的利用价值。第二，利用香港问题制造国际舆论，使其成为打压中国国际形象的有力工具。在视中国为战略竞争对手后，美国

---

① “U. S. Government Ending Controlled Defense Exports to Hong Kong,” https：//www. state. gov/u－s－government－ending－controlled－defense－exports－to－hong－kong/，访问时间：2020年12月24日。

② “On Beijing’s Imposition of National Security Legislation on Hong Kong,” https：//www. state. gov/on－beijings－imposition－of－national－security－legislation－on－hong－kong/，访问时间：2020年12月21日。

一直利用“人权”、“民主”或“言论自由”等工具抹黑中国。特朗普执政末期，美国开始不遗余力地在意识形态领域攻击中国，白宫发布《美国对中国的战略行动方针》，通篇冷战思维明显。[①] 美国国会及行政当局中国委员会（CECC）在“香港国安法”实施之前罔顾事实，声援不法分子的“港独行为”。[②] “香港国安法”颁布实施后，CECC 仍无视不法分子的非法行为，妄称该法公布后香港人权状况将迅速恶化[③]。第三，发泄美国未能“和平演变”中国的不满情绪和西方价值观偏见。中国改革开放以来，美国一直试图将中国纳入由其主导的国际秩序当中，希望用接触政策改变中国。随着中国快速发展，美国越来越感觉到对华接触难以达到“和平演变”的战略目标。对中国拒绝盲从西方进行自我否定大失所望，使美国和西方世界在面对更加强大而且更加自信的中国的时候，心态明显失衡，触及外交礼仪底线的言论不绝于耳。

围绕“香港国安法”实施展开的中美博弈，暴露出西方在香港问题上的价值观偏见和“新冷战”心态，展示出中美在香港问题上矛盾的不可调和性。拜登上台后，美国更加重视运用意识形态和价值观工具，借助国际话语霸权实现对外战略目标，中美就香港问题的博弈将进一步升级。

### （三）中美博弈对双边关系及地区格局的影响

在新冠肺炎疫情的强烈冲击下，2020 年，世界“东升西降”的趋势更加明显，大国之间的力量对比和策略选择的差异加速演变，西方制度霸权、

① “United States Strategic Approach to the People's Republic of China,” https://www.whitehouse.gov/wp-content/uploads/2020/05/U.S.-Strategic-Approach-to-The-Peoples-Republic-of-China-Report-5.20.20.pdf，访问时间：2020 年 12 月 21 日。

② “Hong Kong: Statement by the Chairs on the Imposition of National Security Legislation by the National People's Congress,” https://www.cecc.gov/media-center/press-releases/hong-kong-statement-by-the-chairs-on-the-imposition-of-national-security，访问时间：2020 年 12 月 24 日。

③ “Rapid Deterioration of Human Rights in Hong Kong after Passage of National Security Law,” https://www.cecc.gov/publications/commission-analysis/rapid-deterioration-of-human-rights-in-hong-kong-after-passage-of，访问时间：2020 年 12 月 24 日。

话语霸权遭遇重大挫折。中国等新兴经济体在应对新冠肺炎疫情带来的全球公共卫生安全危机和全球经济危机方面发挥的作用显著提升，传统西方发达国家在应对此次疫情时盲目坚持“兼顾防控与经济发展”的政策，结果顾此失彼，在两方面都收效甚微，更关键的是，其无力在第一时间为全球公共卫生健康治理提供足够的公共产品。疫情期间的大国博弈的影响和后果在亚太地区得到集中反映，主要表现为：中美竞合关系中的竞争性一面更加凸显，主导了双边关系的基本面，中美在多个领域展开战略竞争，各自对外政策方向和力度上的差异带来了两国地区影响力对比态势的改变；域内其他行为体对外行为日益受到中美关系的影响，大国博弈对整个地区的边际效益的影响愈发突出。

1. 中国在亚太地区的影响力进一步上升

2020 年，新冠肺炎疫情冲击了原有的东亚地区秩序，加速了地区格局的演变进程。在应对此次公共卫生健康危机过程中，东盟暴露出自身作为亚太主要区域性国际组织提供公共产品能力不足的问题，“东盟 +”模式在能力和机制方面的内在缺陷比较明显。一方面，东盟内部具有重要影响力的国家，如印度尼西亚、泰国等没有能力为东盟国家乃至整个东亚地区提供医疗卫生资源；另一方面，东盟作为一个整体，在疫情暴发之初，也未能如在以往促进亚太地区合作中一样，在中美之间扮演机制平台构建者的角色。此外，世界卫生组织（WHO）以及诸多地区多边组织运转不力。上述情形为中国在地区抗疫过程中发挥有影响力大国的积极作用提供了空间。

由于中国率先在世界范围内有效控制住疫情，实现国内经济复苏与复工复产，为援助亚太国家抗疫奠定了物质基础。中国一方面凭借完备的制造业体系，为亚太地区特别是东盟国家提供必要的医疗物资援助；另一方面通过参与建立“中韩联合防控机制”“中国—东盟关于新冠肺炎问题特别外长会议”“东盟与中日韩（10 +3）抗击新冠肺炎疫情领导人特别会议”等双边、多边疫情管控机制以及一系列重要和急需人员往来“快捷通道”等疫情联防联控机制，通过深化抗疫交流与合作进一步增强地区国家

的凝聚力。随着区域内国家合作应对疫情进程的深入，构建“人类卫生健康共同体”的共识不断被亚太国家所接纳，“一带一路”倡议的内涵得到丰富与发展。

2. 美国强迫亚太国家“选边站队”，效果有限

由于特朗普上台之后奉行单边主义政策及“美国至上”的外交理念，美国在全球治理领域开始缺位。美国先后退出有关气候问题的《巴黎协定》、联合国教科文组织等一系列多边治理机制，在全球应对新冠肺炎疫情的危急时刻，美国又退出了世界卫生组织，导致国际影响力和话语权严重受损。同时，受疫情冲击，主要西方经济体的经济都呈现负增长态势，西方维系国际体系的能力短板更加突出。根据国际货币基金组织的报告，美国2020年的经济增长率为 -4.3%，七国集团的经济增长率为 -5.9%。[①] 更有甚者，在应对此次公共卫生危机中，特别是在全球疫情高发的2020年7月，美国购买了据称应对疫情的关键药物的瑞德西韦未来三个月的九成产能，这在西方世界引发大规模医疗资源挤兑浪潮，“美国优先”的自私表现进一步动摇美国对亚太乃至世界各国影响力的意识形态基础。基于上述原因，亚太地区诸多国家，包括美国的一部分盟友在内，对美国充分发挥主导作用所抱的希望呈下降态势。

美国出于自身战略考量对中国极限施压，造成中美关系矛盾面和斗争性不断突出。为了削弱中国的影响力，美国强迫亚太其他国家在中美之间“选边站队”，不过，美国孤立中国的企图并没有产生令美国满意的效果。一方面，中国通过积极主动的外交行动，在亚太地区的影响力上升；另一方面，美国在制定对外政策过程中，未能充分考虑域内国家特别是其盟友的诉求，甚至激化了美国盟友内部的矛盾。尽管遭到美国威逼利诱，尼泊尔、斯里兰卡等国仍然拒绝同美国签署“千年挑战公司”（MCC）协议，菲律宾等东盟国家发表声明不再参加其他国家在南海地区开展的军事演

---

① IMF, *Real GDP Growth*, *2020*, https://www.imf.org/external/datamapper/NGDP_RPCH@WEO/OEMDC/ADVEC/WEOWORLD/EAQ/SEQ/SAQ/AZQ/MAE/AS5/AUS/CHN/IND/IDN/JPN/KOR/SGP/USA/VNM，访问时间：2020年12月17日。

习。亚太国家用实际行动表明，出于自身发展对区域公共产品需求的现阶段考量和对于亚太地区格局变化判断不明的长时间担忧，其并不愿完全追随美国的步伐。

## 三　中美亚太博弈背景下的地区国际关系演进

中美战略竞争的加剧，对原有区域内格局与国际关系态势产生重要影响。在东北亚区域，由于中美博弈进入深水区，朝鲜半岛问题对亚太地区安全态势的影响下降，直接表现为尽管朝韩之间仍然处于长期结构性紧张状态，然而2020年全年朝鲜半岛局势并未发生重大激荡，在朝鲜半岛核议题、经济制裁议题、非传统安全议题领域，朝鲜和韩国的表现均较为克制。就日本而言，安倍时期在中美之间实行“左右逢源”的外交政策使日本在中美之间保持了一定的外交独立性，自身经济得到恢复性发展。不过，随着中美竞争加剧，这一策略难以在中美之间保持平衡，日本受到美国方面施加的压力将越来越大，后安倍时代，日本的对外政策空间收窄，日本迫于外部压力不得不在中美之间做出战略选择。

在东南亚区域，应对新冠肺炎疫情暴露出印度尼西亚、泰国等东南亚中等强国在本地区遇到紧急情况时并没有独立带领东盟解决危机的能力。由于东盟内部缺乏实质性的领导核心，难以形成聚合效应，内部成员基于自身利益考量，对“选边站队”的态度不一致。在亚太地区紧张局势下，东盟并未如自身预想的那样展现出主导区域局势的能力，此外，在应对新冠肺炎疫情时，东盟成员国的摇摆和东盟整体策略缺乏协调性，同样暴露出东盟战略自主性的不足。以上原因造成东盟在中美博弈过程中持观望态度。

在南亚地区，印度一直视中国为地区战略竞争对手。基于自身机会主义心态的增强以及对中美博弈前景的研判，印度以更加积极的姿态回应美国的“印太”战略，在南亚区域不断干扰中国。与澳大利亚等国一味地对美国采取追随性的“站队”政策不同，印度更希望通过借助美国的力量挤压中国，以达到扩展自身战略空间的战略目的。

## （一）中印边界争端加剧，军事冲突风险增加

2020 年，中印边界争端风波再起。自 4 月以来，印度方面多次破坏中印双方前期达成的一系列协议，违背双方领导人达成的共识，在边界地区推行越界蚕食的前进策略，进行蓄意挑衅，并持续在中印边界加勒万河谷地区抵边修建桥梁等设施，阻碍中国方面在实控线地区的常规活动。面对印度的无理举措，中国做出积极、合理应对，但印度并没有收敛，依旧一意孤行，悍然越界，酿成了 6 月中旬的加勒万河谷地区激烈的肢体冲突和 9 月 7 日印军在班公湖南岸的鸣枪事件，[①] 这也是双方自 1975 年以来首次出现鸣枪事件。争端激化以来，中印双方的军方和外交部等多个部门虽保持接触，并在不同场合举行多次会谈，但双方在边界实控线地区依旧未能脱离接触，进入雪季后，双方前出点位人员的对峙仍在持续。

本轮中印边界争端加剧源自印度对华政策的机会主义心态。基于对国际格局和当前印太地区态势的判断，印度强化 2017 年洞朗事件以来对华挑衅的政策，试图追求超过实力的利益。在印度看来，特朗普上台之后，中美关系呈现负面走向为其提供了难得的机遇。面对美国施压的中国不可避免地会将更多注意力集中在太平洋地区，中印边界是中国的次要战略方向，中国在力量投入和行动决心方面都会有所保留，这就给印度提供了可乘之机。印度密切与美国的关系本质上并不是其独立自主外交政策的转向，而是试图利用中美关系的恶化来实现自身的目的，印度并没有完全投入美国“印太”战略怀抱的企图。印度采取激化中印边界冲突的行动，符合其对自身国际地位、中印力量对比的判断，印度的挑衅具有很强的主动性和独立性，不能也不应被理解为印度出于争取美国扶持而牺牲中印关系的策略行为。

中印边界冲突恶化了中国周边环境，使中国不得不在战略次要方向给予

① 《中印边境冲突责任完全在印方，希维护边境地区和平稳定》，中华人民共和国国防部网站，http://www.mod.gov.cn/topnews/2020-06/24/content_4867234.htm，访问时间：2020 年 12 月 16 日。《印方在中印边境首先鸣枪威胁 外交部回应》，新华网，http://www.xinhuanet.com/mil/2020-09/09/c_1210791729.htm，访问时间：2020 年 12 月 16 日。

必要的关注和倾斜。争端虽然增加了中国在次要战略方向的压力，但同时也挤压了印度对华政策采取两面手法的操作空间，使印度无法一边对华挑衅，一边释放合作信号，谋求中方给予“维稳”回报。同时，中印关系的复杂化客观上有利于中国争取南亚中小国家对中国合作倡议的支持。中国在疫情中生产能力迅速回升，成为2020年下半年仅有的经济实现正增长的大国，区域影响力明显增强，而印度国内对新冠肺炎疫情防控无望，经济受此影响也呈断崖式下跌，[①] 同时还要面对克什米尔地区巴基斯坦的对峙，[②] 此时挑起中印边界争端迫使印度不断加大在北部战略方向的投入力度，使其领导并参与南亚地区的经济合作也难有作为。

综观2020年的中印边界争端，中国方面及时、有力的回应挫败了印度的机会主义行为，但双方并没有在边界达成新的动态稳定，边界鸣枪事件预示着分歧管控难度未来将不断上升。2020年11月6日，中印两军在楚舒勒举行了第八轮军长级会谈，双方表示将推动中印边界西段实际控制线地区的脱离接触，[③] 基于边境地区自然环境的影响，进入冬季之后，双方士兵在边界地区难以在短期内撤出，脱离接触在技术上面临诸多困难。加之印度国内强烈的反华民粹主义，限制了印度承认和接受现实的政策选项，印度对华示强策略陷入骑虎难下的窘境。中印领导人在武汉、金奈会晤之后营造的良好氛围已经逆转，短期内难以实现转圜。

### （二）多哈协议签署，阿富汗国内和解取得一定进展

2020年2月29日，特朗普政府与阿富汗塔利班在卡塔尔多哈签署旨在结束阿富汗战争的和平协议。特朗普政府和阿富汗塔利班签署的协议，除涉及美国撤军条件等内容外，还要求包括阿富汗中央政府在内的阿国内各方于

① https：//www. imf. org/external/datamapper/NGDP_ RPCH@ WEO/IND，访问时间：2020年12月16日。

② “Attack of Pakistani Forces on Indian Positions,” Ministry of Defence of India，https：//www. mod. gov. in/，访问时间：2020年12月16日。

③ 《中印两军第八轮军长级会谈联合新闻稿》，中华人民共和国国防部网站，http：//www. mod. gov. cn/topnews/2020－11/08/content_ 4873890. htm，访问时间：2020年12月16日。

2020 年 3 月开启内部谈判。阿富汗中央政府此前既没有参加美塔谈判，也未表示愿意接受美国同意的和谈条件。特朗普政府和阿富汗塔利班和谈的动机在于尽快结束已经成为美国全球战略“鸡肋”的阿富汗战争，以整合战略资源，应对大国竞争。为达目的，美国置阿富汗中央政府的反对于不顾，急于与阿富汗塔利班达成协议，代替阿中央政府接受了阿塔关于举行全国各党派和谈而不是同阿中央政府和谈的要求，甚至在阿塔声称不与阿富汗中央政府对话的情况下，仍然要求阿富汗中央政府启动与塔利班的和谈。美国急于寻求达成和平协议的心态可见一斑。最终，在美国的压力下，阿富汗中央政府与阿塔于 2020 年 9 月开始进行正式和谈，阿富汗国内和解取得一定进展。

由于塔利班政权和阿富汗中央政府在国内政治和解、俘虏交换等问题上存在巨大分歧，双方和谈进展缓慢。2020 年 12 月 2 日，经过艰苦努力，阿富汗中央政府和塔利班政权首次书面达成一致意见，就政治路线图和全面停火制定谈判规则和步骤。阿富汗国内和解进程的进展，对阿富汗自身形势的改善及其周边地区的稳定具有积极意义。阿富汗中央政府和塔利班政权首次书面达成一致意见，意味着阿富汗国内政治和解进程取得了阶段性成果。这在一定程度上为推动阿富汗国内恢复社会稳定和实现经济发展提供了可能。

阿富汗国内和解虽然取得了阶段性进展，但和解的持续推进仍面临挑战。首先，阿富汗内部各方势力的博弈不断，也对阿富汗内部和解进一步推动带来隐患。2020 年，阿富汗中央政府和塔利班政权虽然开启正式谈判，但从这一时期阿富汗国内各方的互动情况来看，阿富汗境内袭击和交火事件仍持续不断。阿富汗中央政府、政府反对派和塔利班政权之间的信任程度较低，且在部分谈判议题上存在明显分歧，这使阿富汗国内和解进程的持续推进面临不小的阻力。

其次，美国减少存在带来的力量空白，为区域内及相邻地区国家围绕阿富汗展开地缘政治博弈创造了条件，地区强国在阿富汗展开的代理人之争呈激化态势。印巴之争、伊朗对阿富汗问题的介入等，一方面加重了阿富汗问题的地区外溢效应，另一方面给阿国内和解带来了更多不

确定性。

最后，换届后的拜登政府是否会继续履行特朗普政府与阿富汗内部各方达成的协议，存在较大变数。2020 年阿富汗内部和解取得阶段性进展在很大程度上是特朗普政府对阿塔妥协的结果，特朗普以美军最终将撤离阿富汗为条件与阿塔进行和平谈判，并向阿富汗中央政府施压，但这在美国决策集团内部并未达成共识。民主党上层等建制派力量虽然对结束阿富汗战争表示欢迎，但在继续削减驻阿美军人数至 2500 名，以及按照美塔协议最终将美军完全撤离阿富汗等问题上与特朗普政府存在明显分歧。[①] 美国决策集团内部对阿富汗问题的不同观点，有可能导致美对阿政策出现摇摆，从而影响阿国内政治和解进程。

### （三）日本进入后安倍时代，内外政策走向面临调整

2020 年 8 月 28 日，安倍晋三在成为二战结束以来任期最长的日本首相后五天，在首相官邸举行新闻发布会，正式宣布因病辞去首相职务[②]，日本政坛从此进入“后安倍时代”。安倍的辞职给日本政坛的稳定性和对外政策的连续性均投下阴影。未到换届时首相突然离职，日本政坛通常会进入相对动荡的时期。对于日本的邻国来说，更加重要的是日本对外政策路线由此可能发生的变化。安倍时代的日本的基本外交战略是在美日同盟框架内尽力争取外交自主性，在对美忠诚和改善与亚洲大陆邻国关系方面尽可能保持平衡。接任日本首相菅义伟在自民党总裁选举的参选记者会上将自己定位为前任首相安倍晋三的接班人，并宣称将继续推进前首相的“战后外交总决算”，继承有关北方领土问题和对美外交的基本战略方针。[③] 拜登赢得美国总统大选后，很快就表示将对特朗普忽视联盟体系

---

① Leo Shane Ⅲ，Joe Gould，“Afghanistan，Iraq Drawdowns Get Mixed Reaction in Congress，” Defense News，https：//www. defensenews. com/congress/2020/11/17/afghanistan – iraq – drawdowns – get – mixed – reaction – in – congress/，访问时间：2020 年 12 月 19 日。

② 『安倍内閣総理大臣記者会見』、2020 年 8 月 28 日、https：//www. kantei. go. jp/jp/98_ abe/statement/2020/0828kaiken. html、访问时间：2020 年 12 月 21 日。

③ https：//asahichinese – j. com/politics_ economy/13693632.

作用和盟友诉求的“美国优先”政策进行调整，紧跟美国的日本将在制衡中国方面受到美国施加的越来越大的压力，安倍时期勉强维持的对美关系和对华关系的稳定状态将受到更大张力的拉扯，日本有可能最终不得不做出战略性取舍。

多年以来，日本的外交路线始终存在两组矛盾心理。首先，日本对美国存在一种矛盾心理，即加深美日同盟和改变美日同盟非对称性之间的矛盾诉求。由于战后特殊历史原因，日本只能放弃安全利益，在军事上完全依赖美国，以换取经济发展的机会，因此造成美日同盟具有非对称性特点。日本在经济腾飞后开始谋取成为政治大国，而对美国的依赖使其始终无法实现这一诉求。日本多年来不断试图修改“和平宪法”，改变美日同盟的非对称性特征，但又不敢突破安全上对美国的依附状态。日本新任首相菅义伟曾致电美国总统拜登，表示有必要进一步加强美日同盟①，他在接受日本广播协会（NHK）的采访时表示想要接受修改宪法的挑战。② 在美日同盟的框架下，成长为正常国家甚至是世界大国，不但是安倍的政治理想，也是后安倍时代日本政府的战略诉求，实际上，这更是日本战后的国家发展方向，只不过，其中的逻辑矛盾是日本历届政府都难以协调的。

其次，日本在中美之间的不断摇摆是另一个矛盾心理。安倍时期，日本尽可能在中美之间保持平衡，与中国的竞争主要体现在地区经济影响力方面，如配合美国的“重返亚太”政策，积极推进“跨太平洋伙伴关系协定”（TPP）构建，以及在 TPP 因美国退出而失败后，又在推进“区域全面经济伙伴关系协定”（RCEP）建构的进程中拉拢印度加入，削弱中国在域内的影响力。但日本无意至少不急于在安全议题上和中国爆发直接冲突。这固然可以看作美日同盟在遏制中国方面的分工，也可以被理解为日本基于比较优势而做出的自主选择。只不过，未来面对美国越来越大的压力和怂恿，日本

① 『菅総理大臣とバイデン次期米国大統領との電話会談』、2020 年 11 月 12 日、https：//www. mofa. go. jp/mofaj/na/na1/us/page3_ 002922. html、访问时间：2020 年 12 月 21 日。

② 『菅氏、改憲に「政府として」挑戦』、2020 年 9 月 13 日、https：//www. nishinippon. co. jp/item/o/644502/、访问时间：2020 年 12 月 24 日。

将难以继续在中美之间保持平衡。这一点从安倍执政末期对美国制华的迎合中就可以看出，2020 年，日本积极推动“美日印澳四边机制”，实施“印太”战略，配合美国积极协助中国台湾加入世界卫生组织，参加世卫大会，以及自民党议员河野太郎在接受采访时表现出日本加入“五眼联盟”的意愿等[①]，都体现了日本在与中国有关的经济诉求和与美国有关的安全诉求之间日益看重后者的倾向。即便如此，日本也仍然不愿放弃进一步与中国加强经济合作的机会，如与中国首次达成双边关税减让安排[②]，积极主动推进达成中日韩自由贸易协定等。[③]

随着战略回旋空间不断缩小，日本最终会选择倒向美国。在安全事务上，未来中日两国的摩擦频率将呈上升趋势，烈度也有可能提升。然而，对美依附性的增强和中日实力对比的变化，也将使日本在整个亚太格局中的地位呈下降趋势，日本在亚太域内经济合作等领域的竞争力亦将相对减弱，这将在客观上有利于中国在妥善应对美日同盟压力的同时深化对周边的经略。

### （四）RCEP 正式签署，区域合作艰难前行

受地缘政治经济博弈加剧和新冠肺炎疫情的影响，亚太地区经济增长速度相对以往有所减慢，区域合作进程因受到多方面的影响而迟滞并受到阻挠，尽管如此，“区域全面经济伙伴关系协定”（RCEP）仍然在多方努力下正式签署，标志着促进区域合作依然是域内多数经济体的共识，区域合作进程在艰难中踟蹰前行。2019 年 11 月 4 日，“区域全面经济伙伴关系协定”

① Daishi Abe，Rieko Miki，“Japan Wants De Facto ‘Six Eyes’ Intelligence Status：Defense Chief，” https：//asia. nikkei. com/Editor - s - Picks/Interview/Japan - wants - de - facto - Six - Eyes - intelligence - status - defense - chief，访问时间：2020 年 12 月 21 日。

② 《历史性突破！中日首次达成双边关税减让安排　专家：为中日韩自贸区谈判奠定基础》，中华人民共和国中央人民政府网，http：//www. gov. cn/xinwen/2020 - 11/16/content_5561843. htm，访问时间：2020 年 12 月 21 日。

③ 『第 16 回日中韓自由貿易協定交渉会合の開催（結果）』、2019 年 11 月 29 日、https：//www. mofa. go. jp/press/release/press4e_ 002715. html、访问时间：2020 年 12 月 21 日。

第三次领导人会议在曼谷举行，除印度外，其余成员国结束了20个章节的文本审读和实质上的所有市场准入谈判。同月29日，在日印举行“2+2”战略对话期间，日本首席谈判代表表示，日本不会考虑签署一个没有印度的区域全面经济伙伴关系协定，[①] 但最终印度的消极态度和日本的背书并没有导致“区域全面经济伙伴协定”谈判流产，2020年11月，15个成员国正式签署“区域全面经济伙伴关系协定”。历时八年谈判，全球最大自贸区正式建立。

“区域全面经济伙伴关系协定”正式签订，对地区经济一体化进程和中国的高水平开放而言，既有积极意义，也带来挑战。积极影响方面，“区域全面经济伙伴关系协定”签署前，中国、日本、韩国等已和东盟签订了多个“10+1”协议和“中日韩+东盟”的“10+3”协议，“区域全面经济伙伴关系协定”的最终签订标志着亚太区域合作从此前的多组双边和小多边经贸合作模式，即“亚洲面条碗”模式，升级整合为多边网络状模式，为进一步推动亚太自贸区建立奠定了基础。在该协定框架下，成员之间的经济利益关联更加密切，共同诉求进一步增加，立场更加相似，在一定程度上有助于中国化解来自美国的经济压力。中国和日本尚未签署自由贸易协定，“区域全面经济伙伴关系协定”的签署，也为推动中日和中日韩经贸关系的进一步发展创造了新的发展平台。对于整个亚太地区而言，在当前贸易保护主义、经济民族主义盛行的背景下，“区域全面经济伙伴关系协定”的签署，意味着开放性的地区多边经贸合作发展模式被注入了一针强心剂。

对于挑战，首先，“区域全面经济伙伴关系协定”本身标准较低，在现阶段，外交意义大于经济意义。由于成员之间的经济发展水平存在差异，考虑到平衡各方成员现实发展利益诉求的需求，协定的文本内容并没有完全覆盖中日韩三方之间存在的贸易问题。在投资者与东道国投资争端解决机制方面，“区域全面经济伙伴关系协定”的规定也相对弱于“全面与进步跨太平洋伙伴关系协定”和《美加墨协定》的相关标准。在关税减让方面，“区域

① Isabel Reynolds, “Japan Won't Sign RCEP If India Doesn't Join,” The Economic Times, https://economictimes.indiatimes.com/news/economy/foreign-trade/japan-wont-sign-rcep-if-india-doesnt-join/articleshow/72287757.cms，访问时间：2020年12月19日。

全面经济伙伴关系协定”所涵盖的范围和程度，与成员之间已达成的自由贸易协定规定的关税减让程度和范围存在一定的重合。

其次，地区内主要经济体间的经贸关系紧张，可能对“区域全面经济伙伴关系协定”的实施效果造成影响，并延缓地区的经济一体化进程。日本和韩国经贸摩擦的持续和反复、中国和澳大利亚地缘政治博弈态势加剧以及南亚地区主要经济体印度的拒绝参加，均在一定程度上影响“区域全面经济伙伴关系协定”的深度推进。

最后，美国当选总统拜登对待地区盟友和处理中美关系的态度与特朗普存在较大差别。拜登上台执政后，美国虽然未必立即加入“全面与进步跨太平洋伙伴关系协定”，但是拜登政府主张通过多边合作的方式修复与传统盟友和伙伴之间的关系，对中国经济发展采取“规则锁定”和制衡中国地区影响力拓展的相关决策，依然可能对“区域全面经济伙伴关系协定”促进区域内成员经济合作的积极影响造成对冲效应。

总体而言，“区域全面经济伙伴关系协定”是2020年亚太地区多边经贸合作努力的最大成果之一，但该协定本身在制度有效性和范围覆盖方面还有较大的完善空间。第一，作为南亚次区域主要大国，印度并未签署该协定，印度最终是否加入RCEP，将对RCEP能否顺利运行带来不确定性影响。第二，中国、日本和韩国能否在RCEP的基础上达成共识，推动“中日韩自由贸易区”构建，将在很大程度上决定RCEP的实际运行效果和给成员带来的经济回报水平。第三，对于加入“全面与进步跨太平洋伙伴关系协定”，中国已经表露出积极开放的态度，但随着拜登政府上台，美国民主党建制派有重回多边主义的政策倾向，中国的积极意愿可能面临来自美国的阻挠，CPTPP和RCEP在区域内是对接还是对冲，充满不确定性。上述三个方面的不确定性，均受到中美关系走向的制约。

就RCEP本身而言，该机制仍具有一定的脆弱性，存在替代性竞争的风险。一方面，RCEP被一些亚太国家当作应对美国大搞“双边谈判”的举措。随着中美博弈向区域经济主导权蔓延，RCEP有很大的可能会受到美国亚太政策调整的冲击。另一方面，中美博弈对RCEP机制的影响并不局限于这一进程本身，还涉及亚太其他国家对多个地区合作机制主导国领导能力和决心的心理期待。这种心理期待，将以摇摆观望以及两面下注的方式体现在区域追随者的谈判策略中，这会对包括 RCEP 在内的地区合作议程造成消极影响。

## 四　结语

2020 年，亚太地区局势的竞争性、安全化特征明显。新冠肺炎疫情加剧了大国在本地区的博弈，冲突烈度明显增强，原有的管控机制的作用有限；地区经济水平整体下滑，国家间经济发展的不平衡性加剧，地区产业价值链加速重塑。新冠肺炎疫情的蔓延凸显了区域治理体系的不足，引发东西方之间发展道路、治理模式的碰撞。中国迅速控制住了疫情，并率先实现经济正增长，对国际社会应对公共卫生危机做出贡献，提供了至关重要的抗疫公共产品，彰显了中国构建人类命运共同体的诚意，提高了中国的国际影响力。为国际社会不平等与不公正发声的正义之举，成为中国展示大国形象、争取国际话语权的新尝试。中国主导的“一带一路”“澜湄合作”等多边、小多边机制的稳步推进再次证明了中国经济和主导机制的韧性，“区域全面经济伙伴关系协定”的签署进一步提升了中国在周边地区的塑造能力，构成对美国以“脱钩”手法孤立中国的一种积极反制。

概括而言，在当前及未来一段时间，亚太地区国际关系和地区格局的动态调整均将不同程度地持续受到中美关系走势的影响。中国在经济、公共卫生、文化等方面的地区影响力将进一步提升，周边国家对于中国未来扮演好积极的地区大国这一角色的期待值增加，美国的影响力呈现下降态势；但需要注意，这种态势并不是由于美国自身实力下降，而是由于特朗普政府“美国优先”原则下单边主义的战略失当。美国的对外影响力在工具性方面依然保持强势，只是在内容性方面有所下降；与此相反，中国的对外影响力在工具性方面仍有很大的提升空间，在内容性方面整体向好。拜登政府上台之后，美国建制派重掌白宫，势必会对美国对外影响力进行重塑，中国的区域影响力以及亚太区域合作的向心力均将面临新的变数。

# B.12
# 阿富汗人内部谈判的进展与困境[*]

田光强[**]

摘　要：为了配合全球战略调整，集中有限的战略资源应对大国战略竞争，美国政府急于从阿富汗撤军。阿富汗人内部谈判事关美国撤军之后阿富汗的政治局势和未来走向。在谈判开始之前，阿富汗政府与阿富汗塔利班围绕换囚等一系列问题进行博弈。最终在特朗普政府的施压以及双方的妥协之下，阿富汗人内部谈判艰难启动。但是双方在阿富汗人内部谈判中针锋相对，导致谈判异常艰难，时断时续，久谈无果。追根溯源，阿富汗政府和阿富汗塔利班理念分歧难以弥合以及美国在阿富汗人内部谈判中的枢纽作用弱化是阿富汗人内部谈判受阻的主要原因。在美国撤军之后，阿富汗人内部谈判可能面临边打边谈、时断时续、久拖不决的情况，进而可能导致谈判失败，从而使阿富汗问题只能通过战争手段加以解决。

关键词：阿富汗政府　阿富汗塔利班　全球战略　阿富汗人内部谈判

美国著名国际关系史学家、战略学家保罗·肯尼迪（Paul Kennedy）在《大国的兴衰》中指出，过度扩张是历史上强国衰落的最为重要的原因，提

* 本报告为中国社会科学院青年科研启动项目“印度在美国印太战略中的角色定位及对华战略影响”（项目编号：2020YQNQD00134）的阶段性成果。

** 田光强，法学博士，中国社会科学院亚太与全球战略研究院助理研究员，主要研究方向为南亚国际关系。

醒美国保持战略资源与战略目标之间的平衡，避免重蹈覆辙。[①] 但是，“霸权的诱惑”导致作为世界上唯一超级大国的美国忘乎所以、胡作非为、四面出击，最终陷入过度扩张的典型强国困境——战略资源与战略目标之间的失衡。随着国家实力的相对衰落、国际影响力的式微、发展中国家的整体性崛起，美国在国际权力结构中的地位呈现下降的趋势，使其反思、调整、重构自身全球战略。美国政府开始将新兴大国聚集的印太地区视为事关其全球主导地位的地缘战略中心，而非中东地区；将大国之间的竞争视为对其全球主导地位的主要战略威胁，而非恐怖主义；将增强战略竞争能力视为维护其全球主导地位的重要战略手段。[②] 阿富汗战争已成为美国历史上时间最长的对外战争，也成为美国最为沉重的战略负担。为了配合全球战略调整、集中有限的战略资源应对大国战略竞争，美国政府急于从阿富汗撤军。推动阿富汗人内部谈判、达成政治和解是美国政府阿富汗战略的重要组成部分，这事关美国撤军之后阿富汗的政治局势和未来走向。

## 一 艰难启动：阿富汗人内部谈判之前的博弈

历时20年之久的阿富汗战争消耗美国大量的战略资源，使其陷入打不赢、耗不起、撤不走的战略困境之中。因此，美国想顺利实现从阿富汗撤军的战略目标，以将有限的战略资源集中到应对大国战略竞争上面，势必需要改变之前对阿富汗塔利班持有的强硬立场，改弦易辙并与其进行和平谈判。

为了实现与阿富汗塔利班的和解以顺利从阿富汗撤军，特朗普政府开始积极推动与阿富汗塔利班的和谈进程。特朗普政府负责阿富汗事务的特使扎尔梅·哈利勒扎德（Zalmay Khalilzad）在卡塔尔和阿联酋等地与阿富汗塔利班代表进行多轮谈判。经过双方之间的博弈，在2020年2月29日，

---

① Paul Kennedy, *The Rise and Fall of the Great Powers: Economic Change and Military Conflict from 1500 to 2000* (New York: Random House, 1987).

② 田光强：《“以退为进”：特朗普政府阿富汗战略转型的逻辑》，《河北师范大学学报》（哲学社会科学版）2021年第2期。

特朗普政府与阿富汗塔利班在多哈签署了和平协议。根据协议的主要内容，美国政府将在2021年5月1日之前从阿富汗实现全面撤军，2020年3月10日，阿富汗塔利班与阿富汗政府进行内部谈判以实现持久、全面停火，并就阿富汗未来的政治路线图达成协议。[①] 为了促进阿富汗政府积极参与阿富汗人内部谈判、打消其安全顾虑，就在与阿富汗塔利班达成和平协议的同时，美国政府又与阿富汗政府发表联合声明，承诺继续支持阿富汗政府及其安全部队。[②] 为了延续阿富汗现政府、确保阿富汗不会再次沦为恐怖主义的庇护所以及实现从阿富汗全面撤军，特朗普政府将推动阿富汗人内部谈判作为阿富汗战略的重要组成部分，并积极推动阿富汗人内部谈判进程。

虽然阿富汗政府与阿富汗塔利班都承诺推进阿富汗人内部谈判，但是由于双方之间的矛盾分歧以及阿富汗政府内部的政治僵局，谈判无法如期举行，和解进程受阻。阿富汗塔利班要求把释放全部在押塔利班成员作为阿富汗人内部谈判的先决条件，但是阿富汗政府坚持不应为阿富汗人内部谈判设置任何先决条件。由于双方无法就此达成协议，原定于2020年3月10日进行的内部谈判推迟举行。阿富汗政府内部的政治僵局也阻碍阿富汗人内部谈判顺利推进。2020年2月18日，阿富汗独立选举委员会宣布现任总统加尼在2019年9月举行的总统大选中获胜，但是竞争对手、前首席执行官阿卜杜拉·阿卜杜拉（Abdullah Abdullah）拒不承认落败。2020年3月9日，加尼和阿卜杜拉同时宣布就任总统，出现“一国两总统”的局面，使阿富汗陷入政治僵局。

---

① “Agreement for Bringing Peace to Afghanistan between the Islamic Emirate of Afghanistan Which Is Not Recognized by the United States as a State and Is Known as the Taliban and the United States of America,” The U. S. Department of State, https://www.state.gov/wp-content/uploads/2020/02/Signed-Agreement-02292020.pdf，访问时间：2021年4月17日。

② “Joint Declaration between the Islamic Republic of Afghanistan and the United States of America for Bringing Peace to Afghanistan,” The U. S. Department of State, https://www.state.gov/wp-content/uploads/2020/02/02.29.20-US-Afghanistan-Joint-Declaration.pdf，访问时间：2021年4月17日。

面对阿富汗人内部谈判的僵局以及安全局势的恶化，特朗普政府向阿富汗政府施加压力，使其同意分阶段逐步释放在押阿富汗塔利班人员。2020 年 3 月 11 日，加尼总统签署行政命令，启动阿富汗政府与阿富汗塔利班之间的囚犯互换进程。[①] 3 月 27 日，阿富汗政府公布了参加阿富汗人内部谈判的 21 人代表团名单，其中包括 5 名女性代表。[②] 4 月 8 日，阿富汗政府释放首批 100 名阿富汗塔利班在押人员。截至 7 月，阿富汗政府已释放 4400 名阿富汗塔利班在押人员，但是对于剩余的 600 名阿富汗塔利班在押人员，阿富汗政府以其犯有严重罪行为由，拒绝释放。对此，阿富汗塔利班则坚持，只有阿富汗政府释放剩余的 600 名该组织在押人员，才能开始阿富汗人内部谈判。为了向阿富汗政府和特朗普政府施压，阿富汗塔利班对阿富汗政府军发动猛烈袭击。6 月 22 日，阿富汗国家安全委员会（The Afghanistan's National Security Council）发表声明指出，在过去一周，阿富汗塔利班在 32 个省发动了多起袭击，造成阿富汗安全部队数百人伤亡。[③] 对此，阿富汗政府坚决予以回击，拒不释放剩余的 600 名阿富汗塔利班在押人员。

阿富汗塔利班开始改变策略，向阿富汗政府释放善意以解决换囚问题。7 月 20 日，阿富汗塔利班公布了参加阿富汗人内部谈判的 21 人代表团名单，其中 13 人来自该组织的领导委员会。[④] 7 月 24 日，阿富汗塔利班表示，只要阿富汗政府释放剩余的 600 名该组织在押人员，其就在宰牲节

---

① "Afghan President Ashraf Ghani Orders Release of Taliban Prisoners," March 11, 2020, The Dawn, https://www.dawn.com/news/1539992/afghan-president-ashraf-ghani-orders-release-of-taliban-prisoners，访问时间：2021 年 4 月 18 日。

② "21 - Member Team from Afghanistan Government to Negotiate with Talibans," The NDTV, https://www.ndtv.com/world-news/21-member-team-from-afghanistan-government-to-negotiate-with-talibans-2201810，访问时间：2021 年 4 月 18 日。

③ "Afghan Security Forces Suffer Bloodiest Week in 19 Years," The VOA News, https://www.voanews.com/usa/afghan-security-forces-suffer-bloodiest-week-19-years，访问时间：2021 年 4 月 18 日。

④ "Taliban Chief Inducts Trusted Aides for Intra-Afghan Peace Talks," The Medialine, https://themedialine.org/by-region/taliban-chiefinducts-trusted-aides-for-intra-afghan-peace-talks/，访问时间：2021 年 4 月 18 日。

（Eid al-Adha）之后立即开始参加阿富汗人内部谈判。[①] 对此，阿富汗政府也予以积极回应，以为阿富汗人内部谈判扫清障碍。7 月 25 日，阿富汗政府宣布释放 50 多名阿富汗塔利班在押人员。[②] 7 月 28 日，阿富汗塔利班发表声明宣布，7 月 31 日至 8 月 2 日在阿富汗全国进行为期三天的停火。对此，阿富汗政府表示欢迎，要求阿富汗安全部队遵守停火协议。[③] 这使阿富汗政府和阿富汗塔利班形成良好互动，有利于推进阿富汗人内部谈判尽早开启。

虽然在特朗普政府的施压以及双方的妥协之下，阿富汗人内部谈判最终举行，但是在谈判开始之前，阿富汗政府与阿富汗塔利班围绕换囚等一系列问题所进行的博弈，折射出双方之间缺乏基本的互信、诚意、决心，也预示着接下来的谈判将剑拔弩张、困难重重，前景黯淡。

## 二　久谈无果：阿富汗人内部谈判之中的争锋

2020 年 9 月 12 日，首次阿富汗人内部谈判在多哈举行开幕式，阿富汗政府、阿富汗塔利班及中国、美国、俄罗斯、巴基斯坦、德国、联合国等代表出席。这标志着阿富汗人内部谈判进程正式开启。由于阿富汗政府与阿富汗塔利班存在根深蒂固的相互猜疑、理念分歧、政策矛盾，双方在阿富汗人内部谈判中针锋相对，导致谈判异常艰难、时断时续、久谈无果。

由于阿富汗政府与阿富汗塔利班缺乏基本的互信和共识，因此谈判伊

① “Taliban Says Conditionally Ready to Start Negotiations after Eid al-Adha,” The Ariana News, https://ariananews. af/taliban – says – conditionally – ready – to – start – negotiations – after – eid – al – adha/，访问时间：2021 年 4 月 18 日。

② “Afghanistan Releases Another 50 Taliban Prisoners,” The Teletrader, https://www. teletrader. com/afghanistan – releases – another – 50 – taliban – prisoners/news/details/52777841? ts = 1609044035998，访问时间：2021 年 4 月 18 日。阿富汗政府并没有明示这 50 多名被释放人员是否属于剩余的 600 名阿富汗塔利班在押人员。

③ “Taliban Declare Three-day Ceasefire during Eid,” The Yahoo News, https://news. yahoo. com/taliban – declare – three – day – ceasefire – during – eid – 144057852. html，访问时间：2021 年 4 月 19 日。

始，双方就陷入关于程序规则的长时间争论之中，迟迟无法达成协议，更难以涉及对有关实质内容的谈判。在经过2个多月的艰苦谈判之后，双方终于在12月2日就21个程序规则达成协议，协议指出阿富汗人内部谈判的基础是多哈和平协议、阿富汗人民对和平的渴望、双方对实现持久和平的承诺、联合国关于实现阿富汗持久和平的决议。这是双方自阿富汗战争以来达成的首个书面协议，其详细规定了双方在谈判过程中的行为规范以及谈判议题。①

在达成有关程序规则的协议之后，阿富汗人内部谈判进入就实质内容进行谈判的关键阶段，这事关双方的根本利益、谈判的成败得失、阿富汗政治的未来走向。在阿富汗人内部谈判开始之初，阿富汗塔利班就建议未来阿富汗实行伊斯兰体制，建立高级宗教委员会（elite religious council）以选择国家领导人，而不通过选举方式。② 但是此建议遭到阿富汗政府反对。12月10日，阿富汗政府与阿富汗塔利班交换了各自的初步谈判要点。根据阿富汗媒体的报道，阿富汗塔利班的初步谈判要点共24个，主要包括建立伊斯兰政治体系，组建伊斯兰委员会，制定新宪法，根据伊斯兰教原则制定发展政策、保护妇女权益、保障言论自由，实现永久停火。而阿富汗政府的初步谈判要点共28个，涉及五大领域：安全、发展、政治、执行机制、和平协议。③ 12月12日，阿富汗政府与阿富汗塔利班共同宣布自14日起阿富汗人内部谈判暂停23天以便双方就初步谈判要点征求意见。④ 至此，阿富汗人内部谈判第一阶段宣告结束。阿富汗政府和阿富汗塔利班的谈判要点见表1。

---

① "Taliban: Next Govt System Should Be Inclusive, Islamic," The TOLO News, https://tolonews.com/afghanistan-168400，访问时间：2021年4月20日。

② "Taliban Demands 'Religious Council' to Select National Leader," The Oman Observer, https://www.omanobserver.om/taliban-demands-religious-council-to-select-national-leader/，访问时间：2021年4月20日。

③ "Details of Taliban, Republic Demands for Talks Agenda," The TOLO News, https://tolonews.com/afghanistan-168520，访问时间：2021年4月20日。

④ "Afghan Negotiators to Return to Kabul Monday," The TOLO News, https://tolonews.com/afghanistan-168472，访问时间：2021年4月20日。

**表 1　阿富汗政府和阿富汗塔利班的谈判要点**

<table>
<tr><th>谈判要点</th><th>阿富汗政府</th><th>阿富汗塔利班</th></tr>
<tr><td>安全</td><td>实现永久停火<br>建立停火监督机制<br>确保道路安全<br>禁止非法越境<br>增强国家安全力量<br>建立非军事区<br>禁毒<br>打击有组织犯罪<br>确保古迹和宗教场所的安全<br>保护国家自然资源<br>确保公共场所的安全<br>打击恐怖主义<br>禁止私刑<br>禁止种族和性别歧视<br>独立自主外交政策</td><td rowspan="4">伊斯兰政府<br>未来伊斯兰政府的类型<br>国家领导人<br>安全部门<br>伊斯兰委员会<br>宪法<br>外交政策<br>根据伊斯兰教原则制定发展政策<br>主权独立和领土完整<br>国家团结<br>推进国家利益<br>国家价值<br>教育事业<br>基本人权<br>为寡妇和孤儿提供补助<br>根据伊斯兰教原则保障妇女权益<br>保障囚犯的合法权益<br>特别关注残疾人群体<br>救治伤者<br>禁毒<br>实现根据伊斯兰教原则的言论自由<br>禁止敌对宣传<br>反腐败<br>实现永久停火</td></tr>
<tr><td>发展</td><td>提供基本公共服务<br>确保基础设施的安全<br>帮助难民回归<br>照顾战争受害者、为伤亡军人家庭提供抚恤<br>确保经济自主</td></tr>
<tr><td>政治</td><td>在伊斯兰教、民主的基础上确定国家的共同愿景<br>制定政治参与路线图<br>为和平协议的达成争取国际支持<br>确保公民的合法权利<br>提升国家治理能力<br>反腐败</td></tr>
<tr><td>执行机制</td><td>为以上各个领域建立可行的执行机制<br>最终签署和平协议</td></tr>
</table>

资料来源："Details of Taliban, Republic Demands for Talks Agenda," The TOLO News, https://tolonews.com/afghanistan－168520，访问时间：2021 年 4 月 21 日。

原定于2021年1月6日举行的阿富汗人内部谈判第二阶段会议，因阿富汗塔利班代表团未全数到会而延后。1月9日，阿富汗政府和阿富汗塔利班举行联合工作组会议讨论谈判要点。在会谈中，阿富汗塔利班要求阿富汗政府释放另外7000名该组织在押人员，建立过渡政府。对此，阿富汗政府予以坚决拒绝。[①] 这导致双方有关讨论谈判要点的会议暂时中断，谈判陷入停滞状态。

与此同时，美国刚上台的拜登政府表示，要对之前的多哈和平协议进行重新评估，使阿富汗人内部谈判突增不确定性。[②] 2021年1月28日，美国国防部新闻发言人指责阿富汗塔利班没有兑现减少暴力活动、切断与恐怖组织联系的承诺，并指出美国在阿富汗的驻军情况取决于安全需求，如果阿富汗塔利班无法兑现承诺，美国军队就不会按照协议在5月前全部撤出阿富汗。[③] 对此，阿富汗塔利班一方面坚持要求拜登政府遵守多哈和平协议，按期撤出阿富汗，并威胁若违反协议，将对阿富汗政府以及美军发动前所未有的袭击；[④] 另一方面则表示，其坚决遵守多哈和平协议，并认为只有如此才能实现阿富汗的和平。在北约防长会议召开前夕，阿富汗塔利班领导人阿卜杜勒·加尼·巴拉达尔（Abdullah Abdul Ghani Baradar）发表了一封致美国人民的公开信。在信中，他指出，阿富汗塔利班严格遵守多哈和平协议，要求拜登政府切实履行协议，从阿富汗全部撤军，并指出阿富汗人能够通过内部谈判建立伊斯兰政府，实现和平与安全。[⑤] 在多哈和平协议达成一周年之

① "Afghan Govt Will Not Release More Taliban Prisoners: Omar," The TOLO News, https://tolonews.com/afghanistan-169374，访问时间：2021年4月21日。

② "Biden Administration to Review US-Taliban Withdrawal Deal," The Dawn, https://www.dawn.com/news/1603156，访问时间：2021年4月21日。

③ "Pentagon Warns Taliban on Failure to Meet Commitments on Violence, Terrorism," The Reuters, https://www.reuters.com/article/us-usa-afghanistan-military-idUSKBN29X2V6，访问时间：2021年4月21日。

④ "Taliban to Biden: Violation of Doha Deal Will Prolong Violence," The TOLO News, https://tolonews.com/afghanistan-171001，访问时间：2021年4月21日。

⑤ "Taliban Insists on US Pullout in Open Letter to American People," The TOLO News, https://tolonews.com/afghanistan-170054，访问时间：2021年4月22日。

际，阿富汗塔利班发表声明指出，该组织已履行了协议的第一部分，要求美国兑现承诺，认为这是实现阿富汗和平的可行之路，并指责阿富汗政府和拜登政府违反协议。[①] 拜登政府和阿富汗塔利班之间的唇枪舌剑使阿富汗人内部谈判更加错综复杂、裹足不前。

经过长达一个月的中断，阿富汗政府和阿富汗塔利班终于在 2 月 22 日继续进行有关讨论谈判要点的会谈，但是依然没有取得进展。为了打破谈判僵局，推动和解进程，留任的阿富汗事务特使扎尔梅·哈利勒扎德在 3 月 1 日访问喀布尔期间提议，阿富汗政府和阿富汗塔利班组建过渡政府，并举行由联合国主导的类似于波恩会议的阿富汗问题国际会议。对此，阿富汗总统加尼拒绝组建过渡政府，指出选举是移交国家权力不可改变的原则。[②] 阿富汗塔利班也表示，不会参与过渡政府，但是如果由中立人士组建过渡政府，则愿意缓和局势。该组织还建议成立一个声誉良好的过渡政府，并在 2 年内将包括安全部队在内的所有政府部门去政治化。[③] 与此同时，美国国务卿安东尼·布林肯（Antony Blinken）分别致信加尼总统和民族和解高级委员会主席阿卜杜拉，在要求阿富汗政府加快和平进程的同时，建议举办由联合国牵头的国际会议、加快双方谈判的进程、在土耳其达成最终和平协议、实施为期 90 天的减少暴力计划。[④] 紧接着，布林肯就阿富汗和平协议提出长达 8 页的详细方案，主要包括指导原则、过渡政府、永久停火三部分。[⑤] 对于美国提出的和平方案（见表 2），阿富汗政府内部具有明

---

① “Any Attempt against Doha Agreement Will End to Failure：Taliban，” The TOLO News，https：//tolonews. com/index. php/afghanistan – 170338，访问时间：2021 年 4 月 22 日。

② “U. S. Envoy Seeking Support to Shakeup Afghan Peace Process，Warring Parties Object，” The Reuters，https：//www. reuters. com/article/us – usa – afghanistan – khalilzad – idUSKBN2AY0MS，访问时间：2021 年 4 月 23 日。

③ “US Envoy Khalilzad Meets Taliban in Doha，” The TOLO News，https：//tolonews. com/afghanistan – 170500，访问时间：2021 年 4 月 23 日。

④ “Blinken Proposes New Steps to Peace，Keeps May 1st Pullout Option，” The TOLO News，https：//tolonews. com/afghanistan – 170509，访问时间：2021 年 4 月 23 日。

⑤ “Exclusive：Details of Proposed Draft for Afghan Peace，” The TOLO News，https：//tolonews. com/afghanistan – 170504，访问时间：2021 年 4 月 23 日。

显的分歧。阿富汗政府第一副总统阿姆鲁拉·萨利赫（Amrullah Saleh）坚决拒绝美国的和平方案，表示阿富汗政府无法接受强加的和平，不会在宪法问题上妥协，更不会放弃通过选举产生国家领导人的权利。[①] 阿富汗民族和解高级委员会主席阿卜杜拉则表示，将对美国的和平方案提出修改意见。阿富汗塔利班认为，美国的和平方案显示出其实现阿富汗和平的诚意，并将对此进行内部讨论。[②]

**表2　美国的和平方案**

| 指导原则 | 过渡政府 | 永久停火 |
| --- | --- | --- |
| 伊斯兰教是国教，尊重所有国民的权利，实施不结盟的外交政策，制定新宪法，举行公正的选举等14条 | 1. 行政机构组成如下。方案一：由总统、副总统、内阁部长组成。方案二：由总统、副总统、总理、内阁部长组成。行政机构人选均由阿富汗政府和阿富汗塔利班双方协商选出<br>2. 立法机构建立方式如下。方案一：由双方提名组建两院制议会。方案二：在过渡政府执政期间，议会暂停<br>3. 伊斯兰法学家高级委员会共由15人组成，由双方各提名7人，总统提名1人<br>4. 省级政府机构由总统提名省级行政机构领导人。省议会的建立有两套方案：一是由阿富汗塔利班提名新议员；二是在过渡政府执政期间，省议会暂停<br>5. 宪法：由21人组成的宪法筹备委员会制定新宪法，其中由双方各提名10人，总统提名1人<br>6. 选举：将依据新宪法举行的所有选举在过渡政府执政期间都予以取消，其他选举则依据指导原则进行 | 1. 停火条件：双方停止一切敌对行为；禁止挑衅行为；塔利班切断与境外势力的军事联系，不再招募新成员；双方与过渡政府合作<br>2. 监督及实现停火：组建监督及实现停火联合委员会；委员会制定停火行为规范；邀请国际观察员参与，国家停火委员会负责处理违反停火协议的事件 |

资料来源：“Exclusive：Details of Proposed Draft for Afghan Peace，” The TOLO News，https：//tolonews. com/afghanistan－170504，访问时间：2021年4月23日。

① “Blinken's Letter Will Not Change Govt Stance on Peace：Saleh，” The TOLO News，https：//tolonews. com/afghanistan－170530，访问时间：2021年4月23日。

② “Taliban Concluding Internal Discussion on US Plan：Sources，” The TOLO News，https：//tolonews. com/afghanistan－170563，访问时间：2021年4月23日。

为了推动阿富汗人内部谈判进程，2021 年 3 月初，俄罗斯提议在莫斯科召开阿富汗问题多方会谈，阿富汗政府和阿富汗塔利班均予以积极回应。3 月 18 日，阿富汗问题多方会谈召开，俄罗斯、中国、美国和巴基斯坦特使与会，卡塔尔代表作为贵宾出席，阿富汗各方参会。与会各方就愿意推动阿和平达成共识。① 阿富汗问题多方会谈增进了阿富汗各方之间的互信，有助于谈判进程的推动。与此同时，美国建议的由联合国牵头的土耳其阿富汗问题会议原计划在 4 月 24 日举行，但是由于阿富汗塔利班表示在外国军队全部撤出之前不会参加任何事关阿富汗未来的会议，② 土耳其会议无疾而终。③

对于未来的和平方案，阿富汗政府内部也存在分歧，未能达成共识。虽然阿富汗总统加尼对于美国的和平方案没有明确表态，但是他针锋相对地提出了自己的和平方案，反映出双方在未来阿富汗政治路线上具有不容忽视的分歧。3 月 30 日，加尼在第九届亚洲之心部长级会议上发表主旨演讲时详细阐述了阿富汗政府的和平方案，主要分为达成政治解决方案、组建和平政府、实现国内和平三个阶段（见表 3）。与此同时，阿富汗民族和解高级委员会审议了 25 个和平方案，以形成政府的统一政策立场。④

**表 3　加尼总统的和平方案**

| 三个阶段 | 具体内容 |
| --- | --- |
| 达成政治解决方案 | 结束阿富汗的战争状态<br>实现阿富汗国内停火<br>达成组建和平政府的原则<br>获得地区和国际的支持<br>需得到大国民议会批准 |

① 《俄外交部：莫斯科阿富汗问题会议与会者确定愿意为推动阿和平达成共识》，俄罗斯卫星通讯社，http：//sputniknews. cn/politics/202103181033302791/，访问时间：2021 年 4 月 23 日。

② “Taliban Backs out of Planned Talks as US Extends Troop Presence,” The TOLO News, https：//tolonews. com/afghanistan – 171452，访问时间：2021 年 4 月 24 日。

③ “Key Conference on Afghan Peace in Turkey Postponed, ” The TOLO News, https：//tolonews. com/afghanistan – 171599，访问时间：2021 年 4 月 24 日。

④ “Reconciliation Council Reviewing Over 25 Peace Proposals,” The TOLO News, https：//tolonews. com/afghanistan – 171252，访问时间：2021 年 4 月 24 日。

续表

| 三个阶段 | 具体内容 |
|---|---|
| 组建和平政府 | 执行结束战争状态的协议<br>组建立法机构<br>制定有关治理和发展的政策<br>确保安全和实现停火<br>举行公正公平的选举 |
| 实现国内和平 | 构建宪法框架<br>达成政治协议<br>推动难民回归<br>维护长久和平<br>坚持发展优先 |

资料来源："President Ashraf Ghani's Keynote Address at the 9th Ministerial Conference of Heart of Asia-Istanbul Process," The Office of the President of Afghanistan, https://president.gov.af/en/president-ashraf-ghanis-keynote-address-at-the-9th-ministerial-conference-of-heart-of-asia-istanbul-process/，访问时间：2021年4月24日。

拜登在上任以来的首次记者招待会上指出，由于战术原因，美国无法按期在5月1日前从阿富汗撤军，但是并不会推迟很长时间。[①] 拜登宣布，将遵守与阿富汗塔利班达成的多哈和平协议，于2021年5月1日开始从阿富汗撤军，以结束美国历史上时间最长的战争。他还表示，美国从阿富汗撤军不会是仓促之举，而是负责任的、有序的、安全的。拜登政府要求阿富汗塔利班信守承诺，保障阿富汗不会成为威胁美国及其盟友安全的恐怖主义庇护地。拜登表示，将继续支持阿富汗政府，继续为阿富汗政府军提供支持。[②] 对此，阿富汗塔利班表示坚决反对，在威胁发动更大规模武装袭击的同时，决定在美军完全撤出阿富汗之前，不再参加阿富汗人内部谈

① "Biden Declares May 1 Deadline to Be out of Afghanistan 'Hard to Meet'," The Department of Defense, https://www.defense.gov/Explore/News/Article/Article/2550838/biden-declares-may-1-deadline-to-be-out-of-afghanistan-hard-to-meet/，访问时间：2021年4月24日。

② "Remarks by President Biden on the Way forward in Afghanistan," The White House, https://www.whitehouse.gov/briefing-room/speeches-remarks/2021/04/14/remarks-by-president-biden-on-the-way-forward-in-afghanistan/，访问时间：2021年4月24日。

判以及其他有关阿富汗的国际会议。[①] 因此，阿富汗人内部谈判陷入停滞状态。

## 三　内外乏力：阿富汗人内部谈判受阻的原因

阿富汗人内部谈判几经波折终于启动，但是经过半年多的谈判，阿富汗政府和阿富汗塔利班之间针锋相对，没有达成任何有关政治解决分歧的共识。由于拜登政府宣布不能如期从阿富汗撤军，阿富汗塔利班拒绝参加阿富汗人内部谈判以及其他有关阿富汗的国际会议。至此，阿富汗人内部谈判陷入停滞状态。追根溯源，内部动力不足以及外部推力弱化是阿富汗人内部谈判受阻的主要原因。

阿富汗政府和阿富汗塔利班难以弥合理念分歧（见表4）。一个组织的思想理念事关政策主张、事关自身认同，更事关合法性的构建和获得。阿富汗政府和阿富汗塔利班在最根本的思想理念方面具有巨大的分歧，前者属于世俗派，后者属于宗教派，可谓“天差地别”。在政治谱系上，阿富汗政府属于现代派，阿富汗塔利班属于保守派。虽然阿富汗塔利班的思想理念几经演变，[②] 但是根本内容仍然坚持不变，[③] 与阿富汗政府的思想理念互不相容。由于阿富汗政府与阿富汗塔利班之间在思想理念上针锋相对，双方在政治制度、发展模式、妇女权利等诸多重大政策方面存在难以弥合的严重矛盾。在政治制度方面，阿富汗政府希望保存现有的共和政体，而阿富汗塔利班则想建立伊斯兰政治体系。此外，双方在诸如宗教角色、女性权利、发展道路等议题上也针锋相对、互不相让。双方都将此视为自己的底线，不会轻易做出让步。这是阿富汗人内部谈判无法推进的根本原因。

---

① “Meetings Held in Qatar as Istanbul Summit Approaches，” The TOLO News，https：// tolonews. com/afghanistan – 171560，访问时间：2021 年 4 月 24 日。

② Alia Brahimi1，“The Taliban’s Evolving Ideology，” LSE Global Governance Working Paper，July 2010.

③ Thomas Ruttig，“Have the Taliban Changed?” *The CTC Sentinel*，2021，14，pp. 12 – 13.

**表4　阿富汗政府与阿富汗塔利班之间主要分歧**

| 分歧 | 阿富汗政府 | 阿富汗塔利班 |
|---|---|---|
| 政治体制 | 现有的共和制政体 | 伊斯兰政治体制 |
| 宪法 | 对现有宪法进行修订 | 制定新宪法 |
| 选举 | 通过选举进行权力交接 | 通过传统方式进行权力交接 |
| 妇女权利 | 确保妇女的现有权利 | 根据伊斯兰教原则保障妇女权益 |
| 安全部队 | 将塔利班整合进现有安全部队 | 改革现有安全部队，实现去政治化 |

资料来源：笔者自制。

阿富汗政府和阿富汗塔利班难以放弃军事手段。由于双方在诸多重大问题上存在严重分歧，加之在阿富汗人内部谈判过程之中针锋相对、互不相让，阿富汗政府和阿富汗塔利班难以真心诚意地推进谈判。双方都认为不太可能通过谈判使对方妥协，最后只能通过军事手段迫使对方就范，实现自身的政治利益。阿富汗政府和阿富汗塔利班一方面进行谈判，另一方面继续进行军事对抗，试图以武力压制对方。由此，双方陷入激烈的军事冲突之中。由于自认为具有军事优势，阿富汗塔利班在与美国政府签署多哈和平协议之后，加大了对阿富汗政府军的进攻力度。2021年5月1日美国开始撤军之后，阿富汗政府和阿富汗塔利班之间的武装冲突剧增。就在驻阿美军撤离阿富汗首日，阿富汗塔利班共向阿富汗政府军发动141起武装袭击，夺取了多座军事基地。① 对此，阿富汗政府加以猛烈回击，并宣称相信阿富汗政府军有能力承担起保卫国家安全的责任。

美国在阿富汗人内部谈判中的枢纽作用弱化。美国既是阿富汗问题的始作俑者，也是影响阿富汗问题走势最为重要的外部势力。由于具有超强的国家实力以及阿富汗内部两大势力之间具有敌对关系，美国在阿富汗问题三方关系之中占据重要的枢纽位置，对于阿富汗人内部谈判具有重要影响。阿富汗人内部谈判之所以能够实现，最为重要的原因是美国政策的转变。美国政

① "Taliban Mounts 141 Attacks in 24 Hours: Sources," The TOLO News, https://tolonews.com/afghanistan-171875，访问时间：2021年4月26日。

府认为，阿富汗正使其陷入“耗不起、打不赢”的战略困境之中，已成为耗费有限战略资源的“黑洞”。为了集中有限的战略资源应对大国战略竞争，美国急于从阿富汗抽身，因此向阿富汗政府施压，要求其配合美国的战略部署。与此同时，阿富汗塔利班也认识到，美国政府急于从阿富汗撤军的迫切心理给了阿富汗塔利班通过和平谈判实现目标的机会。最终，双方达成多哈和平协议，启动阿富汗人内部谈判。在谈判受阻时，美国政府不仅进行外交斡旋，还提出自身的和平方案以推动谈判进程。阿富汗问题三方关系见图 1。

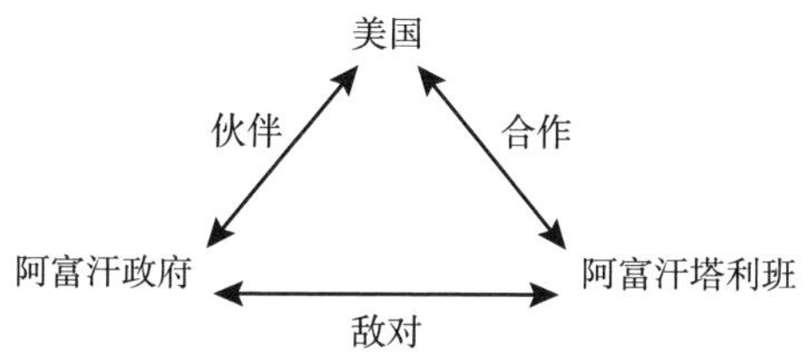


**图 1　阿富汗问题三方关系**

资料来源：笔者自制。

美国对阿富汗人内部谈判所具有的枢纽作用开始弱化，从而增添变数。2021 年 4 月 14 日，美国总统拜登宣布从阿富汗撤军，并指出美国已经在阿富汗实现了打击恐怖主义的战略目标，至于国家建构则是阿富汗人自己的任务。随着美国从阿富汗撤军，美国专注于大国战略竞争，美国政府对于阿富汗问题的关注度势必下降，注入的战略资源势必减少，所起的枢纽作用势必弱化。这将使阿富汗人内部谈判更加艰难，前景更加黯淡。

## 四　结语

虽然阿富汗人内部谈判为阿富汗实现和平提供了宝贵的机会，但是由于阿富汗政府和阿富汗塔利班之间的分歧巨大，加之美国从阿富汗仓促撤军，阿富汗人内部谈判前景较为黯淡。在美国撤军之后，阿富汗人内部谈判更可能边打边谈、时断时续、久拖不决，进而导致谈判失败，从而使阿富汗问题只能通过战争手段加以解决。只有实现阿富汗内部的真正和解、构建符合各方利益的政治架构、凝聚区域内大国的力量智慧，才能实现阿富汗的和平、稳定和进步。

# B.13
# 拜登政府的对朝政策及美朝关系的发展

王俊生　张黎明*

摘　要：　拜登政府时期很有可能采取与朝鲜对话与制裁并举的政策，这将着重加强美国同盟友的沟通协调，以期在“无核化”进程中取得实质性进展。朝鲜出于发展经济和缓解外部制裁的需要，具有同美国对话的较强动力。韩国作为朝核问题的直接当事方，将继续促成美朝对话与朝鲜半岛和平进程。拜登政府的对朝政策对中国而言既有机遇也有挑战，中国应积极通过推动中美合作和国际合作促进朝鲜半岛问题的顺利解决，而国际合作可以以“双轨并进”路线为基础。

关键词：　美朝关系　朝核问题　美韩同盟

自2019年6月美朝韩板门店三方会谈之后，美朝关系陷入停滞不前的境地，朝鲜半岛无核化进程以及朝鲜半岛和平进程陷入困境。2020年11月，美国举行新一届总统选举，民主党总统候选人拜登成功入主白宫。朝鲜半岛问题，尤其是朝鲜半岛核问题是冷战后美国历届政府均高度重视的问题，因此，国际社会对拜登政府对朝鲜将采取何种政策十分关注。拜登政府缺乏对朝协商对话的动力却也没有放弃和平解决的可能，而朝鲜方面的政策

* 王俊生，博士，中国社会科学院亚太与全球战略研究院研究员、中国周边与全球战略研究室主任，主要研究方向为中国外交战略、东北亚安全、朝鲜半岛问题；张黎明，中国社会科学院大学亚洲太平洋研究系硕士研究生。

动向则显示与美对话动力有所提升。[①] 对于朝鲜而言，当前受到经济制裁和新冠肺炎疫情的双重冲击，国内面临严重的经济压力，对美对话的动力明显存在。

相较特朗普政府，拜登政府上台以来，高度重视美韩同盟及其在维持东北亚地区秩序中所起的作用，这也一定会反映到其对朝政策上，反过来讲，韩国有望在接下来的美朝关系中扮演更加重要的角色。同时，既然美朝都有动力对话，那么中国应该如何乘势而上积极推动，这些都是迫切需要回答的问题。长期以来，造成美朝关系困境的最主要原因是缺乏基本互信，这也是困扰国家间关系的常见因素，问题在于如何破解。本报告认为，中国应继续坚持“双轨并进”的方向，在继续推动美朝直接对话的基础上推动实现国际合作。

## 一　拜登政府的对朝政策走向

美朝冲突是冷战遗留问题，朝鲜半岛素有“冷战活化石”之称。在美朝敌对的70余年中，双方形成了深刻的信任危机，并数次将美朝两国推向战争边缘。从理论与实践来看，朝鲜半岛问题的症结在于美朝双方。

### （一）美朝对话陷入停滞

在特朗普政府时期，特朗普总统鲜明的个人特征给美国外交打上了深刻的“烙印”，美国对朝政策展现出“自上而下”的特征，尤其表现为通过首脑外交牵头带动职业外交官谈判。背后的动力一方面在于特朗普个人自信乃至自负的性格特质，另一方面也有国内宣传需要。首脑会谈曾经一度给半岛局势带来转折，但同时由于前期没有打好基础，一旦谈及实质性问题就步履维艰，破局在所难免。

2018年6月，美朝双方首脑在新加坡举行会晤，这是两国最高领导人自朝鲜战争以来的首次会面。会后两国发布联合声明，宣布两国将朝着实现

---

① 刘天聪：《拜登政府将怎样对待朝鲜》，《世界知识》2021年第2期。

无核化、建立和平机制的方向共同努力，美朝关系展示出缓和的迹象。然而双方在对“无核化”的定义以及具体实施步骤等问题上存在严重分歧。美方所提及“无核化”是指朝鲜放弃核武器，而朝鲜方面则坚持要求“朝鲜半岛无核化”。同时，朝鲜要求美国先放松对朝鲜的制裁，再推动无核化进程；而美国则要求朝鲜先进行弃核，再放松制裁以及建立安全保障机制。基于这些分歧，尤其是在到底谁先迈出第一步上争执不下，在 2019 年 2 月的越南河内峰会上，双方不欢而散，美朝关系再次陷入僵局。尽管随后板门店会谈的举办显示出了美朝双方均具有对话的动力，但由于横亘在两国之间的矛盾及双方的诉求针锋相对，再加上新冠肺炎疫情暴发后美国抗疫工作成为内政外交的首要问题，随之而来的美国大选也促使美国将关注重点转移至国内，美国继续与朝鲜对话的动力不足，同时朝鲜也将抗击疫情作为内政外交的重中之重，美朝对话至今仍处在停滞状态。

## （二）拜登政府的对朝政策方向

拜登政府上台至今，并没有表现出从根本上改变美国既有对朝政策的迹象，透露出在继承基础上进行矫正的大方向，短期内美朝之间实现对话的前景尚不明朗，首脑会晤近期内更是几无可能。目前，拜登政府已经完成了对朝政策的评估，看起来是坚持将实现“无核化”作为工作的重心，坚持“极限施压”政策以及采用“实用外交”的方法解决朝核问题。①

拜登在 2021 年 3 月 25 日上台后的首次记者招待会上指出，“无核化是对话的前提”。② 坚持朝鲜半岛无核化，主要基于美国对朝鲜政权根深蒂固的不信任，担心朝鲜会在某种情况下使用核武器，威胁到美国及其盟友的安全。美国白宫在 2021 年 3 月发布的《临时国家安全战略指南》中提到，

① “Biden Administration Sets New North Korea Policy of ‘Practical’ Diplomacy,” Reuters, https://www.reuters.com/world/asia-pacific/biden-administration-has-completed-north-korea-policy-review-white-house-2021-04-30/.

② “Remarks by President Biden in Press Conference,” https://www.whitehouse.gov/briefing-room/speeches-remarks/2021/03/25/remarks-by-president-biden-in-press-conference/.

“伊朗、朝鲜等地区持续追求改变游戏规则，威胁美国盟国及合作伙伴以及地区安全”。[①] 2021 年 3 月 4 日，美国国防部部长劳埃德·奥斯汀（Lloyd Austin）指出，“尽管我们和中国竞争加剧，但是也要加强实力应对来自俄罗斯、伊朗、朝鲜的国家安全威胁”。这是他作为国防部部长首次指出朝鲜为美国的国家安全威胁。[②]

同时，拜登政府并没有放弃“和平解决”的可能性。2021 年 3 月 21 日，美国证实朝鲜进行了巡航导弹发射，但是拜登政府对此进行低调处理，指出“朝鲜此举并没有违反联合国安理会相关决议”“朝鲜并没有关闭对话解决的大门”[③]。3 月 25 日，朝鲜进行短程弹道导弹试射，对此拜登在上台后的首次记者招待会上指出，“朝鲜此举违反了联合国安理会 1718 号决议”，但同时指出，“外交解决仍然有可能”。[④] 这些都反映出拜登政府希望通过对话解决问题。之所以坚持对话解决，主要是出于对成本的考虑，毕竟武力解决可能给美国带来巨大的人员伤亡，而且还会影响到美韩与美日同盟关系。

然而由于民主党历来强调人权与意识形态，而且受制于朝鲜半岛在实现无核化上暂时还没有取得实质性进展，拜登政府将继续实施既有的“极限施压”政策。4 月 28 日，拜登在国会发表演讲时表示，要对朝鲜采取“外交和果断遏制”的措施。[⑤] 在这之前的 3 月 20 日，朝鲜一名常住马来西亚的公民被引渡到美国，这是首位被引渡到美国接受审判的朝鲜公民，而拜登政府时期是否会对朝鲜进行全球围堵特别是进行外交孤立值得关注。

由于近年来朝鲜半岛在实质性无核化上步履蹒跚，同时考虑到美国依旧

---

① “International Security Strategic Guidance,” 2021，p. 8.

② “US Defense Chief Shortlists North Korea as ‘Nation-state Threat’,” https：//www. koreatimes. co. kr/www/nation/2021/03/103_ 305033. html.

③ “North Korea Conducted Short-range Missile Test,” https：//www. koreatim es. co. kr/www/nation/2021/03/103_ 305992. html.

④ “Remarks by President Biden in Press Conference,” https：//www. white house. gov/briefing – room/speeches – remarks/2021/03/25/remarks – by – president – biden – in – press – conference/.

⑤ 《朝鲜严厉批评拜登在国会演说中展示的对朝立场》，新华网，http：//www. xinhuanet. com/2021 –05/02/c_ 1127403529. htm。

面临严峻的国内疫情形势与恢复经济的压力，拜登政府近期内会将工作重心放在国内抗击疫情、恢复经济以及弥补当前社会裂痕等方面，外交方面的重点在于恢复与盟友关系、解决中东问题尤其是伊朗核问题、处理好与中国和俄罗斯的关系等，这与特朗普政府上台之初将解决朝核问题作为优先议程截然不同。由此可见，尽管相关报道称自 2021 年 2 月以来，拜登政府一直试图通过多种渠道与朝鲜政府接触，但可以推断这应该是属于“接触性”试探，也就是说“接触”的目的在于了解朝鲜的动向，而不是坐下来对话以解决实质性问题，毕竟解决实质性问题的条件远不成熟。

总体而言，短期内，由于美朝双方的互信基础严重缺失，朝鲜愿意弃核的条件很难满足，再考虑到长期以来美国对朝鲜的妖魔化以及朝美间的人权争议等，拜登政府虽表现出进行对话解决的可能性，但距离双方坐下来讨论实质性问题还有很长的路要走。

## 二　朝鲜对拜登政府的回应

自朝鲜战争以来，美朝双方已敌对 70 余年之久。尽管朝核问题并非美朝关系的全部，但是其俨然已经成为美朝对峙的症结所在。针对朝核问题，奥巴马政府时期，美国采取对朝“战略忍耐”政策，却并未成功阻止朝鲜继续提升核武器能力。特朗普政府时期，虽然美朝对话一度活跃，但是也没有解决任何实质性问题。2018 年，朝鲜在此前多次进行的核导试验的基础上宣布将集中力量发展经济，给美朝举行对话提供了前所未有的动力，双方通过“自上而下”的首脑会晤缓解了半岛局势的僵局，但最终两国因分歧难以调和不欢而散。2020 年 10 月 10 日，朝鲜举行劳动党建立 75 周年阅兵式，朝鲜展示的 11 轴 22 轮新型洲际导弹比 2017 年发射的“火星 – 15”更长、更大，新款潜射导弹“北极星 – 4A”的亮相表明朝鲜虽然未进行新的核武器试验和中远程导弹的试射，但是相关技术水平一直在提升当中。总体上看，尽管朝鲜近几年在改善对美关系、缓和国际制裁等方面未取得实质性进展，在经济建设与提升民生上也举步维艰，但是其坚持的新的战略重点方向并未改变，这也是拜登政府上台后，朝鲜虽然时有强硬表态，但总体相对克制，释放出与美国可以进行对话动力的根本原因所在。

### （一）朝鲜回应态度强硬

由于拜登政府上台后不断对朝“放狠话”和不断采取对朝施压的实质性措施，朝鲜也不时释放出态度强硬的信号。据韩联社报道，2021年3月21日，朝鲜试射两枚近程巡航导弹。3月25日，朝鲜再次试射新型短程弹道导弹。对此，美国战略与国际研究中心的学者、一向对朝鲜态度强硬的车维德（Victor Cha）认为，“这是朝鲜长期以来的计谋——在美国新政府刚上台时发射导弹对其进行施压”。[①] 但本报告认为，这些看起来更像是对3月20日朝鲜公民被马来西亚引渡到美国以及3月23日联合国人权理事会在日内瓦通过的朝鲜人权决议的反应。此外，5月2日，朝鲜外务省就拜登在国会演讲中涉及朝鲜的部分进行回击，外务省美国局局长权正根（Kwon Jong Gun）称：“如果美国依旧从冷战思维出发，通过陈旧落后的政策来操纵朝美关系，‘不久的将来就会面临不可收拾的危机’。”[②]

朝鲜的这些强硬表态更符合“刺激—反应”型外交的特点。朝鲜官方媒体“朝鲜今日”在美国大选结束3个月后才首次对拜登当选进行报道[③]，也表现出朝鲜对拜登政府的期待。尽管仍无法判断朝鲜是否改变了过去常常采取的“美国新政府上台就施压”的方式，但是朝鲜在战略重心做出重大转移后的行为改变是有目共睹的。自2018年以来，朝鲜还没有进行任何有关洲际导弹和核武器的试验，即使朝鲜不时释放出强硬的信号，但始终在避

① CSIS的数据显示，奥巴马在2009年第一任期上台后45天、在2013年第二任期上台后23天，以及特朗普上台后23天，朝鲜都进行了导弹发射，参见 Victor Cha, “‘Business as Usual’: North Korea Restarts Ballistic Missile Tests,” March 25, 2021。

② 《朝鲜严厉批驳拜登在国会演说中展示的对朝立场》，新华网，http://www.xinhuanet.com/2021-05/02/c_1127403529.htm。

③ 《朝鲜外宣媒体报道拜登当选消息》，韩联社网站，https://cn.yna.co.kr/view/ACK20210125001100881。

免踩踏美国的“红线”，因为要实现新的战略重心转移，在改善安全环境与缓解制裁上，与美国对话都是朝鲜不得不迈过的关卡。

### （二）推动对话的因素

2020 年底至今，尽管朝鲜不时释放出强硬信号，但是如上所述，总体上看，拜登上台之后，朝鲜的表现比较克制。当前，朝鲜以经济建设为国家发展重心，并试图采取“正面突破战”的方式。由于受到经济制裁和疫情影响的双重压力，朝鲜面临更大的经济困难。

自 2018 年 4 月朝鲜召开劳动党第七届三中全会以来，朝鲜的发展重心已从原先的“经核并进”转变为以经济建设为中心和提高人民生活水平。2019 年 12 月，在朝鲜劳动党第七届第五次中央全会上，金正恩做了长达 7 个小时的报告，报告 2/3 以上的内容谈及经济建设，并制定了“正面突破战”的革命路线，以经济发展为主要战线，以“政治军事攻势为两翼”，为经济发展突破困局提供了有力的保障。所谓的“正面突破战”主要是指“独立自主”，这也是在对美国外交没有实现突破的背景下，继续坚持在新的战略重心目标上所进行的实施路径和策略的调整。2021 年 1 月，朝鲜召开劳动党第八届全国代表大会，金正恩在会议报告中提出朝鲜在经济等工作领域的严重缺点，并承认国家经济增长指标未完成，发展的当务之急仍是经济建设和实现经济独立。2021 年 1 月，朝鲜召开最高人民会议讨论经济建设问题。韩国媒体对此评论指出，“值得关注的是会议召开时间不是通常的 3 月或者 4 月，显示出面对经济困难，朝鲜想通过新的经济管理和刺激方式迅速实现发展的急迫心情”。①

朝鲜面临的经济形势依然严峻，这主要出于以下两方面原因。一是国际社会对朝鲜的经济制裁。2006～2017 年，联合国安理会先后通过 10 个涉朝决议，对朝鲜发展核武器的行为进行全方位制裁。当下对朝鲜的制裁涉及货

① “North Korea Replaces Economy-related Cabinet Members,” https：//www. koreatimes. co. kr/www/nation/2021/01/103_ 302658. html.

物进出口、金融、境外劳动力等多个领域。[①] 二是受新冠肺炎疫情影响。2020年初，受新冠肺炎疫情影响，朝鲜主动关闭了同中国的边境并暂停了中朝贸易往来。中国是朝鲜的最大贸易伙伴，近年来，中朝贸易额甚至占到了朝鲜贸易总额的90%以上，关闭与中国的边境进一步增加了朝鲜的经济压力。此外，2020年以来，朝鲜遭遇持续数月的罕见的洪涝灾害，这使朝鲜经济发展雪上加霜。2021年4月以来，金正恩在讲话中多次呼吁朝鲜人民再一次进行“苦难行军”，这从侧面反映出朝鲜面临严峻的经济形势以及朝鲜领导人希望做出改变的迫切要求。

一系列重要会议的召开，表现出朝鲜发展经济、改善人民生活的迫切愿望，而经济的发展需要一个良好的外部环境。因此，在内部发展经济的基础上，恢复中朝贸易和推动美朝对话以缓解外部制裁以及借此营造良好的外交环境已经成为朝鲜内政外交的主要目标。对于前者，据《东亚日报》报道，“中朝贸易或在4月末有所松动，可能在一定程度上缓解朝鲜目前面临的经济压力”[②]，但后者仍然任重而道远。

## 三　美朝关系发展中的韩国与中国因素

韩国与中国是影响美朝关系走向的重要因素，这不仅因为韩国和中国可以通过各自的方式影响朝鲜和美国，而且作为朝鲜半岛局势的利益攸关国，韩国和中国也在朝鲜半岛局势发展中具有独立影响，也就是说，它们各自的半岛政策本身也会影响朝鲜半岛局势演变，从而影响美朝关系走向。

### （一）韩国因素

韩国是朝鲜半岛问题的直接当事国之一，朝鲜半岛局势走向直接影响国家安全。韩国是美国的盟友，更是朝核问题的直接当事方之一，美韩两国在

① 《朝鲜问题丨联合国新闻》，联合国网站，https：//news. un. org/zh/focus/zhao－xian－wen－ti。

② “Pyongyang-Beijing Border Looks Set to Reopen，” https：//www. donga. co m/en/Search/article/all/20210426/2600524/1/Pyongyang－－Beijing－border－looks－set－to－reopen.

解决朝核问题、维护朝鲜半岛和平上具有共同利益，同时朝韩在独立解决朝鲜半岛问题等方面又具有共同利益，韩国实力在增强，韩国在美国对朝鲜政策中具有一定的灵活性和自主性，特别是在文在寅政府时期。在促成特朗普与金正恩进行的三次首脑会谈中，文在寅政府发挥了重要作用。总体来看，特朗普政府时期，美韩两国在同盟关系、防卫费分担及朝鲜半岛政策等领域产生严重分歧，这影响美韩同盟关系，也影响两国对朝鲜政策的协调。拜登政府上台之后，考虑到双方在维护美国霸权以及实现朝鲜半岛无核化等方面的共同利益，且由于美韩具有意识形态的一致性以及超越半个多世纪同盟关系的惯性使然，韩国有望与美国在对朝鲜政策上进行紧密的协调。

文在寅政府高度重视拜登政府上台后韩美同盟和双边关系的发展。2020年11月8日，美国多家媒体测算拜登胜选几无悬念，但是在还未获得权威认可情况下，韩国总统文在寅就在推特上向拜登表达祝贺，同日，韩国外交部部长康京和（Gang Gyeong-hwa）启程前往美国开展外交活动。11月17日，韩国启动对拜登新政府的沟通小组，以期加强与美国的沟通联络。2021年3月31日，韩国国家安保室室长徐薰（Suh-Hoon）抵达美国同美国总统国家安全事务助理沙利文（Jake Sullivan）会谈。

拜登政府也高度重视韩美同盟。2021年3月，美国国务卿布林肯（Antony John Blinken）及国防部部长奥斯汀访韩，这是美国新一任国务卿及防长就任后的首次出访，表明了拜登政府对美韩关系的高度重视。17日，文在寅在接见布林肯及奥斯汀时，着重强调“随着美国的回归，双方应加强韩美同盟合作和双边关系”“韩美同盟是朝鲜半岛和东北亚地区和平繁荣的关键”。[①] 随后，双方召开防长、外长“2+2”会谈。值得一提的是，距离上次韩美防长、外长“2+2”会谈的举行已经过去5年之久。

困扰特朗普政府时期韩美同盟的军费分担的协商也已告一段落。4月8

---

① “Secretary Antony J. Blinken, Secretary of Defense Loyd Austin and Republic of Korea President Moon Jae-in Before There Meeting,” https://www.state.gov/secretary-antony-j-blinken-secretary-of-defense-lloyd-austin-and-republic-of-korea-president-moon-jae-in-before-their-meeting/.

日，在防长、外长“2+2”会谈草签协定的基础上，韩国外交部第一次官崔钟建（Choi Jong-kun）同美国驻韩大使馆临时代办拉普森（Rob Rapson）正式签署了第11份美韩防卫费分担特别协定，规定韩国需承担10.5亿美元，较2019年的费用上涨13.9%。[①] 此前由于特朗普政府认为美韩防务费分担问题破坏两国关系的基础，文在寅决定推迟进行双方防务费分担谈判。而在拜登政府上台不到100天就解决了驻韩美军防务费分担问题，既彰显了双方恢复同盟关系的决心，也通过实际行动为恢复美韩同盟关系消除了障碍。

从文在寅政府的角度来看，其对拜登政府上台后重启朝美对话和朝鲜半岛和平进程具有较高期待，这应该是其改善韩美同盟的主要动力之一。2021年初，文在寅提名郑义溶（Chung Eui-yong）代替康京和成为新一任韩国外交部部长，郑义溶在文在寅任期前三年内担任青瓦台国家安保室室长并深度参与朝鲜半岛无核化和美朝会谈事宜。2021年4月，文在寅在接受《纽约时报》采访时表示，半岛无核化是关乎韩国生存的问题。[②] 文在寅敦促拜登政府与朝鲜方面展开对话协商，以缓解美朝双方的信任危机。在其任内最后一年，文在寅显然希望通过促成美朝对话来保留“朝鲜半岛和平进程”成果，但是受制于美韩两国外交优先议程的顺序不同，以及两国在对朝人权等相关问题上的立场存在较大差异，美韩两国能否在对朝政策上用同一个声音说话仍然面临较大困难。

### （二）中国因素

实现朝鲜半岛无核化以及朝鲜半岛问题和平解决符合中美两国共同利益。在经历了特朗普政府“脱钩”“摊牌”等对华全面打压后，中美关系走向正处于关键的十字路口，通过两国合作解决朝鲜半岛问题也能带动其他相关领域的合作，这符合中美共同利益。从现实可操作性的角度看，拜登此前

---

① “S. Korea, U. S. Formally Sigh Defense Cost-sharing Deal,” https: //en. yna. co. kr/view/AEN20210408007300325? section = search.

② 《文在寅接受〈纽约时报〉专访：朝美应尽早对话》，韩联社网站，https: //cn. yna. co. kr/view/ACK20210421007200881。

拥有近50年的从政经历，且在担任副总统时期到韩国板门店非军事区进行过访问。拜登具有丰富的外交经验，对朝鲜半岛事务也比较熟悉，有望务实推动朝鲜半岛问题逐步解决，中美有就此开展合作的可能性。但与此同时，也要谨防阻碍中美两国相关合作的潜在因素。

一方面，拜登政府的对华打压政策。相关调查显示，在美国政府不负责任的蛊惑下，美国公众对中国的好感度达到历史最低水平（20%），相较一年前的33%大幅下降。同时，不同党派对中国的好感度也一致下降，共和党对华好感度为10%，无党派人士和民主党分别为22%和27%[①]。2021年，美国大西洋理事会发布的广受瞩目的报告《长电报：美国新的对华战略》指出，“中国的军事规模、经济规模、价值观等已影响美国利益的每个层面，而且这个影响是苏联难以比拟的”，“未来20年，美国最重要的对手是中国”[②]。拜登在目前已经出台的几个重要外交文件中也明确表示要向中国施压[③]。这意味着拜登上台后在对华打压的大方向上不太可能改变。

拜登政府高度重视东北亚同盟在所谓的“维护地区安全秩序”中所起的作用。拜登上台后，着重强调通过拉拢盟友与相关“友邦”的方式共同牵制中国。美国出台的《2021年战略竞争法案》提出，同中国进行战略竞争的目标是增强竞争力、巩固盟友关系、强化价值塑造、加强经济管制以及确保战略安全。[④] 作为拜登口中“鲜血凝成的盟友”，美国众议院要求韩国政府在外交、经济、安全方面深化韩美合作。[⑤] 可以判断，拜登上台后会软

---

① 数据来源：“China, Russia Images in US. hit Historic Low,” Gallup, https://news. gallup. com/poll/331082/china - russia - images - hit - historic - lows. aspx。

② “The Longer Telegram: Toward a New American China Strategy,” pp. 18, 22, 63, https://www. atlanticcouncil. org/content - series/atlantic - council - strategy - paper - series/the - longer - telegram/.

③ “Remarks by President Biden on America's Place in the World,” https://www. whitehouse. gov/briefing - room/speeches - remarks/2021/02/04/remarks - by - president - biden - on - americas - place - in - the - world/.

④ America Congress, “Strategic Competition Act of 2021,” April 22, 2021.

⑤ South Korea's Moon, “Biden Reaffirm Commitment to Alliance and Peaceful Peninsula,” https://www. cnbc. com/2020/11/12/south - koreas - moon - jae - i - biden - reaffirm - commitment - to - alliance - and - peaceful - peninsula - . html，访问时间：2020年11月11日。

硬兼施拉拢韩国在相关问题上共同对华施压。从韩国角度看，拜登在竞选时即承诺，若能当选则将坚持多边主义，巩固与传统盟友的外交关系，在胜选后又屡屡释放出发展韩美同盟的诚意，拜登被韩国视为巩固同盟关系的机遇。同时，如上所述，对于韩国而言，其在推动朝美对话和朝鲜半岛和平进程上有求于美国，同时在“收回战时作战指挥权”等方面也有求于美国，因此，韩国主动或被动地对美国的对华相关政策“选边站队”的概率上升。美国对华打压以及韩国在相关政策上与美国保持一致，都会给中美合作解决朝鲜半岛问题增添变数。

另一方面，中国可能面临在朝鲜半岛问题上的影响力被有关国家故意降低的可能性。如前文所说，拜登政府在处理朝核问题时高度重视盟友的作用，且多次明确表示将在制定对朝政策时充分听取日韩盟友的建议，正如美国国务院发言人普莱斯（Ned Price）所说，“对朝鲜采取的任何措施都必须与包括日本和韩国在内的亲密盟友‘同步’进行”。[①] 2018 年以来，朝鲜半岛问题解决进程主要围绕美朝韩三方进行。文在寅政府一度极力推动所谓美朝韩三方解决方案，并着重巩固与发展对美关系。因此，美韩有可能在解决朝鲜半岛问题上故意减弱中国的作用。可以想象，作为朝鲜半岛问题利益攸关国以及在解决进程中有着不可替代影响力的中国如果不能在解决进程中发挥应有的作用，则显然不利于问题的顺利解决。

## 四　结语

总而言之，拜登政府的对朝政策走向逐渐明朗，接下来，拜登政府很有可能采取与朝鲜对话与制裁并举的措施，这一过程将着重加强同盟友的沟通协调，以期在“无核化”进程中取得实质性进展。朝鲜出于发展经济和缓解外部制裁的需要，具有与美国对话的较强动力。韩国作为朝鲜半岛问题的

① 《美日韩一致决定继续对朝鲜施压　迫使其放弃核武器》，中华网，https://news.china.com/international/1000/20210404/39446750.html。

直接当事方，在拜登政府时期巩固同盟关系的基础上，具有较强动力促成美朝对话，2018 年在文在寅政府执政不到一年的情况下就是如此。拜登政府的对朝政策对中国来说既有机遇，也有挑战，中国应该积极推动中美合作从而推动朝鲜半岛问题顺利解决。

对于朝鲜半岛问题的解决，从方向上讲，各方趋于一致，这在 2018 年 6 月朝美首次首脑会晤上也得到确认，问题在于路径的选择。目前来看，美朝之间缺乏基本信任是双方解决路径大相径庭、朝鲜半岛问题迟迟得不到根本解决的主要原因。本报告认为，要解决朝鲜半岛相关各方的信任缺失问题，以及推动美朝信任关系的建立，根本路径在于在继续推进美朝直接对话的背景下，推进国际合作。这一方面在于国际关系中信任建设的规律所在，也就是说，第三方的介入有利于信任关系的建立；另一方面在于中韩等国也是朝鲜半岛局势的直接利益攸关国，不让这些国家参与解决进程，显然无法顺利解决问题。对此，可以以中国提出的“双轨并进”方案为基础，并对其进行细化和可操作化，让有关国家参与进来。考虑到中韩利益契合度与当前中韩关系特点，可先与韩国进行包括联合研究在内的合作。同时，要加强与朝鲜、美国、俄罗斯、日本等相关国家的密切协调与合作。

# B.14
# CPTPP建设前景与中日韩合作

刘均胜*

摘　要：　在逆全球化和贸易保护主义不断加剧的背景下，作为最高标准的自贸协定CPTPP的建设前景带有一定的不确定性。主导国虚置、处理冻结条款、成员扩容和与RCEP的关系等，都是CPTPP建设需要关注的方面。CPTPP的出现深刻地改变了亚太地区的自贸区格局，给同地区潜在的中日韩自贸区带来示范效应、多米诺骨牌效应和对冲效应等多重影响。回顾中日韩20年的合作历程，可以发现外部冲击通常给中日韩合作带来契机，但内部政治安全事件又经常干扰合作。当前，面对国际和地区环境的变化，中日韩合作进入了新阶段。

关键词：　CPTPP　中日韩合作　自贸区

"全面与进步跨太平洋伙伴关系协定"（Comprehensive and Progressive Agreement for Trans-Pacific Partnership，CPTPP）的前身是"跨太平洋伙伴关系协定"（TPP），虽然其相对于TPP在内容和标准上有一定程度的"缩水"，但仍被认为是当今世界最高标准的自由贸易协定。CPTPP包括11个成员国，覆盖人口超过5亿人，GDP达10.57万亿美元，占世界经济

* 刘均胜，中国社会科学院亚太与全球战略研究院副研究员，主要研究方向为亚太经济、区域合作等。

总量的 13.1%。[①] 可以说，CPTPP 是一个高标准的巨型自由贸易协定。CPTPP 的出现不仅开启了亚太地区由以双边为主的自由贸易区向巨型自贸区转变的趋势，而且引发亚太地区经济格局深刻变化。在这一背景下，中日韩合作再次受到广泛关注。从人口、经济总量和贸易量来看，潜在的中日韩自贸区 CPTPP 构建的自贸区一样属于巨型自贸区。而且，中日韩合作和自贸区的谈判时间早于 CPTPP，并取得了一定的成果。从自贸区理论和地区政治经济现实来看，CPTPP 的出现，无疑给中日韩合作带来示范效应、多米诺骨牌效应和对冲效应等多重影响。

## 一　带有不确定性的 CPTPP 建设前景

在逆全球化潮流涌动的背景下，全球贸易保护主义有不断加剧的趋势，而这同 CPTPP 倡导的全球最高标准自贸区形成鲜明对比。而且，考虑到 CPTPP 的前身 TPP 服务于美国“重返亚太”战略，CPTPP 自然带有一定的地缘政治色彩。[②] 因此，对 CPTPP 建设前景的分析并不是简单的。

### （一）主导国虚置影响 CPTPP 未来建设的推进动力和方向

自贸区的主导国主要有三种模式：一是法德共同主导的欧盟模式；二是美国单独主导北美自贸区（NAFTA）模式［现在改称《美加墨协定》（USMCA）］；三是小国集体主导的“区域全面经济伙伴关系协定”（RCEP）模式。主导国对自贸区建设具有重要意义，并不是可有可无的。

美国退出 TPP 导致 CPTPP 的主导国成为一个问题。在美国的主导下，通过加入金融开放等条款把“跨太平洋战略经济伙伴协定”（TPSEP，亦称 P4 协定）改造成 TPP，并且组织谈判和完成了 TPP 的签订。而在 2017 年 1

① 这是根据世界银行于 2017 年公布的统计数据得出的，根据相关数据，这一占比达到 13.5%。王辉耀：《中国可考虑是否加入 CPTPP 了》，《环球时报》2019 年 9 月 17 日第 15 版。

② 李向阳：《跨太平洋伙伴关系协定：中国崛起过程中的重大挑战》，《国际经济评论》2012 年第 2 期。

月特朗普上任总统后宣布美国退出 TPP，日本掌握推动 TPP 的主动权。安倍政府除努力劝说特朗普政府重返 TPP 外，还积极说服其余成员国继续推进 TPP 谈判。2017 年 3～10 月，日本组织和推动除美国外的 TPP 的 11 个成员国召开两次部长级会议、四次首席谈判官会议，讨论如何在最低限度上修改 TPP 规则以使其尽快生效。2017 年 11 月，在越南岘港，11 个成员国达成框架协定，决定将 TPP 正式更名为 CPTPP。2018 年 1 月达成最终文本协定。① 2018 年底，CPTPP 在日本、澳大利亚、新西兰、墨西哥和新加坡五国正式生效。2019 年以来，越南、文莱、智利、马来西亚和秘鲁逐步完成协定生效所需的内部审批程序。尽管日本耗费很大精力，包括改组推动 TPP 谈判的内阁机构、主动出访和接受来访、召开首脑会谈等，最终消除成员国之间的分歧和矛盾达成 CPTPP，但日本一直表示这样做是为了吸引美国，希望美国在做好准备的情况下重返 CPTPP，为此特意说服其他 10 个成员国冻结而不是撤销美国感兴趣的 TPP 中的 22 项议题。

考虑到日美同盟背景下日本在经济、政治、安全等方面一贯受制于美国的战略，日本实际上并不想取代美国在实现亚太多边一体化中的主导地位。而且，加拿大、澳大利亚等 CPTPP 主要成员国对日本作为主导国也存在异议。由于美国现在没有重返 CPTPP，日本愿意作为“守门人”，这样就导致 CPTPP 存在主导国虚置和模糊的现象。鉴于美国是当今世界第一大经济体，综合实力最强，随着美国新总统拜登上台，美国国内政治、经济特别是在对外贸易上的撕裂进一步加剧。那么，美国能否回归 CPTPP，什么时候回归，是以主导国身份还是以一般成员身份加入的方式回归，等等，这些都对 CPTPP 的建设动力、方向和影响力有着重大影响。

### （二）如何处理冻结条款对 CPTPP 未来建设来说是个悬而未决的问题

一般来说，自贸区建设主要涉及规模的扩大和内容、标准的升级，如欧

---

① 常思纯：《日本主导 CPTPP 的战略动因、影响及前景》，《东北亚学刊》2019 年第 3 期。

盟经历了 20 世纪 50 年代的欧洲煤钢共同体和经济共同体、20 世纪 60 年代的欧洲共同体和随后的三次扩大，以及 20 世纪 90 年代的欧盟和随后的六次扩大，才达到今天的规模和发展程度。

CPTPP 是在 TPP 基础上建立的，相对于 TPP，CPTPP 在内容和标准上都有所“缩水”。CPTPP 基本上继承了 TPP 的结构和承诺范围，只冻结了 TPP 中的 22 项条款，保留程度达到 95%。冻结的条款包括第 5 章海关管理和贸易便利化方面有关速运货物规定、第 9 章中的投资者—国家争端解决机制（ISDS）条款、第 15 章政府采购中的一项商品服务采购条款、第 18 章知识产权领域的 11 项内容、第 20 章环境方面的一项条款等（见表 1）。

**表 1　CPTPP 的部分冻结条款**

| 涉及条款 | 冻结内容 |
| --- | --- |
| 关税与贸易便利化 | “缔约国需定期审查由国内法制定的货物免税运输额度”条款 |
| 投资 | “外国投资者可以以违反政府与其签订的‘投资协议’或‘投资授权’为由，向政府提起损害赔偿”条款 |
| 跨境服务贸易 | “各缔约国不得垄断邮政或快递服务，不得为快递服务提供补贴”条款 |
| 金融服务 | 有关金融服务的最低处理标准以及特殊适用条款 |
| 电信 | 冻结有关电信纠纷复议条款 |
| 政府采购 | “该条款不得构成不正当歧视和贸易的变相限制”规定 |
| 知识产权 | 国民待遇（对版权及邻接权的付款方式采取国民待遇）、专利适用对象（对已知产品的新用途以及使用已知产品的新方式授予专利，对从职务中获得的发明授予专利）、专利授权及保护期限（对专利授权以及市场审批过程中的不合理延迟进行调整或补偿；版权以及邻接权的保护期限延长至作者死后不少于 70 年）、未公开试验及其他数据保护（对为了市场准入而提交的未公开的试验数据信息予以保护，并在审批后提供一定的市场保护期）、生物制剂保护（对于利用生物技术生产的用于疾病预防和治疗的产品予以保护）、技术保护措施（用对规避技术和权利管理信息所要求的民事、行政或刑事救济和处罚措施，保护版权人的权利）、权利管理信息（对版权管理信息进行更严格的保护）、卫星与电缆信号加密保护（无须卫星合法运营商授权，第三人也可对解码卫星信号的行为提起刑事或民事诉讼）、法律救济与安全港（免除互联网服务提供商对版权侵权内容采取行动的义务） |
| 环境 | 对野生动物非法获取和非法贸易问题中有关“管辖权法适用”的描述 |
| 透明与反腐败 | 冻结药品和医疗器械的透明度和程序公平性附件中有关程序公正的条款 |

资料来源：张宇《CPTPP 的成效、前景与中国的对策》，《国际贸易》2020 年第 5 期。

根据 WTO 的有关规定，自贸区存在具有合理性的一个理由是采取更高自由化的开放标准。不过，自由化标准也会变相成为限制非成员加入自贸区的一个门槛。不可否认，美国推动下的 TPP 就针对中国设置了专门的条款。在实际操作中，一项条款究竟是意在推动高标准自由化，还是针对某些成员的门槛，界限并不清楚。CPTPP 作为缩水版的 TPP，未来是否会解冻这些暂时被冻结的条款？如果是，那么解冻的是部分还是全部条款？方式上是采取渐进性的还是一次性的？作为美国重返 CPTPP 的条件，未来一旦美国重返，这些冻结条款是无条件恢复，还是 CPTPP 成员国可以和美国就有关条款进行讨价还价？等等。

### （三）成员扩容同 CPTPP 的未来建设存在相互反馈的关系

理论分析表明，一个自贸区的规模越大、成员越多，则该自贸区所创造的产出和社会福利就越多。这也是亚太自贸区从双边向多边乃至巨型自贸区转变的原因。一个自贸区的规模扩大后，随着经济效率和社会福利水平提高，它对成员的凝聚力和对非成员的吸引力就会进一步增强。这样就会形成自贸区建设上的相互反馈：随着成员扩容，规模扩大，一个自贸区的收益和福利水平就越高，对非成员的吸引力就越强，从而有更多的非成员加入，自贸区的规模变得更大。同时，自贸区的吸引力增强，也能够对非成员的加入提出更高的要求，具有更多的谈判优势，这有利于自贸区进一步升级。相反，如果一个自贸区的自由化标准虽然较高，但经济规模较小，那么它的吸引力不一定强，其在后续发展中能否坚持高标准是一个问题。

对于 CPTPP，美国退出后，相对于 TPP，它在市场份额、经济体量、贸易和投资规模，以及全球影响力方面都显著下降，如经济体量从占全球的 40% 下降到 13%，对外贸易规模下降为 TPP 的 57%，吸引外资和对外投资规模分别下降为 TPP 的 37% 和 46%。[①] 由于存在这种落差，CPTPP 生效后

① 蔡彤娟、郭晓静：《TPP 到 CPTP：中国面临的新挑战和对策》，《区域与全球发展》2019 年第 2 期。

不久即召开扩容讨论会，目的是扩大规模，增强对非成员的吸引力和创造更多的规模收益。日本一直劝说美国重返 CPTPP 也有这方面的原因。2018 年，特朗普曾表示美国有可能重返 CPTPP。在这种情况下，一些国家，包括哥伦比亚、印尼、韩国、英国和泰国等纷纷表示希望加入 CPTPP。值得注意的是，2020 年 11 月习近平主席在 APEC 领导人非正式会议上表示，中国会考虑加入 CPTPP。随后，澳大利亚、新西兰、马来西亚等国纷纷表示欢迎和愿意接纳中国成为 CPTPP 成员。中国这一表态引发全球高度关注，除了超越 TPP 时代的地缘政治思维之外，还在于如果中国作为世界第二大经济体加入，那么 CPTPP 的经济总量占全世界的比重将由 13% 跃升到 30%，覆盖人口将从 5 亿人上升到 20 亿人，经济实力和影响力都会显著提高。因此，CPTPP 的发展前景存在很大的不确定性：存在美国或中国加入、二者都加入或都不加入的可能。

### （四）CPTPP 的发展同以 WTO 为代表的全球多边体制和 RCEP 间的互动密切相关

长期以来，在全球多边体系和区域自贸区之间存在“垫脚石”还是“绊脚石”的争论。前者是自贸区通过充当引领者和发挥“孵化器”的作用不断推动全球多边体系自由化；后者是自贸区追求“以邻为壑”的保护主义政策，分裂甚至架空以 WTO 为代表的全球多边体系。

在多哈回合谈判无果而终后，WTO 总干事阿泽维多表示“WTO 处于最严峻的境地”。[①] 相比之下，当前 WTO 面临前所未有的危机。2017 年以来，美国从程序上阻挠对新法官的任命，使解决争端的上诉机构存在瘫痪的可能。美国特朗普政府威胁退出 WTO 和推行单边主义。这些都对 WTO 造成严重冲击。

对于 CPTPP 的前身 TPP，当时就有人担心会冲击以 WTO 为代表的多边主义体系。在推动建立 CPTPP 后，日本于2018 年7 月18 日与欧盟签署了经济伙伴关系协定（EPA）。日欧 EPA 同样是高标准的巨型自贸区，非普通自

① Emily Jones, “How Should WTO Reform Itself?” *World Economic Forum*, Oct. 24, 2014.

贸区可比。这样就在跨太平洋和跨大西洋地区同时出现了巨型自贸区。安倍在2018年3月的施政演说中表示，日本要作为“自由贸易的旗手”，把基于“自由公正规则的21世纪经济秩序推广至全球”。那么，未来CPTPP的发展存在两种可能：作为“垫脚石”促进以WTO为代表的多边体系的改革和完善以适应新时代的贸易发展潮流；作为“绊脚石”边缘化或替代WTO，用高标准的EPA应对来自中国等新兴国家快速发展带来的挑战。①

在亚太地区，伴随CPTPP生效，另一巨型自贸协定RCEP谈判于2019年11月在泰国曼谷举行，会后发表联合声明，宣布除印度外的15国结束全部文本谈判及实质上的所有市场准入谈判。2020年11月RCEP正式签署。这标志着亚太区域两大巨型自贸区并立。二者之间存在互补，还具有竞争上的不确定性。在RCEP和TPP处于谈判阶段的时候，二者被认为是APEC框架下构建亚太自由贸易区（FTAAP）的两条途径。从总体经济效应来看，FTAAP要远大于TPP和RCEP的总和：2025年，FTAAP产生的收入增加值达2.4万亿美元，相当于世界GDP的2.3%，而TPP和RCEP产生的收入增加值分别占世界GDP的0.2%和0.6%。② 在CPTPP和RCEP并立的情况下，CPTPP的演变存在三种可能：CPTPP和RCEP相互补充，分别成为实现FTAAP的两条途径；CPTPP和RCEP相互竞争，胜出者成为实现FTAAP的途径；二者竞争导致“太平洋中间划线”割裂亚太经济一体化进程。

## 二　CPTPP对中日韩合作的影响

CPTPP的构建在亚太地区的自贸区建设过程中是一个重大的标志性事件。CPTPP构建的是巨型自贸区，除了RCEP外，还有一个潜在的巨型自贸协定，即中日韩自贸协定。由于同处一个地区，这些巨型自贸区在组成成员上存在重叠的情况，生产链、价值链密不可分。因此，无论从内在经济联系

① 张蕴岭：《日本为何痛下决心》，《世界知识》2018年第16期。

② Peter A. Petri, Ali Abdul-Raheem, “Can RCEP and the TPP be Pathways to FTAAP?” October, 2014.

来看，还是从地缘政治来看，CPTPP 的建设和发展对中日韩合作都有重要的影响。

## （一）CPTPP 对中日韩合作会产生重要的示范作用

考察亚洲区域化的进程，可以发现示范作用对自贸区的构建具有重要意义。欧盟是二战后全球区域化发展的一个里程碑。欧盟的发展对亚洲的一体化具有榜样和参照作用。[①] 亚洲金融危机使东亚经济体认识到，在全球高度开放的环境中，为了应对外部冲击，要像欧洲一样发展自己的区域化组织。1997 年 12 月举行了首次东盟与中日韩领导人非正式会议，后来于 2000 年正式将其定为东盟与中日韩（10 +3）领导人会议。正是在“10 +3”框架下，1999 年中日韩开启了合作。欧盟后来的扩容促使亚太地区的自贸协定井喷式发展，如 2002 ~2013 年，由 70 个猛增至 257 个。[②]

在逆全球化背景下，CPTPP 以具有的高质量特征成为新的榜样。以 2016 年英国脱欧和 2017 年美国退出 TPP 为标志，逆全球化浪潮不断高涨。英国脱欧及其引发的连锁反应，使一直走在区域一体化前列的欧盟面临巨大震动。欧盟是亚洲区域化的榜样，美国特朗普政府的单边主义行为（如退出 TPP）直接同亚太地区相关。英国和美国分别是一战和二战后经济全球化的领导者，如今态度发生截然不同的变化，这对区域化的发展造成严重冲击。在这种背景下，高标准的 CPTPP 的建立，不但能在一定程度上消除人们对亚太自贸区建设的疑虑，而且会对中日韩合作产生提振作用。

## （二）CPTPP 对中日韩合作会产生多米诺骨牌效应

区域一体化理论中的多米诺骨牌效应是指，一个具有特殊意义的事件，如一国关税减让或一个自贸区建立，会引发连锁反应，就像多米诺骨牌一样

① 秦亚青认为，欧洲一体化是制度性一体化的范式，相比之下，东亚的区域化由过程主导。见秦亚青主编《东亚地区合作：2009》，经济科学出版社，2010，第 6 页。

② ADB, “Regional Cooperation and Integration in a Changing World,” 2013.

使关税递减或让更多国家加入自贸区。[①] 这背后的经济逻辑就是相对竞争优势改变，政治逻辑就是支持加入自贸区和反对加入自贸区两种力量的较量。

CPTPP 意在建立高标准的巨型自贸区，其建成后不可避免地会使亚太地区产生贸易和投资转移的情况。对于中日韩来说，CPTPP 的壁垒使中韩两国的商品相对于日本商品处于竞争劣势地位，承担贸易转移的成本。而且，由于日韩两国在机电等资本技术密集型产品上存在一定的竞争关系，CPTPP 造成的壁垒会更加放大这种竞争的差距。对于中国来说，中日韩之间原来存在的产业链也会因 CPTPP 的原产地规则和关税变化而被切断，原来在中国生产和组装的环节可能被转移到越南、马来西亚等 CPTPP 成员，随着产业转移的还有 FDI 的转移。因此，从经济上说，中、韩有必要加入 CPTPP。现实中，韩国在 2013 年就对加入 TPP 表示兴趣，在 2019 年初 CPTPP 生效后又表示试探加入，但遭到日本的抵制。2020 年 12 月 8 日，韩国总统文在寅表示考虑加入 CPTPP。中国对是否加入 CPTPP 的态度也有一个逐渐变化的过程。国内学界对是否加入 CPTPP 主要有三种态度：赞成态度、不赞成态度和持开放心态。[②] 目前，更多观点倾向于尽快加入 CPTPP，对中国加入的可行性和对策略的分析增加。[③] 从政府对加入 CPTPP 的态度看，2018 年初，外交部部长王毅表示持积极态度；2020 年 5 月，李克强总理表示对加入持积极开放的态度；2020 年 11 月，习近平主席表示要积极考虑加入。[④]

从日本加入 TPP 到推动 CPTPP 建立，多米诺骨牌效应使地区密切联系的中

---

① Richard E. Baldwin, "A Domino Theory of Regionalism," *NBER Working Paper*, No. 4465, Sept. 1993.

② 刘向东、李浩东：《中国提出加入 CPTPP 的可行性于实施策略分析》，《全球化》2019 年第 5 期。

③ 王辉耀：《中国加入 CPTPP 的时机正在成熟》，《环球时报》2020 年 6 月 11 日，第 15 版。

④ 《王毅回应"新版 TPP"　中国维护以 WTO 为核心的全球自由贸易体系》，人民网，http：//world. people. com. cn/n1/2018/0308/c1002 -29856169. html。《中国对加入 CPTPP 持积极开放的态度》，中国青年网，https：//news. youth. cn/sz/202005/t20200528_ 12347377. html。《习近平在亚太经合组织第二十七次领导人非正式会议上的讲话（全文）》，新华网，http：//www. xinhuanet. com/politics/leaders/2020 -11/20/c_ 1126767392. html。

韩也考虑加入 CPTPP。这会对中日韩合作产生两种影响：一是分散了推动中日韩合作的动力，可能会减少原本用于推动中日韩合作的谈判资源；二是无论中韩加入 CPTPP 的结果如何，表示加入的态度就表明双方对标高质量自贸区和进一步开放的决心，这反过来有助于解决中日韩谈判中的难点。

### （三）CPTPP 对中日韩合作的对冲效应

对冲本来是一个金融词语，是指在金融市场上通过用不同时期、不同品种的金融衍生工具组合来最小化风险的行为。国际关系中的对冲是指，国家行为体面对不确定性而采取的审慎的保险策略，目标包括减少或使战略风险最小化、维持或提升行动自由度、使战略选项多元化以及塑造目标国的偏好与选择。对冲策略包括接触、围住/束缚（enmeshment）、防范、牵制、制衡等不同的战略手段和工具。[①] 从对冲的角度来看，CPTPP 的建立使同地区内中日韩合作的意义凸显。

一般来说，自贸区的建立并不都是出于经济目的，还有地缘政治方面的原因。同样是巨型自贸区，中日韩自贸区如果能够建立，那么在 CPTPP 之外，区域内的国家就会有更多的选择。而且 CPTPP 的前身是 TPP，TPP 具有较强的地缘政治色彩。美国构建 TPP，用奥巴马总统的话说就是“不能”让中国“书写全球经济的规则”。[②] 在特朗普总统任期内，中美之间在贸易、金融、技术等领域的博弈进一步加剧。新上台的拜登总统被认为会更倾向于利用国际规则和联合其他国家与中国博弈。总之，中美之间的大国博弈具有长期性。对中国来说，加入 CPTPP，可以向国际社会传达继续深化改革开放、支持经济全球化和积极参与区域化的信号。考虑到中美大国博弈和传统上美国担心被排除亚太地区的心理，中国加入 CPTPP 可能会刺激美国加快重返 CPTPP。而且，在日本作为 CPTPP“守门人”的情况下，中国要加入 CPTPP 还需要处理好同日本的关系。毕竟，在美国“重返亚太”之前，中

① 王栋：《国际关系中的对冲行为研究：以亚太国家为例》，《世界经济与政治》2018 年第 1 期。

② 《奥巴马谈 TPP：不能让中国来书写全球经济规则》，央广网，http：//news. cnr. cn/native/gd/20151006/t20151006_ 520056957. shtml。

日在东亚合作究竟是由“10+3”主导还是由“10+6”主导上还存在分歧。有鉴于此，如果推进中日韩合作，则可以避开中、美、日之间争夺 CPTPP 主导权的问题。对中韩来说，推进中日韩合作，可以避免 CPTPP 使三国之间的生产链和价值链割裂。而且，一旦中日韩自贸协定达成，就会制衡 CPTPP，这样中、韩在参与 CPTPP 的谈判上将获得更多的优势。情景模拟也支持上述论断，在中国不加入 CPTPP 的情况下，中日韩合作是最优选择；在中国加入 CPTPP 的情况下，中国避免单独加入是较优选择。①

## 三 中日韩合作开启新的阶段

在逆全球化浪潮和 CPTPP 生效的背景下，经过 20 年的深入合作，中日韩走到新的合作阶段，再次成为关注的焦点。

### （一）中日韩合作峰回路转，亚洲金融危机爆发两年后出现转机

1999 年，中日韩三国领导人在“10+3”框架下启动了有关合作的领导人非正式对话。2002 年，中日韩开始进行领导人正式会议。2007 年，领导人会议恢复，制订了三国合作行动计划，提出在经贸、文化、科技等领域进行合作。2008 年，在全球金融危机背景下，中日韩三国领导人开始独立于“10+3”框架之外进行领导人会议，并决定将会议机制化，每年轮流在三国举行。2012 年，中日韩领导人会议决定正式签署中日韩投资协定和启动中日韩自贸区谈判，将中日韩合作推向高潮。2015 年，领导人会议重申要加快推进中日韩自贸区谈判，当年年底，《中韩自贸协定》正式生效。2018 年，中日韩领导人会议恢复。在这 20 年的进程中，三国的合作并非一帆风顺：2005～2006 年，因日本首相小泉纯一郎参拜靖国神社，领导人会议中断；从 2012 年 9 月起，中日、韩日岛屿争端所引发的政治安全冲突使三国

① 李春顶、平一帆、张杰皓：《中国应对 CPTPP 协定经济影响的政策选择及效果》，《财经研究》2021 年第 4 期。

的合作受到冲击；2016 年的“萨德”事件导致中韩关系出现重大波动；到 2018 年领导人会议恢复前，政治安全关系的恶化与经贸关系的萎缩形成恶性循环，三国合作水平滑到低谷。①

从中日韩合作进程可以看出，在外部冲击下，中日韩合作通常会出现新的契机，但内部政治、安全事件的发生又会干扰和影响深入合作。在逆全球化和 CPTPP 生效的背景下，中日韩合作再次出现转机。2017 年特朗普上任后密集推出一系列贸易保护措施，中日韩因对美存在巨额贸易逆差而成为被针对的对象。中日韩作为多边贸易体系的受益者和参与者，在维护以 WTO 为代表的多边贸易体系、反对贸易保护主义方面具有共同诉求。② 2017 年 5 月，日本派团参加在北京召开的首届“一带一路”国际合作高峰论坛，并向习近平主席递交日本首相安倍的亲笔信。围绕“一带一路”，中韩也展开交流。中日、中韩关系的回暖为中日韩合作走出低谷创造了条件。2018 年举行第七次中日韩领导人会议，重申要确保三国领导人会议机制可持续，开展三国在更多领域的合作。在 2019 年第八次中日韩领导人会议上，三国发表了《中日韩未来合作十年展望》，为三国规划了未来合作的方向。2019 年是中日韩合作 20 周年，对三国的合作具有特殊的意义，领导人会议的成功召开和实质性的合作成果达成标志着中日韩合作进入新的阶段。

### （二）中日韩合作过程中需重点关注全球经济重心向亚太地区转移的大趋势

实际上，从增量上看，全球经济重心在向东亚转移，从各项数据来看，东亚的中日韩三国在世界占很高的比例。从规模来看，中日韩三国的人口占世界人口的 21%，GDP 占世界 GDP 的 23%，贸易额占世界贸易总额的 17%，同 TPP 国家整体规模相仿，而远超东盟。中日韩之间长期以来形成紧密的生产链和价值链，相互之间存在巨额的贸易流、资金流和人员流。根

① 江瑞平：《中日韩合作：重回良性互动轨道》，《世界知识》2020 年第 2 期。

② 刘均胜：《特朗普贸易保护主义背景下的中日韩自贸区》，《太平洋学报》2018 年第 12 期。

据2018年的统计[①]，中日韩之间的贸易额已有7200多亿美元，日本、韩国分别是中国第二大、第三大贸易伙伴国；三国间的相互投资超过110亿美元，韩日分别是中国第二大、第三大新增外资来源国；人员往来超过3100万人次，韩日分别是中国第三大、第四大游客来源国，中国是日韩第一大游客来源国。中日韩自贸区一旦建成，覆盖的人口将超过15亿人，GDP超过22万亿美元，将带来巨大的贸易增量，并将在优化产业结构的同时，释放东北亚巨大的经济潜能。尤其是中日韩自贸区将形成一个巨大的消费市场，这在逆全球化和贸易保护主义日益严峻的背景下具有重要意义，将是世界经济可持续发展的新动力源。

不过，中日韩合作也面临诸多困难，如合作的主导权之争、缺乏政治互信、历史问题和领土争端、基于现实主义的相对利益考虑、农产品问题和敏感产业的开放，以及自贸区标准方面的分歧等。

### （三）中日韩合作新阶段，应更多强调基于利益的区域认同

在新阶段，美韩自贸协定和CPTPP的存在可以为中日韩自贸区在农产品和敏感产业上的开放提供更多的参考和借鉴。中国近年来积极推进和深化改革，不但形成了以国内自贸区为基础的从沿海到内陆的立体开放格局，而且在负面清单、知识产权保护制度、国企改革和政府采购、环保等方面也都有了进一步的改善。这有利于消除三国在自贸区农产品、敏感产业和开放标准等方面的谈判困难。

中日韩在合作的新阶段还应重视用新的理念拓展合作领域，“中日韩+X”就是一个新亮点。为了推动中日韩合作，在2018年中日韩领导人会议上，中国提出“中日韩+X”模式，得到了与会各方的积极响应。2019年，中日韩外长会议通过《“中日韩+X”合作概念文件》，为该模式的具体落实提供了指导。“中日韩+X”中的“X”既可以是国家，也可以是某个领

① 《国别报告》，中华人民共和国商务部网站，https：//countryeport. mo-fcom. gov. cn/new/view/10209。

域，好处就是可以取长补短，避免恶性竞争。目前，在该模式下的第一批合作早期收获项目已通过，涉及中日韩与多个国家在环保、减灾、疾病防控等领域的合作。未来，“中日韩 + X”可以向更多与产业链密切相关的伙伴国延伸，向基础设施、能源、节能环保、装备制造等更多领域拓展。

# 附　　录

Appendix

# B.15
# 2020年亚太地区大事记

## 1月

**16 日**　中美两国在华盛顿签署第一阶段经贸协议，为两国间持续近两年的激烈经贸摩擦画上“休止符”。

**17 日**　应缅甸联邦共和国总统温敏邀请，国家主席习近平对缅甸进行国事访问。访问期间，习近平分别同缅甸总统温敏、国务资政昂山素季会谈，并会见缅甸国防军总司令敏昂莱。

**21 日**　米舒斯京组建俄罗斯新一届政府。

**25 日**　美国海军濒海战斗舰“蒙哥马利”号擅自进入中国南沙群岛永暑礁、赤瓜礁附近海域，进行所谓“自由航行行动”。

## 2月

**7 日**　国家主席习近平应约同美国总统特朗普通电话。特朗普表示，美国全力支持中国抗击新冠肺炎疫情，愿派遣专家前往中国，并以其他各种方式向中方提供援助。

**11日** 菲律宾外交部宣布，根据杜特尔特总统的命令，已照会美国政府，通知正式终止菲美《访问部队协议》。

**17日** 韩国最大在野党自由韩国党宣布与新保守党、面向未来前进4.0（前进党）合并，成立“未来统合党”，由自由韩国党党首黄教安担任新政党党首。

**20日** 中国—东盟关于新冠肺炎问题特别外长会、澜沧江—湄公河合作第五次外长会在老挝人民民主共和国万象市举行。

**21日** 泰国宪法法院以“接受超过法律规定额度的捐款”等为由，判决解散新未来党（也称未来前进党）。

**24日** 美国总统特朗普对印度进行国事访问。

**28日** 中共中央政治局委员、中央外事工作委员会办公室主任杨洁篪访问日本。杨洁篪在东京同北村滋共同主持中日第八次高级别政治对话。日本首相安倍晋三会见杨洁篪。

## 3月

**5日** 美国“西奥多·罗斯福”号核动力航母打击群驶入越南岘港，开启为期三天的正式访问，这是越南战争结束以来第二艘访问越南的美国航母。

**16日** 七国集团（G7）领导人召开视频电话会议，针对新冠肺炎疫情持续蔓延对全球经济造成的负面影响商讨对策。

**20日** 中日韩三国召开新冠肺炎问题特别外长视频会议。

**26日** 二十国集团（G20）领导人应对新冠肺炎特别峰会以视频会议方式举行。

美国总统特朗普签署所谓“台北法案”（“台湾友邦国际保护及加强倡议法案”），该法案声称要求美国行政部门以实际行动协助中国台湾巩固所谓“邦交”，并支持中国台湾以会员或观察员身份参与国际组织等，寻求机会增强与中国台湾的经贸关系。

**30 日**　朝中社报道，朝鲜国防科学院于 29 日进行超大型火箭炮试射，并且取得圆满成功。朝鲜外务省新任对美协商局局长发表谈话，批评美国国务卿蓬佩奥的涉朝言论。

## 4月

**14 日**　东盟与中日韩（10 +3）抗击新冠肺炎疫情领导人特别会议以视频方式举行。与会各方在遏制疫情蔓延、提高公共卫生治理水平、推动地区尽快恢复经济三个方面达成共识。

**15 日**　韩国举行第 21 届国会议员选举。执政党共同民主党及其“卫星政党”共同市民党共获得 180 个议席，在国会获得压倒性胜利，共同民主党成为韩国实现民主化以来规模最庞大的执政党。

## 5月

**12 日**　印度总理莫迪宣布推出总金额达 20 万亿卢比（约 2600 亿美元）的经济刺激计划。他表示，要利用新冠肺炎疫情带来的机遇进行大胆的改革，让印度成为“自力更生”的经济强国。

**13 日**　上海合作组织成员国外长视频会议举行。会议由上海合作组织轮值主席国俄罗斯外长拉夫罗夫主持，各成员国外长及上合组织秘书长、地区反恐怖机构执委会主任等出席。

**18 日**　日本首支“太空作战队”在东京都府中基地成立。

**20 日**　美国国务卿蓬佩奥发表声明祝贺台湾地区领导人蔡英文就职，将其称为所谓“总统”，并吹嘘美台“伙伴关系”。美国政府一些官员和一些政客向蔡英文发视频贺词。中方对此表示强烈愤慨，并予以谴责。

# 6月

**2日** 俄罗斯总统普京签署总统行政令，颁布《俄联邦核遏制领域国家基本政策》，批准俄罗斯核威慑国家基本政策，俄罗斯首次以公开形式宣布核政策。

菲律宾外长洛钦宣布，根据杜特尔特总统的指示，菲律宾已向美国驻菲律宾大使馆发出外交照会，通知自6月1日起，把终止菲美《访问部队协议》的进程至少推迟六个月，菲律宾将与美国维持强有力的军事同盟关系。

**14日** 朝鲜在切断一切北南通信联络线之后，彻底炸毁了开城工业园区的北南共同联络办事处。

**15日** 日本防卫大臣河野太郎宣布，停止在秋田、山口两县部署陆基“宙斯盾”反导系统的计划。

**16～17日** 中共中央政治局委员、中央外事工作委员会办公室主任杨洁篪应约同美国国务卿蓬佩奥在夏威夷举行对话。双方就中美关系和共同关心的国际与地区问题深入交换意见。

**18日** “一带一路”国际合作高级别视频会议举行，主题为“加强‘一带一路’国际合作　携手抗击新冠肺炎疫情”。25个国家的外长或部长级官员及联合国、世卫组织负责人围绕抗击新冠肺炎疫情合作、国际和地区形势、上合组织下一步的发展等议题进行深入讨论。

**23日** 中俄印三国外长举行视频会晤，针对合作抗击疫情和缓解边境紧张局势等话题进行沟通交流。

金正恩委员长主持召开朝鲜劳动党第七届中央军事委员会第五次会议预备会议，会议评估了朝鲜半岛形势，决定暂缓执行朝鲜人民军总参谋部提交的对韩四项军事行动计划。

**29日** 印度政府宣布禁止在印度使用包括抖音海外版（TikTok）、微信、微博、QQ邮箱、UC浏览器等在内的59款中国App，理由是这些App会危害印度“主权完整、国家安全和公共秩序”。

## 7月

**3 日**　俄罗斯总统普京签署命令，宣布俄宪法修正案于 7 月 4 日开始生效。根据俄媒报道，该修正案突出了宪政制度和公民人权的重要性，主要包括增加国家杜马权力、增加公民福利等。修宪内容还涉及允许现任或前任总统再参加两届总统选举。

**7 日**　朝鲜外务省美国局局长权正根发表谈话，批评韩国想要在朝美关系中充当“仲裁者”，并再次明确表示朝鲜无意与美国坐到一起对话。

**11 日**　新加坡第 13 届国会选举落下帷幕，人民行动党蝉联执政，但得票率有所下降，反对党创史上最好成绩。

**13 日**　美国国务卿蓬佩奥发表“美国对南海海洋主张的政策立场声明”（《南海政策声明》）。

**23 日**　美国国会参议院通过了参议院版本的《2021 财年国防授权法案》。该法案以单列条款提出“太平洋威慑倡议”，并首次批准拨付总额近 70 亿美元的“太平洋威慑倡议”基金，以确保美国在印太地区拥有足够的战略资源和军事能力，有效实施国防战略。

**25 日**　李显龙连任新加坡共和国总理。

**28 日**　亚洲基础设施投资银行在北京总部举行第五届理事会年会正式会议。会议通过视频连线方式举行，以“互联互通，面向未来”为主题，全面回顾了亚投行成立近五年来取得的成绩，共同描绘了亚投行未来十年的发展蓝图。

## 8月

**9 日**　斯里兰卡人民阵线党领导人马欣达·拉贾帕克萨宣誓就任新政府总理。

**24 日**　湄公河—澜沧江合作第三次领导人会议以视频方式召开，李克强总理、老挝总理通伦、柬埔寨首相洪森、缅甸总统温敏、泰国总理巴育、越南总理阮春福出席。

**28日** 安倍晋三正式宣布辞去日本首相职务。

## 9月

**9日** 东亚合作外长系列会议在东盟轮值主席国越南的主持下通过视频方式举行。

日印签署《相互提供物资与劳务协定》，该协定允许日本自卫队和印度武装部队在联合演习、训练等场景下相互提供物资和劳务。

**10日** 上海合作组织成员国外交部长理事会会议在莫斯科举行。

**11日** 首届湄公河—美国伙伴关系部长级会议以视频方式举行，柬埔寨、老挝、缅甸、泰国、越南等国外长及东盟秘书长齐聚越南，与线上出席会议的美国副国务卿比根共同宣布启动“湄公河—美国伙伴关系”。

**9～12日** 东盟除举办了第53届东盟外长会外，还举行了东盟与对话伙伴国外长会、东盟与中日韩部长级会议、第10届东亚峰会外长会、第27届东盟地区论坛等。

**16日** 日本召集临时国会进行首相指名选举，执政党自民党新总裁菅义伟当选日本第99任首相，并于当天组建新内阁。

## 10月

**6日** 美日印澳四国外长在东京举行“四边对话”，美国国务卿蓬佩奥、日本外相茂木敏充、印度外长苏杰生和澳大利亚外长佩恩参会。四方讨论了包括东海、南海等问题在内的地区局势，强调与更多国家推进“自由与开放的印度洋—太平洋”。

## 11月

**7日** 美国多家主流媒体宣布，在美国总统选举中，民主党候选人拜登夺得过半数选举人票，国际社会普遍认为其入主白宫是大概率事件。

**8日** 缅甸执政党全国民主联盟再次获得压倒性胜利，取得独立组阁的资格。

**10日** 上海合作组织成员国元首理事会第二十次会议以视频方式举行，会议通过并发表《上海合作组织成员国元首理事会莫斯科宣言》。

**15日** 东盟十国以及中国、日本、韩国、澳大利亚、新西兰15个国家正式签署"区域全面经济伙伴关系协定"（RCEP），标志着全球规模最大的自由贸易协定正式达成。

**12~15日** 东亚合作领导人系列会议以视频方式举行，包括第23次中国—东盟（10+1）领导人会议、第23次东盟与中日韩（10+3）领导人会议、第15届东亚峰会（EAS）、第四次"区域全面经济伙伴关系协定"（RCEP）领导人会议和东盟商务与投资峰会（ABIS）。

**20日** 亚太经合组织（APEC）第二十七次领导人非正式会议以视频方式举行。会议重点关注亚太地区疫情应对和经济复苏，并启动2020年后合作愿景，以代替于2020年底到期的"茂物目标"。

**27日** 第十七届中国—东盟博览会和中国—东盟商务与投资峰会举行。

**30日** 上海合作组织成员国政府首脑（总理）理事会第十九次会议以视频方式举行。

## 12月

**1日** 第23届东盟—欧盟外长视频会议举行，东盟与欧盟的关系升级为战略伙伴关系。

**14日** 美国选举人团按照各州选举结果投下选举人票，正式选出美国总统和副总统，确认民主党人拜登赢得美国总统大选，成为下届美国总统。

**21 日** 俄罗斯总统普京签署总统令，批准俄联邦新一届国务委员会成员。

**22 日** 印度尼西亚总统佐科宣布改组内阁，以应对新冠肺炎疫情，加快经济复苏步伐。

# B.16
# 后　记

在组织编写《亚太地区发展报告（2021）》时，我和许多作者谈到过同一个问题，那就是2020年极大地改变了每一个人的生活的新冠肺炎疫情会不会在2021年离我们而去。这不仅是出于我对个人生活恢复正常的期盼，也是作为国际问题研究人员必须做出的判断，或者更准确地说，是接受某一种判断还是与之相反的另外一种判断。毕竟，判断疫情的走势，不是国际问题研究人员所能胜任的。即便如此，我们仍然在本书里设计了多篇涉及"后疫情时代"的研究报告。这一方面可以表达我们的某种期待；另一方面，我们也认为，虽然疫情尚未结束，但疫情对亚太地区政治格局、经济形势乃至意识形态走向的长期影响，已经在方方面面体现出来，能够被人们感知和认识。基于这些认识，我们是可以展望"后疫情时代"的亚太地区格局变化的，尽管我们还没有进入"后疫情时代"。不仅如此，我们还希望，读者能够认可我们对"后疫情时代"亚太地区格局走向审慎的乐观态度，正如东晋道家名医葛洪所说的那样："明治病之术者，杜未生之疾；达治乱之要者，遏将来之患。"治乱之间，总是会相互转换的。我们相信，随着中国实力不断增强、区域塑造能力不断提升，亚太地区终将拉开稳定而繁荣的新时代的序幕。

此为后记。

主编　叶海林

2021年10月

# Abstract

The COVID-19 Pandemic, broke out and spread worldwide at an unprecedented speed since the beginning of 2020, has been universally identified as the harshest public security challenges at global scale, which has continuously posed overarching shocks over international politics, economy, security, society, or even culture. Along with the severe threats it brought by towards all human beings' health, the unseen challenges it caused for public health emergency mechanisms and disease control systems of different parts of the world are also dreadful. Within the Asia-Pacific region, although most East Asian countries generally performed well in combating the pandemic, due to its long-lasting consequences, it is predictable that in the long run, the entire region will confront with heavy pressure in containing the pandemic and seeking for recovery.

Under such circumstances, the general situation of the Asia-Pacific region has become even more complex, which were specifically represented by the profound changes in geostrategic structure, the evolving patterns of regional order, the increasingly obvious competition among regional powers, as well as the growing securitization tendency in regional security-related affairs. Since China-U. S. strategic competition has gradually become the dominating agenda of regional affairs, most countries within the region have to cope with the status quo and adjust their foreign policy behaviors accordingly, which in turn has further widen the gap of policy inclinations of different parties, and thus lead to the fragmentation of regional cooperation. Suffered from the rampant pandemic and faced with the outcomes caused by China-U. S. competition, economics at various sizes and levels are taking respective countermeasures in order to safeguard its own interests to the utmost, while paying much less attention to the overall interests of the entire region. This has led to the acceleration of the re-structuring of the regional value chains as well as the regional supply chains, and will definitely make the regional recovery in the post-COVID era even more difficult. Meanwhile, changes in non-material aspects are also noticeable, represented by the increasingly severe competition or even confrontation in terms of ideologies and values between the East and the West, and because of which, dialogues among civilizations have been hindered to a large extent, discourse power competitions participated by various counterparts within the region over several issues concerning regional affairs in all aspects, usher into a new stage.

Besides, regional hotspot issues are continuously gaining momentum. The situation in Afghanistan and Korean Peninsula, together with the influences posed by key regional players like Japan, Australia and India, have jointly acted as fundamental dynamics that further shapes the evolving regional situation. In the foreseeable post-COVID era, it is expected that China, as one of the most influential and competitive players in the Asia-Pacific region, will serve as the main contributor of regional peace, stability, sustainability and security.

**Keywords**: The COVID-19 Pandemic; China-U. S. Competition; Asia-Pacific Strategic Layout; Regional Development and Cooperation

# Contents

## I General Report

**B**.1 General Situation of the Asia-Pacific Region in 2020: Overview and Prospects *Ye Hailin, Gao Cheng* / 001

**Abstract**: Due to the increasing influence of the sever major power competition within the region, the situation of the Asia-Pacific region in 2020 has represented securitized in a mufti-faceted manner. Economic and social development gap among countries were getting wider, and confrontations in terms of ideologies and values were becoming even tense between the East and the West. Even though considerable progress has been achieved, weakness and fragility are still noticeable since the absence of abundant regional cooperation mechanisms. Faced with the increasing stress by the U. S. in China's neighboring sphere, together with the provocative actions taken by India in the bordering area, China has taken flexible and targeted measures in dealing with these crises, and also promoted its relations with other neighboring countries undcr thc framcwork of thc Bclt and Road on the basis of cooperation featuring mutual-benefit. What's more, in order to further expand its international influence, maintain a positive international character, and fulfill its responsibility as a major power in the international community, China also made new attempts in the aspect of international discourse power competition, through speaking out for fairness and justice in the global arena. For China-U. S. relations, it is expected to see that, since Biden Administration taking the office, the agendas, formats and internal power distributions of China-U. S. competitions in the Asia-Pacific region will be greatly transformed. In the foreseeable future, the U. S. side will be more focused on multilateral stages in competing with China; instead of merely economic competition, the Biden Administration will also highlight other topics in its competition with China, such as international mechanism and norms, universal values, and so on. To a large extent, such transformation will challenge the achievements and progress made by China in managing its relationships with neighboring countries.

**Keywords**: Asia-Pacific Region; Hot Spot Issues of the Asia-Pacific; China's Diplomacy

# Ⅱ Specific Reports

**B**.2 Relations among Great Powers and International Configuration of the Indo-Asia-Pacific Region in the Post COVID-19 Pandemic Era *Sun Xihui*, *Liu Yutong* / 033

**Abstract**: The COVID-19 pandemic outbreak in 2020 is an accidental factor in the great change of the past hundred years, but it has a huge and far-reaching impact on the lives and health of people and international relations. Since the change of power and the strategic relationship among great powers have their own rules, the COVID-19 pandemic is an indirect and non-decisive influence on relations among great powers and international configuration. In terms of relations among big powers, the COVID-19 pandemic directly or indirectly influences the specific relations among the big powers in the various domains, but it can only be a kind of "catalyst" or "booster" wit regard to the strategic relations among big powers. As far as the power distribution of great powers is concerned, the COVID-19 pandemic can impede the economic growth and economic strength enhancement of big powers by affecting the economic activities, but it has very little impact on the distribution of military strength among big powers. Based on this theoretical cognition, the international configuration of the Indio-Asia-Pacific region in terms of economic strength manifests as "two superpowers-two powers with multi-layers", that in terms of military strength is "three-superpowers-two powers with two layers", and that in terms of great power relations is "strategic game under dual leadership".

**Keywords**: The COVID-19 Pandemic; Relations among Great Powers; The Indo-Asia-Pacific Region; International Configuration

**B**.3 Asia Pacific Economic Recovery and Industrial Chain Reconstruction in the Post COVID-19 Period

*Zhang Zhongyuan* / 056

**Abstract**: After the outbreak of COVID-19, Asian governments quickly took action to mitigate the impact of economic chaos through massive public spending and a package of assistance to individuals and enterprises. However, the pandemic has seriously disrupted the international trade and global value chain, which has had a significant impact on the governance practice in the global value chain, and shifted the business activities of enterprises from pursuing the lowest cost to ensuring the long-term reliability of supply chain arrangements. Countries pay more attention to the security of supply chain and emphasize the localization and diversification of supply chain. The forced back effect of the pandemic has accelerated the digital transformation of the global value chain and industrial chain. In the post COVID-19 period, the regionalization of global value chain and industrial chain has been significantly strengthened. The adjustment and reconstruction of industrial chain is facing a series of risks and challenges: countries pay more attention to economic strategic security, and some countries adopt trade protectionism policies, resulting in global economic nationalism. The digital transformation of the global value chain has brought new problems, and the risks caused by the further expansion of the "digital gap" and "data gap" are emerging. The problem of "digital economy monopoly" has also brought hidden worries to the future digital economy governance. The competitive game between countries has become the main driving force for the reconstruction of the global value chain, which will make it difficult for the international community to deal with the security of the supply chain through cooperation in the post COVID-19 period, and even extraterritorial powers will forcibly increase the game and confrontation through political forces, leading to subversive changes in the structure of the global regional value chain. From the perspective of the structural interconnection of the global value chain, China's complete industrial chain system makes China have the comprehensive competitive advantages of large-scale and networking in the global value chain system, plays an irreplaceable role in maintaining the security of the global supply chain, and has become a "stable anchor" for maintaining the security of the global supply chain. In order to better play China's role in the global value chain and promote the construction and optimization of the global value chain, it is necessary to plan the layout in advance and design the Chinese scheme for the reconstruction of the global value chain.

**Keywords**: The Post-epidemic Era; Asia Pacific Economy; Reconstruction of Industrial Chain; Global Value Chain; The COVID-19 Pandemic

## B.4 RCEP and Asia-Pacific Regional Cooperation in the Post-epidemic Era *Li Tianguo* / 086

**Abstract**: November 2020, the member states of the regional comprehensive economic partnership agreement overcame the enormous difficulties brought by COVID-19, completed the market access negotiations, and finally signed the agreement as scheduled. This is an important milestone in the process of economic integration in East Asia and even the Asia Pacific region. As a free trade agreement with the largest participation population, the most diversified membership structure and the greatest development potential in the world, the agreement is not only a landmark achievement of Asia Pacific regional cooperation, but also a victory of multilateralism and free trade. The agreement is based on the free trade agreements signed between China, Japan, South Korea and Australia, as well as New Zealand and ASEAN. It integrates the existing commitments and rules, and further expands and improves the content of the agreement, bringing impetus to the regional economic recovery in the post epidemic era. Through the agreement, China and Japan have for the first time facilitated bilateral free trade relations, providing an important institutional basis for the reconstruction of the Asian regional value chain. In the future, member countries still need to gradually build a "RCEP +" free trade agreement to further deepen the value chain cooperation in the Asia Pacific region. In the post epidemic era, with the entry into force and implementation of the agreement, many countries will regain their confidence in free trade and the multilateral trading system, and continue to promote the reform of the world trade organization, so that the global multilateral trading system can regain its vitality.

**Keywords**: The Post-epidemic Era ; RCEP; Asia-Pacific Regional Cooperation; Value Chain

**B**.5 Security Situation of the Asia-Pacific Region under the Dual Influence of the 2020 U. S. Presidential Election and the Outbreak of the COVID-19 Pandemic *Cao Xiaoyang, Zhang Jie* / 098

**Abstract**: Under the dual influence of the 2020 U. S. election and the COVID-19 pandemic, China-U. S. competition has further intensified, and the instability of the regional security situation has increased significantly. However, in the context of the pandemic, "crisis" and "opportunity" coexist. East Asian countries have cooperated in the fight against the pandemic, and the RCEP agreement was officially signed, demonstrating the strong resilience of East Asian cooperation in the face of the pandemic. With the intensification of strategic competition between China and the United States, the reorganization of the regional order has accelerated, which has also increased the difficulty of East Asian countries in choosing sides. How to manage the differences between China and the

United States and maintain the stability of China-U. S. relations is a challenge facing China and the United States.

**Keywords**: The COVID-19 Pandemic; China-U. S. Relations; China-U. S. Strategic Competition; Regional Order

# Ⅲ Regional Affairs

## B.6 COVID-19 Pandemic and the Discourse Power Competition in the Asia-Pacific Region: Progress, Tendency and Effects

*Yue Shengsong* / 112

**Abstract**: The COVID-19 Pandemic has shocked the Asia-Pacific region and the entire world in an unprecedented pattern and manner. It is noticeable that non-material interactions among countries, represented by discourse interaction, has become an important part of international connections during the pandemic period. In the coming post-epidemic era, power competitions among countries will no longer be limited to mere material facet, instead, non-material power competitions will be highlighted. Different values, concepts, institutions as well as cultures will compete at the same time, leading the evolution of regional power distribution. This report intends to review the process of China-U. S. discourse power competition during the pandemic period, and prospect the future tendencies and agendas of discourse power competitions among Asia-Pacific countries. Lessons and experience of China in the competition will serve as inspirational references in improving China's future international discourse strategy.

**Keywords**: The COIVD-19 Pandemic; International Discourse Power; Strategic Competition; China-U. S. Relations; China's Diplomacy

**B**.7 India' s Foreign Policy under Modi: Adjustment and Trends

*Wu Zhaoli* / 130

**Abstract**: India's Modi government has always cast India as a leading power on the global stage. In order to realize the transformation from a balancing power to a leading power in the context of the Indo-Pacific Strategy promoted by the United States, the Modi government has stepped up strategic coordination with the United States and further elaborated the Indo-Pacific Oceans Initiative. On the path of strategic implementation, the Modi government has further been deepening the policy of Neighborhood First, stepping up the policy of extended neighborhood, and promoting the establishment of a pattern of India's major power relations featuring multi-alliance. On the whole, the Modi government has both advantages and disadvantages in promoting the IPOI, which faces many challenges in future.

**Keywords**: Modi Government; IPOI; Neighborhood First Policy; Extended Neighborhood; Leading Power

**B**.8 The Diplomatic Strategic Turn of the Japanese Yoshihide Suga Regime and the New Challenges of China-Japan Relations

*Li Chengri* / 146

**Abstract**: In September 2020, Yoshihide Suga won the presidential election of the LDP and became the 99th Prime Minister of Japan, thus ending the "Abe Era", the longest term of Japanese prime ministers. In November of the same year, Biden, the Democratic candidate of the United States, was elected president, realizing the re-governance of the Democratic Party. Yoshihide Suga as a prime minister and a successful host of the Tokyo Olympic Games, on one hand, tries to control COVID-19. On the other hand, he inherits the "Abe Doctrine" and further strengthens the alliance between Japan and the United

States. After Yoshihide Suga took office, Japan adjusted its diplomatic strategy and adopted the policy of "uniting with the United States to curb China". Under the background of increasingly severe game between China and the United States, the China-Japan relations come back to the normal track during Abe's period, once again faced new challenges.

**Keywords**: Japan's Diplomatic Turn; China-U. S. Strategic Competition; Japan-U. S. Alliance; China-Japan Relations

**B**.9 Difficult Progress of China-Australia Economic and Trade Cooperation: Status Quo and Challenges *Qu Caiyun* / 158

**Abstract**: In 2020, Sino-Australian economic and trade cooperation has achieved a weak growth, and the growth rate has dropped significantly compared with previous years. Moreover, some problems in Sino-Australian economic and trade cooperation have become increasingly prominent. The imbalance structure of Sino -Australian trade is still continuing, and China is still in a state of trade deficit. Sino-Australian trade friction is intensifying, and the two countries have launched anti-dumping and countervailing investigations against each other. And China decides to imposes anti-dumping duties and countervailing duties on barley and related red wine imported from Australia. The imbalance of Sino-Australian economic trade investment is becoming more serious. China's investment in Australia has declined sharply, while Australia's investment in China has continued to rise. This has a lot to do with the discriminatory policies adopted by the Australian government on Chinese enterprises' investment and the restrictions on Chinese enterprises' investment. The current situation of Sino-Australian economic and trade reflects the changes in the political relations between the two countries. The negative policies, words and deeds adopted by the Australian government to China have seriously damaged Sino-Australian relations. The development of Sino-Australian economic and trade cooperation needs the promotion of stable and good bilateral political relations. The improvement of Sino-Australian political relations requires Australia to uphold a correct and objective understanding of China.

**Keywords**: Sino-Australia Relations; Economic and Trade Cooperation; The COVID-19 Pandemic; Trade Frictions

**B**.10 Indonesia's Pragmatic Diplomacy in the Post-Pandemic Period

*Xu Liping* / 175

**Abstract**: Pragmatic diplomacy has always been a major feature of the Indonesian government's diplomacy. The pragmatic diplomacy of the Jokowi government has deep ideological roots, and it is consistent with Jokowi's own behavior . The growing pandemic has put a lot of pressure on Jokowi's government pragmatic diplomacy. In the post-pandemic period, the Jokowi's government , through anti-pandemic cooperation, economic diplomacy, expatriate protection, balancing of major powers, shuttle diplomacy, and so on, solidly promoted pragmatic diplomacy, and achieved in certain results. In the face of the outbreak of Pandemic and uncertainty of the world situation, the Jokowi government's pragmatic diplomacy also faces some challenges.

**Keywords**: Jokowi's Government ; Pragmatic Diplomacy; The Post-epidemic Era; Economic Diplomacy

## Ⅳ Regional Issues

**B**.11 COVID-19 Pandemic, China-U. S. Strategic Competition and the Evolution of the Asia-Pacific Regional Structure

*Gao Cheng*, *Ye Hailin* / 188

**Abstract**: The outbreak of the COVID-19 Pandemic in 2020 has caused a great deal of uncertainties to the Asia-Pacific region. Such uncertainties, intertwined with other traditional factors which brought impacts to the regional situation, have become decisive in shaping the tendencies of regional political, economic and social momentum. As a major agency in the Asia-Pacific region, China's relevant foreign policies and strategic choices made have undoubtedly been deeply influenced by the regional structure as well as interactions with other agencies within the region. For now and a span of time in the foreseeable future, China's international influence in terms of economy, public health and culture will be continuously improved. At the same time, its neighboring countries will increase their expectations toward China for being a responsible regional power. In respective, the United States' influence within the region will be undermined relatively. However, it is not to say that China will surpass the U. S. as the most influential power in the Asia-Pacific region. The US's comprehensive competitiveness will remain strong, and maintain its advantage over China for long. As for specific topics and fields, the US's may be lag behind by China. Generally, the competition between China and the U. S. will be dominating in the regional affairs.

**Keywords**: The COVID-19 Pandemic; China-U. S. Strategic Competition; International Relations of the Asia-Pacific Region; Regional Order of the Asia-Pacific; China's Strategies towards Neighboring Countries

## **B**.12 The Progress and Dilemma in Intra-Afghan Negotiations

*Tian Guangqiang* / 207

**Abstract**: The Afghanistan strategy is developed under the guideline of the trump administration's global strategy that focuses on great-power strategic competition. The intra-Afghan negotiations will determine the political situation and the future of Afghanistan after the U. S. withdrawal. After rounds of strategic games, the intra-Afghan negotiations finally start. But the dispute between the Afghan government and the Afghan Taliban have made the intra-Afghan negotiations fruitless. The pivotal role of the United States is weakening, which make the intra-Afghan negotiations more difficult. After the U. S. withdrawal, the

intra-Afghan negotiations is likely to fail.

**Keywords**: The Afghan Government; The Afghan Taliban; The Global Strategy; The Intra-Afghan Negotiations

**B**.13 The Biden Administration's DPRK Policy and the Development of U. S. -DPRK Relations

*Wang Junsheng*, *Zhang Liming* / 223

**Abstract**: During the Biden administration, it is very likely to adopt a policy of simultaneous dialogue and sanctions with DPRK. In this process, it will focus on strengthening communication and coordination with its allies in order to achieve substantive progress in the "denuclearization" process. Due to the need for economic development and easing external sanctions, DPRK has a strong motivation for dialogue with the United States. As a direct party to the DPRK nuclear issue, ROK will continue to promote the dialogue between the United States and DPRK and the peace process on the Peninsula. The Biden administration's DPRK policy presents both opportunities and challenges for China. China should actively promote the smooth resolution of the Peninsula issue through promoting Sino-U. S. cooperation and international cooperation. The latter can be based on the "dual track" route.

**Keywords**: U. S. -DPRK Relations; DPRK Nuclear Issue; U. S. -ROK

**B**.14 Prospects of CPTPP and Cooperation among China, Japan and ROK

*Liu Junsheng* / 236

**Abstract**: Against the background of anti-globalization and increasing trade protectionism, CPTPP has been established as a FTA with gold standards in the world. The prospective of CPTPP is maybe full of some uncertainties, because of factors such as the leadership problem, the "frozen" terms, the enlargement of membership, and the relationship with RCEP, etc.. The emergence of CPTPP will greatly change the order of Asia-Pacific FTA, thus its impacts on the potential FTA among China, Japan and Korea would be inevitable, including the demonstration effect, Domino effect and hedging effect. During the 20 years of the cooperation among China, Japan and Korea, the process has often mixed with opportunities stimulated by external shocks and disturbs originated from internal political and security affairs. At present, the process seems to step on a new stage.

**Keywords**: CPTPP; CJK FTA; FTA

# V Appendix

**B**.15 Chronicle of Events in the Asia-Pacific Region in 2020 / 250

**B**.16 Prostscript *Ye Hailin* / 258

# 皮 书

## 智库成果出版与传播平台

### ✤ 皮书定义 ✤

皮书是对中国与世界发展状况和热点问题进行年度监测，以专业的角度、专家的视野和实证研究方法，针对某一领域或区域现状与发展态势展开分析和预测，具备前沿性、原创性、实证性、连续性、时效性等特点的公开出版物，由一系列权威研究报告组成。

### ✤ 皮书作者 ✤

皮书系列报告作者以国内外一流研究机构、知名高校等重点智库的研究人员为主，多为相关领域一流专家学者，他们的观点代表了当下学界对中国与世界的现实和未来最高水平的解读与分析。截至 2021 年底，皮书研创机构逾千家，报告作者累计超过 10 万人。

### ✤ 皮书荣誉 ✤

皮书作为中国社会科学院基础理论研究与应用对策研究融合发展的代表性成果，不仅是哲学社会科学工作者服务中国特色社会主义现代化建设的重要成果，更是助力中国特色新型智库建设、构建中国特色哲学社会科学“三大体系”的重要平台。皮书系列先后被列入“十二五”“十三五”“十四五”时期国家重点出版物出版专项规划项目；2013~2022 年，重点皮书列入中国社会科学院国家哲学社会科学创新工程项目。

## 中国社会发展数据库（下设 12 个专题子库）

紧扣人口、政治、外交、法律、教育、医疗卫生、资源环境等 12 个社会发展领域的前沿和热点，全面整合专业著作、智库报告、学术资讯、调研数据等类型资源，帮助用户追踪中国社会发展动态、研究社会发展战略与政策、了解社会热点问题、分析社会发展趋势。

## 中国经济发展数据库（下设 12 专题子库）

内容涵盖宏观经济、产业经济、工业经济、农业经济、财政金融、房地产经济、城市经济、商业贸易等12个重点经济领域，为把握经济运行态势、洞察经济发展规律、研判经济发展趋势、进行经济调控决策提供参考和依据。

## 中国行业发展数据库（下设 17 个专题子库）

以中国国民经济行业分类为依据，覆盖金融业、旅游业、交通运输业、能源矿产业、制造业等 100 多个行业，跟踪分析国民经济相关行业市场运行状况和政策导向，汇集行业发展前沿资讯，为投资、从业及各种经济决策提供理论支撑和实践指导。

## 中国区域发展数据库（下设 4 个专题子库）

对中国特定区域内的经济、社会、文化等领域现状与发展情况进行深度分析和预测，涉及省级行政区、城市群、城市、农村等不同维度，研究层级至县及县以下行政区，为学者研究地方经济社会宏观态势、经验模式、发展案例提供支撑，为地方政府决策提供参考。

## 中国文化传媒数据库（下设 18 个专题子库）

内容覆盖文化产业、新闻传播、电影娱乐、文学艺术、群众文化、图书情报等 18 个重点研究领域，聚焦文化传媒领域发展前沿、热点话题、行业实践，服务用户的教学科研、文化投资、企业规划等需要。

## 世界经济与国际关系数据库（下设 6 个专题子库）

整合世界经济、国际政治、世界文化与科技、全球性问题、国际组织与国际法、区域研究 6 大领域研究成果，对世界经济形势、国际形势进行连续性深度分析，对年度热点问题进行专题解读，为研判全球发展趋势提供事实和数据支持。

# 法律声明